# 故宫博物院诉讼案例选编

故宫博物院 编

故宫出版社

**图书在版编目（CIP）数据**

故宫博物院诉讼案例选编 ／ 故宫博物院编．－－ 北京：故宫出版社，
2012.5

ISBN 978-7-5134-0253-8

Ⅰ．①故… Ⅱ．①故… Ⅲ．①文物保护－行政诉讼－
案例－汇编－中国 Ⅳ．①D922.165

中国版本图书馆CIP数据核字(2012)第052489号

**故宫博物院诉讼案例选编**

故宫博物院　编

主　　编：冯乃恩
副 主 编：陈俊旗　黄哲京
撰 稿 人：董晓娟　栾文静　熊安平
责任编辑：杨付红
装帧设计：王孔刚
出版发行：故宫出版社
　　　　　地址：北京市东城区景山前街4号　邮编：100009
　　　　　电话：010-85007808　010-85007816　传真：010-65129479
　　　　　网址：culturefc.cn　邮箱：ggcb@culturefc.cn
印　　刷：北京图文天地制版印刷有限公司
开　　本：787毫米×1092毫米　1/16
印　　张：19
字　　数：340千字
版　　次：2012年5月第1版
　　　　　2012年5月第1次印刷
印　　数：1～2000册
书　　号：ISBN 978-7-5134-0253-8
定　　价：66.00元

# 序

　　斗转星移，紧跟着我国改革开放和故宫博物院86年不断迈向世界一流博物馆的步伐，故宫博物院的法律工作也走过了十余年的历程。在故宫博物院的发展过程中，法律工作较好地满足了对外广泛开展多层级、多领域合作的要求，满足了更好地保障文物安全，防范和降低对外合作中的风险的要求，满足了维护自身合法权益，确保文博事业可持续和谐发展的要求。

　　随着我国社会主义法制建设的不断深入，我国文物保护及博物馆法律体系逐步形成。为了加强对文博领域法学的研究，故宫博物院法律处以历年来故宫博物院所发生的诉讼案例为切入点，结合行业自身实际，形成了《故宫博物院诉讼案例选编》这一阶段性研究成果。这一研究成果不仅对故宫博物院自身的文物保护起到重要的保障作用，而且对我国整个博物馆法律体系的建设都将具有积极的借鉴意义。

　　首先，运用法律武器维护自身的合法权益，是加强文物保护工作、确保故宫博物院长治久安的有力保证。故宫是明清两代皇家宫殿，是全国首批重点文物保护单位，也是我国最早被列入《世界文化遗产名录》的综合性国家级博物馆，加强对故宫博物院各项合法权益的保护是一项复杂而系统的工程，涉及博物馆管理的方方面面。在建设社会主义法治国家的进程中，对于故宫博物院运用法律武器维护自身合法权益的具体工作进行制度化、规范化研究，正是利用法学知识强化各项管理的　个有效手段和有利契机，有利于规范管理各类业务活动的程序和方式，有利于规避各类法律风险，有利于促进各项管理工作走上法制化、科学化的轨道。

其次，以诉讼案例为切入点，结合行业实际，加强对我国文博领域法学问题的研究，是完善我国博物馆法律体系和我国文博法律科学体系的有效途径。目前，我国社会主义法律体系正处于逐步形成的过程中，需要不断地完善。文物及博物馆法律作为社会主义法律体系的组成部分，也需要随着实践的发展而不断完善。包括司法、执法和守法在内的实施活动需要以立法作为依据，立法又需要法学理论作为支撑，法学理论的形成则需要通过对法律、法规、案例的分析研究才能取得一定的新成果、新突破。因此，作为文博领域法学研究的一项阶段性成果，《故宫博物院诉讼案例选编》的出版，不仅能提高国内博物馆和博物馆学界对博物馆法律工作的关注程度，还将对我国社会主义法律体系中的文物及博物馆法律体系的完善产生积极的影响。

《故宫博物院诉讼案例选编》一书，从故宫博物院近年来法律工作实际出发，将故宫博物院所发生的诉讼案件分为合同类、劳动争议类、侵权类、商事类、知识产权类五大类进行论述，在各大类中又选取了有代表性的案例进行专家点评分析。这一分类方法既考虑到了故宫博物院所涉案件的代表性，又考虑到与法律体系划分的结合，具有较强的科学性。书中所涉及的文物赴外展览、文物复仿制、劳动制度、著作权使用、文物保护技术争议等各类案件都是博物馆工作中十分常见的业务活动，可供相关业务部门在日常工作中借鉴参考。

《故宫博物院诉讼案例选编》一书的出版，只是故宫博物院法律工作的一个缩影。负责本书编制工作的相关同志都是法学专业毕业的博物馆一线工作者，在博物馆工作中积累了丰富的博物馆法律实践经验，他们凭借自身对于法学和博物馆学的深入理解，积极研究探索，写成的著作既显示了法学的风格，又突出了博物馆特色，具有较强的实用价值。参加点评的刘心稳、尹志强两位老师也是我国相关法学领域的知名专家。他们这种将工作对象作为研究对象，又把科研成果转化为工作成果的做法，值得我们许多文博工作者学习、借鉴。

真诚地希望《故宫博物院诉讼案例选编》的出版，能够为故宫博物院文博事业的发展和我国博物馆法律体系的建设发挥积极的作用，更希望在今后的日子里，能够看到更多贴近实际的实用型博物馆管理著作面世。

故宫博物院常务副院长　李季

2012年3月

5

# 目录

# 引言

　　故宫是明清两代皇家宫殿，是全国首批重点文物保护单位，1987年被列入《世界文化遗产名录》。故宫博物院是以明清宫廷史、宫殿建筑和宫廷收藏文物为主要内容的综合性国家级博物馆，文物总量已达180万件（套），2011年的参观人数创造了1411万人次的历史新纪录。随着时代的发展，故宫博物院在我国文博事业中的重要地位不断加强，影响日益扩大。对故宫博物院重要性的清醒认识，有利于故宫博物院法律工作的开展。

　　在计划经济时代，故宫博物院作为事业单位，行政工作方面主要偏重于行政管理，对法律事务基本没有涉及。自改革开放以来，我国社会主义市场经济迅速建立和发展，法律事务也越来越多地出现在社会各个方面。与此相对应，随着文博事业的迅速发展，法律事务也越来越多地出现在故宫博物院的日常工作中。在市场经济的大环境下，故宫博物院作为独立事业单位法人，对外广泛开展多层级、多领域合作。在经济领域，涉及古建修缮、基建、工程、承包、购买设备、安全保卫、合作经营、委托招标、开发文化产品、出版等；在民事领域，涉及名称权、名誉权保护，品牌授权等；在知识产权领域，涉及著作权、商标权、专利权保护等；在涉外领域，涉及文物出入境展览、对外文化交流等法律事务。

　　故宫博物院的法律工作主要包括：为执行国家法律、法规、政策，为依法治院服务，为故宫博物院事业发展和各项工作开展提供法律保障，促进各项管理工作的规范化、法制化，预防风险和解决纠纷，维护故宫博物院合法权益；制定故宫博物院各项规章制度，做到有章可循、有章必循、违章必纠；设立故宫博物院合同审查程序，使之符合法律规定，并认真履行；参加各类诉讼、仲裁活动；开展法律咨询，解答法律问题；宣传社会主义法治，利用多种形式在全院开展法制宣传教育，增强依法办事意识，提高全院干部、职工法律知识水平。

第一章　故宫博物院法律工作回顾

# 一 故宫博物院法律工作概况

## （一）法律机构的建立和职能的确定

早在1988年，故宫博物院领导就决定聘请社会律师担任常年法律顾问，开展法律工作。由于当时整个社会法律意识不强，聘请常年法律顾问的作用没有得到充分的发挥。后来，随着国家法制建设步伐的加快，故宫博物院法律意识也不断增强，组建法律机构的设想从1997年底开始酝酿，当时拟采取"合署办公"的形式，在不扩大现有编制的前提下增加和调整法律业务人员。1998年，经故宫博物院党委研究决定，并经国家文物局批准，在纪检监察处同时挂"法律顾问处"的牌子，实行"一套人马、两块牌子"，开始合署办公，集中开展法律工作，并确立了专门、专职、专业、专项的"四专"原则。2004年，故宫博物院再次进行机构改革，成立了监察审计（法律顾问）处，确立了法律顾问处服务全院大局、通过诉讼仲裁维护我院合法权益、参与谈判及合同审核、开展法律咨询、法制宣传等职能。2007年年中，故宫博物院正式完成机构调整，成立专职处级法律机构——法律处，并延续至今。

## （二）法律专职机构的设立是故宫博物院法律工作的客观要求

首先，设置专门的法律机构，与我国法制建设的进程密不可分。1997年，中共十五大报告中明确提出了"依法治国，建设社会主义法治国家"的奋斗目标，把依法治国确立为党领导人民治理国家的基本方略。1999年3月15日，九届全国人大二次会议通过的《宪法修正案》，又将"依法治国,建设社会主义法治国家"载入宪法,这标志着我国新时期法制建设进入了建设社会主义法治国家的全新发展阶段。国家日益重视法制建设的大环境,对故宫博物院的法律工作提出了更高的要求,也对故宫博物院设置专门的法律机构起到了推动作用。

其次,设置专门的法律机构,得益于故宫博物院领导班子法律意识的进一步增强。随着国家法制建设进程的加快,法律观念和法律意识逐步深入人心,在故宫博物院也不例外。随着故宫博物院日常工作中与法律相关的事件不断涌现,院领导班子的法律意识也在逐步增强,越来越多地意识到故宫博物院拟开展的许多工作都应首先从法律层面进行考量,了解法律的相关规定,以此为参考依据确定工作是否开展,如何开展。故宫博物院领导班子法律意识的增强,直接促成了专职处级法律机构——法律处的设立。

最后,设置专门的法律机构,也源于故宫博物院法律事务数量日益增多,类型日益庞杂的现实需要。早在1988年聘请社会律师担任法律顾问、开展法律工作时,故宫博物院的法律工作数量较少,类型也相对简单。但是,随着时间的推移和事业的发展,故宫博物院法律工作涉及的领域越来越多,主要集中在民事领域,包括合同、维权、知识产权等各个方面;类型越来越庞杂,既包括合同审核、出具法律意见、法律咨询,也包括诉讼、仲裁;数量也逐步增多,从最初的一年审核几十份合同,到上百份、几百份合同,诉讼案例从几年一件增加到一年几件。每年法律咨询几百人次,出具法律意见几百条,在法律事务越来越多这一现实情况下,成立专职法律机构就显得既迫切又有实际意义。

## 二 故宫博物院法律工作重点回顾

### (一) 建章立制,探索故宫博物院文博管理工作规范化的思路

建章立制,将各项工作纳入规范化、法治化、系统化的管理是适应新形势、防范各种风险、提高文物保护水平的有效途径,是故宫博物院文博事业实现新跨越的必由之路,具有深远的战略意义和现实意义。

故宫博物院历来重视全院的规章制度建设。2004年以后,随着古建修缮、文物整理等任务不断加重,更加重视制度的重要性,坚持以制度管人,以制度管事,专门成立了院规章制度修订小组,由常务副院长牵头,院长助理具体负责,成员包括院办公室、人事处、计财处、法律处、经营管理处、纪检监察办公室、文物管理处等部门负责人。截至目前,综合管理、安全、财务、人事、党建、古建与工程、藏品保管与利用、科研、观众服务、文化产业、后勤服务等共

十一类院规章制度已初步制定，完善制度建设本身要求的工作规程逐步建立健全，并以办公内网和书面汇编两种形式向全院公布。

在实际工作中，法律处的职能始终定位于为依法治院，执行国家法律、法规、政策，为故宫博物院的事业发展和各项工作开展提供法律保障，促进各项管理工作的规范化、法制化，预防风险和解决纠纷，维护自身合法权益；参与故宫博物院重大经济、民事、知识产权、涉外法律事务的谈判及签约活动，负责草拟、审查、修改各类合同及其他法律文件，使之符合法律规定，并负责监督合同的履行和管理；处理故宫博物院各项工作中发生的涉及法律方面的有关问题，经院长或法定代表人授权，代表院参加非诉讼调解、诉讼、仲裁活动；开展法律咨询，为院领导、各部处及职工解答法律问题。

建章立制是明确职责的最佳途径。2004年6月1日，故宫博物院正式颁布了《故宫博物院法律工作规定》。该规定共计12章41条，分别从总则，合同起草、审查、修改、签订程序，合同履行、监督、检查程序，法律责任，非诉讼程序，诉讼程序，仲裁程序，知识产权管理和保护，法律咨询和法律事务，法治宣传，与外聘法律顾问的联系和法律处基本工作程序等方面对法律处的工作进行了具体的规定。

《故宫博物院法律工作规定》的出台，明确了故宫博物院法律工作的范围和具体职责，对法律工作的顺利开展具有极强的指导意义。

## （二）以合同审核为中心开展工作

按照"以故宫权益保护为核心，服务保障故宫文博事业"的宗旨，针对院内各部门项目开展规范水平不一的现状，故宫博物院首先提出了各类项目的开展必须事先签订合同、各类合同必须纳入统一审核程序的总要求。

故宫博物院各部门在以往的合同签订、履行中，存在一定程度的随意、松散等问题。1998年8月3日起，院长办公会决定，今后故宫博物院各部处凡涉及各类合同、协议等法律文书，都须经法律顾问处审查后，方可办理。从2006年1月4日起，故宫博物院正式启动合同审核网上办公程序。针对每一份合同，都严格把关，由法律处负责审核合同条款，通常要经过三个审核程序：首先，合同报送部门将合同上报以后，法律处先对合作方的资质等相关信息进行审查、核实。其次，如果合同涉及经费支出项目，则由审计室对合同价款进行经费审查。如果合同还涉及院内其他部处的，还须由相关部处提供"决策支持"意见。最后，再由法律处从法律上对该合同文本条款进行严格审核（法律处内部审核合同一般分初审、复审、终审三次）。待法律处审核后，再返回合同报送部门征求意见，如无异议，再上报法律处主管院长和报送合同部处主管院长、常务副院长审批，最后经院长审定。

合同审核网上办公程序的引入，不仅有利于提高各部门的工作效率，促进公开、透明与制约，还有利于节约资源、降低办公成本，同时也较好地防止了文件的丢失，为电子化归档创造了条件。

## （三）故宫古建大修、文物保护及展览开放工作

从2003年开始，故宫博物院将故宫百年大修提上工作日程。在此情形下，对外合作进一步扩大，文物清理、文化产业开发、展览开放水平也在原有的基础上有了大幅提升，法律工作所涉及的合同数量、诉讼案件数量显著增加，对法律服务保障的水平也提出了更高的要求。

按照围绕全院中心工作开展法律保障的要求，故宫博物院要求法律处通过项目确立阶段的审查、招标审核、项目合同审核、对损害故宫博物院权益的行为提起诉讼等各种方式，为全院各部门提供全方位法律服务。

故宫博物院的合同订立工作是一个系统过程，需要多个部门的协调、配合。主要包括以下环节：主办方环节，合同审核环节，项目招标纪检监察环节（项目确立和招标），合同价款、付款方式审计环节。法律处履行审核办理的工作流程不断明确，以及互相制约机制的建立和完善，使服务全院中心工作的要求基本落实。

近年来，故宫博物院的合同种类主要包括文物类合同、展览类合同、文化产品与服务类合同、旅游经营类合同、工程类合同、综合管理类合同等。不同类别的合同自身具有不同的特点，因此在对合同进行审核的过程中，必须对不同类别合同予以不同侧重，强化同类审核标准的统一和权威。

在故宫博物院历年审核签订的合同中，行政服务类的合同数量最大，占到合同总量的1/5，甚至更多。这类合同的特点是内容繁杂，涉及面广，但是合同的标的额一般不大，合同中的疑难点也较少。因此，在对此类合同进行审核时，认真细致、加强协调是其主要要求。

与之相对应的是工程类的合同。此类合同数量并不像行政服务类合同那样多，但是单个合同所涉价款额一般都较大，并且在施工过程中经常会发生变

化。此类合同的审核难度较大，相对专业要求也比较高。在对这类合同进行审核的过程中，要求我们从合同订立之初就对各种条件的设立加以限定和明确，从而加强对工程质量进行把关的力度。另外，在价款和支付方面，由于工程类合同一般所涉标的额都较大，因此对价款和拨付方式的审核要特别慎重和规范。经过最近几年的摸索，法律处与审计室加强合作，逐渐摸索出了一套切实可行，并且具有针对性的做法。

文物国内、境外展览合同也是故宫博物院较为重要的合同之一。文物内、外展涉及文物进出院、国（境）内外运输以及布展、撤展等环节，因此，必须通过订立完备的合同条款来保障文物的安全。这类合同中必须明确、详细地约定包装和运输过程中的安全责任，临时保管和展览时的温度、湿度条件，安全保障措施，并且都要严格约定保险条款。通过合同条款明确、详细的约定，以确保运输和展览过程中文物的安全。

此外，招、投标工作也是需要提供法律支持和保障的一项重要工作。从招标立项阶段起，通常就会有法律处参与提供法律意见。而在招标工作开始后，对招标文件的审核也是法律处审核合同工作的一项重要内容。通过对招标文件的审核，保证招标文件与合同内容相一致，防止出现招标文件与合同内容脱节甚至矛盾的情况。现在，为了进一步规范化管理，故宫博物院拟将招标文件审核工作纳入信息化工作平台，对招标文件也实行网上审核，建立招标文件审核管理系统。

### （四）通过诉讼、仲裁，维护故宫博物院自身合法权益

在对外合作中，故宫博物院严格依法办事，平等待人，坚持以"双赢"的思路开展与各方的合作。在合作过程中难免会遇到合同中未约定，协商解决未果，而双方利益又有冲突的新情况，最终往往只能通过司法途径加以解决。

面对对方的起诉，我们的态度是积极应诉。在参加诉讼前，客观分析案情，通过做好前期的证据搜集、保全等常规性工作，为庭审做好准备，在最大限度上减少诉讼风险；在参加诉讼后，仗义执言、据理力争，努力寻求胜诉的目标。诉讼结束后，严格执行判决。

诉讼是一面"镜子"。通过诉讼，可以不断发现工作中存在的问题、漏洞，明确保护权益的工作方向，促使我们工作的进一步完善。从1998年至今，故宫博物院共参加诉讼、仲裁31起，其中合同纠纷17起，侵权纠纷2起，知识产权纠纷9起，其他纠纷3起。到目前为止，故宫博物院签订的合同总量已经超过

4000余份，产生纠纷并最终导致诉讼仲裁的不足1%，故宫博物院保持全胜诉率。

侵权也是故宫博物院常遇到的法律问题。社会上个别企业打着故宫博物院的旗号从事经营活动，侵犯了故宫博物院的名称权、名誉权，故宫博物院要求法律处对这类侵权行为要加以制止，防止损害结果的进一步扩大。在掌握确凿证据的情况下，侵权方应向故宫博物院承认错误、赔礼道歉、停止侵权行为。由于此类侵权行为大都在媒体上体现，从2011年3月开始，故宫博物院委托专业公司，与其签订《媒体动态监测合同》、《商标监测合同》，凡发现侵权行为，由受托的专业公司及时收集，提出应对措施，交故宫博物院处理。通过这一措施的实行，进一步加强了对故宫博物院声誉和商标的保护力度。

## （五）风险防范工作

风险，是指不利因素或不利事件发生的可能性，其具有普遍性、客观性、损失性、不确定性和社会性等特征。法律风险，是指在一定法域范围内，在法律规定的权利义务关系上不利于当事人的事件发生的概率。风险在世界各地、各个行业都存在，除自然灾害外，还包括人为破坏。文博领域内各类风险事故也时有发生。近年来，国家加大了对安全生产、管理的力度，进一步明确了责任制度，对责任事故的处理力度加大。同时，各类风险、事故在法律上也有明确规定，比如在《刑法》、《民法通则》及《文物保护法》中，对责任事故及处罚都有明确的规定。

2008年是奥运年，奥运会和残奥会在北京相继举行。故宫不仅是世界著名博物馆，同时也是备受瞩目的对外开放单位，压力甚大。为了进一步避免法律风险，故宫博物院专门与对大型开放单位风险预防有经验的律师事务所签订了《法律风险提示合作合同》。通过广泛调研，该律师事务所出具了首份《故宫博物院法律风险提示报告书》。在残奥会开幕前，针对在北京奥运会期间北京各开放单位已经遇到的安保法律风险问题，以及驻地公安机关针对故宫博物院地处市中心等的自身特点而提出的安保措施整改要求，该所又出具了专项《故宫博物院2008年残奥会期间游客人身安全、新闻法律风险专项提示报告》，为故宫博物院奥运期间的安全和平稳运行提供了充分的专业保障。这在故宫博物院近年来工作中，尚属首次，为今后定期或依阶段中心任务需要而开展法律风险防范工作，打下了基础。

故宫博物院与其他文博单位的性质和特点，决定了其自身可能面临不同于一般企事业单位的法律风险。这些法律风险主要包括：文物保护法律风险、游客人身安全保障法律风险、新闻法律风险、合同违约法律风险、知识产权侵权法律风险等。这些潜在的法律风险时刻提醒我们，不仅要在思想上加强风险防范意识，更要从制度上建立起一套完备的风险预警机制，并且要将其作为一项长期的工作来落实。

## （六）加强对故宫博物院职工的普法宣传教育

故宫博物院各项工作的安全、顺利开展与全院整体管理水平的提高具有直接的联系，体现了全员性和渐进性的特征。一个合同项目的确立和履行，如果前期工作做得不够细致、不够牢靠，则很容易在后期发生纠纷并最终导致诉讼，在诉讼过程中也无法全面地保护自身的合法权益。即是说，故宫博物院的法律工作不是一个部处的事情，而是全院的事情，尤其是负责具体工作的各级主管领导和重点岗位职工的职责，必须全院上下重视，通力合作，才能真正做到依法开展工作。

随着我国《公司法》、《劳动合同法》、《物权法》、《侵权责任法》等一系列新的法律、法规的不断出台，对故宫博物院文博工作也提出了新的要求。故宫博物院法律工作既要从全局上着眼，也要注意将基础打牢，有计划、分阶段地进行。近几年来，根据实际工作中的需要，作为具体法律工作职能机构，故宫博物院法律处积极开展了一系列法律知识培训讲座，包括《文物保护法》、《合同法》、《公司法》、《招标投标法》、《商标法》、《著作权法》、《专利法》和《劳动合同法》等。通过这些培训讲座，提高了相关部处人员的法律意识，增强了相关人员对工作中涉及的具体法律知识的了解，有利于其在工作中做到依法办事。

此外，故宫博物院还通过各种途径加强对全院职工的普法教育。具体举措包括：在办公内网开设廉政网站，在《故宫人》报上发表普及法律知识的文章，向有关部处发放普法知识材料，专项调研（如对涉及院方和合同制员工、派遣制员工双方权益的《劳动合同法》实施情况进行调研等）。

法律处人员除为院领导、各部处提供法律咨询外，也为全院职工提供法律咨询，十年来共计解答法律咨询一千多人次。内容主要涉及婚姻家庭、借款纠纷、金融债券、婚前财产公证、买房合同签订、财产继承、赡养、遗产纠纷、交通事故赔偿、普通民事侵权损害赔偿、房屋租赁纠纷、物业费纠纷、劳动报酬纠纷、劳动合同的履行等等。在咨询过程中，很多职工带着焦急的心情而来，经过法律处同志帮助他们认真分析问题，全面解答疑问，宣传法律知识，使得职工满意地离开。

## （七）举办"博物馆与法律论坛"

为纪念故宫博物院法律工作机构设立十周年，总结十年来法律工作取得的成绩，与其他兄弟博物馆交流法律工作经验，2008年11月5日，故宫博物院召开法律工作会议，并举办"博物馆与法律论坛"。

应故宫博物院的邀请，共有包括国家博物馆、首都博物馆、上海博物馆等来自全国12个省市近30家博物馆的40多名代表与会，法律处处长陈俊旗同志主持了论坛。代表们互相交流各自工作中的体会，并就博物馆的法律工作在新时期所面临的问题进行探讨。由于参加会议的代表都是工作在博物馆法律工作的一线人员，因此大家结合各自工作中的实际情况，介绍了各自博物馆的法律机构设置、日常法律事务处理机制和部分具体案例，并对目前工作中存在的困惑进行了交流。当前各博物馆都对法律工作加以不同程度的关注，对法律问题的关注和无形资产的保护程度也在不断提高，但是与博物馆的保护、研究工作相比，博物馆法律工作仍然存在着力量薄弱、法律机构设置较少、博物馆专门法律法规缺位、博物馆法律专业学术研究滞后、博物馆法律专业学术著作稀少、博物馆法律工作专业交流平台缺乏等许多问题。针对目前博物馆法律工作中存在的这些问题，与会代表一致认为，应当建立一个长期性、规律性的交流平台，供博物馆法律工作者进行交流，从而提高对博物馆法律工作和无形资产保护工作的重视程度，在实际工作中依法办事、强化研究、注重实践、长期努力，为完善和强化各博物馆法律工作和无形资产保护工作提供强有力的支持。在论坛的最后，法律处副处长黄哲京宣读了《"博物馆与法律论坛"紫禁城倡议》，来自各博物馆的参会代表讨论并通过了该倡议。倡议书建议加强博物馆法律工作和无形资产保护工作。

随后，故宫博物院法律工作会议在院报告厅隆重召开。会议由段勇副院长主持，郑欣森院长和全体院领导及全院科级、中级专业职称以上人员参加了会议，全国人大法工委、国务院法制办、文化部、国家文物局以及东城区司法局等相关部门的负责人，"博物馆与法律论坛"的代表，亦参加了本次会议。郑欣森院长在讲话中充分肯定了十年来法律工作对故宫博物院文博事业发展所起到的保驾护航的重要作用。故宫博物院的法律工作思路明确、职责清晰、工作连续，不断向专业化、规范化的方向发展，较好地发挥了咨询、保障、服务的作用。故宫博物院的法律服务工作已经走过了十年历程，目前与今后的工作仍然十分繁杂且富有挑战性，因此非常有必要适时地对以往的经验和教训加以总结、反思和再认识，不断强化依法、依规开展法律工作的意识，强化风险和创新意识，继续落实科学发展观在故宫博物院文博事业中提出的具体要求，注意发挥法律工作的全面审核、监督与制约的功能，进一步完善工作流程和审核方法，通过总结既往经验，促进今后法律工作在故宫博物院文博事业中更好地发挥其应有的作用。全国人大法工委行政法室副主任张世诚、国务院法制办教科文卫司副司长张耀明、国家文物局法规处处长张建华、东城区司法局副局长姜铁良等相关部门的负责人结合自身工作介绍了我国立法、司法等有关情况。法律处处长陈俊旗作了题为《努力开展法律服务工作，保障故宫文博事业健康发展》的工作报告，对故宫博物院十年来的法律工作进行了总结与回顾。最后，李季常务副院长作了大会总结发言。故宫博物院首届法律工作会议圆满结束。

## 三　故宫博物院知识产权保护工作的努力和探索

### （一）故宫博物院知识产权保护工作的思路转化

知识产权是人们基于自己的智力活动创造的成果和经营管理活动中的标记、信誉而依法享有的权利的统称。广义的知识产权包括著作权、邻接权、商标权、商业秘密权、产地标记权、专利权、集成电路布图设计权等各种权利；狭义的知识产权，即传统意义上的知识产权，包括著作权（含邻接权）、专利权、商标权三个主要组成部分。知识产权是一种新型的民事权利，是一种有别于财产所有权的无形财产权，具有专有性、地域性、时效性的特征。

知识产权保护制度对于促进科学技术进步、文化繁荣和经济发展具有重要的意义和作用。保护知识产权，有利于调动人们从事科技研究和文艺创作的积极性，有利于为企业带来巨大经济效益，增强经济实力，有利于促进对外贸易的长足发展。知识产权保护制度既是保证社会主义市场经济正常运行的重要制度，又是开展国际科学技术、经济、文化交流与合作的基本环境和条件之一。

我国把知识产权保护作为改革开放政策和社会主义法制建设的重要组成部分，从20世纪70年代末即着手制定有关法律、法规，同时积极参加相关国际组织的活动，加强与世界各国在知识产权领域的交往与合作。因而，我国知识产权保护制度的建设，在初始阶段就显示了面向世界、面向国际保护水平的高起点。到目前为止，我国已制定了《专利法》、《专利法实施细则》、《商标法》、《商标法实施条例》、《著作权法》、《著作权法实施条例》、《著作权集体管理条例》、《合同法》、《担保法》、《反不正当竞争法》等多部有关知识产权保护的法律、法规，将我国知识产权的立法保护提高到了一个新的水平。

在故宫博物院，重视对知识产权进行保护经历了一个漫长的过程。在认识上，逐步经历了从以前只重视以文物、古建为中心的有形资产保护，到现在同时注意保护无形资产价值的转化过程。

## （二）故宫博物院驰名商标申请和取得的主要经过

在人们心目中，故宫博物院、故宫、紫禁城三位一体，密不可分，它既是世界著名博物馆，又是观光旅游的著名景点，包含历史形成和积淀的巨大无形资产。"故宫"、"紫禁城"为故宫博物院所独有，鉴于其唯一性和特殊性，故宫博物院于1996年向国家工商行政管理总局商标局申请注册"故宫"、"紫禁城"为服务商标，并于1998年申请补注服务商标。该局于1997年和1999年陆续向故宫博物院颁发了商标注册证书。此后，不断有个别法人单位和个人复制使用"故宫"、"紫禁城"的文字，虽然其申请注册的与故宫博物院已在商标局注册的商标不相类似，但是极易误导公众，错认为他们所提供的商品、服务项目都是故宫博物院的或与故宫博物院有关联，这些商品、服务项目一旦出现质量等问题，将给"故宫"、"紫禁城"商标和故宫博物院带来很大损害，严重阻碍故宫博物院名牌战略的实施，损害消费者的利益；败坏故宫博物院形象，对我国的对外文化交流与合作造成不良影响；还会破坏市场经济应有的正常秩序，恶化市场环境。2007年商标权期满后，故宫博物院对以上商标进行了续注，并对以前未注册的商标类别全部予以申请注册，共计45类，涵盖了国家工商总局商标局的全部商标类别。

为加大"故宫"、"紫禁城"商标的保护力度，维护故宫、紫禁城作为向世界展示中华民族悠久历史和灿烂文化重要窗口的良好形象，故宫博物院于2004年10月正式向国家工商总局商标局提出申请，通过商标异议的方式，申请将"故宫"、"紫禁城"认定为驰名商标。经过一年多的不懈努力，国家工商总局商标局在2006年6月1日正式认定故宫博物院"故宫"、"紫禁城"为驰名商标，这对于加大保护力度，发挥"故宫"、"紫禁城"品牌作用，扩大社会影响力，规范经营管理都将起到极大的推动作用。

2005年10月10日，故宫博物院成立80周年，故宫博物院院徽标识正式启用。为保护院徽这一无形资产，防止他人滥用或侵权，根据故宫博物院的决定，法律处与院办公室配合把院徽图形向国家工商总局商标局申请注册为商标，申请注册的类别涵盖了国家工商总局商标局全部45类商标。目前，商标局已经批准院徽为注册商标。

由于"故宫"、"紫禁城"在国（境）内外的持久、重大影响，而且这种影响力绝非依靠广告等途径产生，大陆、香港的个别企业已在境外注册了与故宫博物院商标名称相同的商标，这对故宫博物院在国（境）外的文物展览、文化产品营销可能会造成不利的影响，所以故宫博物院决定一方面对"故宫"、"紫禁城"商标在国（境）外注册申请，使得商标保护范围不再仅限于国内；另一方面，对国（境）外个别企业申请注册"故宫"、"紫禁城"商标提出异议，要求驳回这些企业的注册商标申请。这些措施必定会为今后故宫博物院商标在国（境）外的保护和利用打下良好的基础。

### （三）故宫博物院拥有的专利权

2010年5月，故宫博物院古建筑榫卯节点力学研究课题荣获三项国家实用新型专利。这三项专利分别为用于古建筑木结构边跨榫卯节点的加固装置（授权号：ZL200920108275.1）、用于古建筑木结构中间跨榫卯节点的加固装置（授权号：ZL200920108277.0）、用于古建筑木结构顶棚内榫卯节点的加固装置（授权号：ZL200920108276.6）。上述三项实用新型专利的持有人均为故宫博物院。这些榫卯节点加固装置具有对古建筑木结构没有破坏、满足参观要求、工艺简便、安装方便及易于检修、更换等优点，为古建筑提供了更加可行的抗震加固技术支持。

### （四）通过司法途径践行故宫知识产权保护

司法救济是保护故宫博物院商标权、专利权、著作权等知识产权的一条行之有效的途径，并已被实践所证明。从1998年至今，故宫博物院出现涉及知识产权类案件共计9起，约占案件总数的30%。如：故宫博物院诉某出版社著作权侵权案、故宫博物院诉某公司专利权案、故宫博物院院徽被诉侵权案等，无论是主动起诉还是被动应诉，都实现了通过司法途径，运用法律武器保护故宫博物院知识产权相关合法权益的目的，为故宫博物院文博事业的长足发展创造了条件。

现代社会是一个智力成果高度发达的社会，科学技术是第一生产力。发明、创造等智力活动及其成果对社会生产力的发展和社会文明的进步都有着十分重要的意义。包括著作权在内的知识产权是基于智力的创造性所产生的权利，它是法律赋予知识产品所有人所享有的专有权利。保护这种知识产品不被侵犯，就是促进了我国社会主义建设事业，促进了现代文明的发展。

故宫是明清两代的皇家园林，是中国乃至世界的宝贵文化遗产。故宫博物院肩负着保管、研究、宣展、利用院藏的180万件（套）珍贵文物的责任同时，肩负着发展文物保护事业，创新文博产业，确保国家宝贵文物资产保值、增值的责任。近年来，某些单位和个人为了不法利益，侵犯故宫博物院著作权、商标权、专利权的事件屡有发生。保护故宫博物院的合法权益，使国家珍贵的无形资产不会无端的成为某些单位和个人违法谋取私利的工具，是故宫博物院义不容辞的责任。

通过司法的途径，可以昭告公众，提高全民知识产权保护相关法律意识，维护故宫博物院依法享有的知识产权。这也是故宫博物院寻求司法途径践行知识产权保护的初衷之一。

# 四 故宫博物院非物质文化遗产保护的努力和探索

## （一）故宫学和故宫非物质文化遗产的概念

故宫学首先由时任文化部副部长、故宫博物院院长的郑欣淼同志在2003年提出。故宫学作为客观上存在的 一门学科，从故宫博物院成立之时便开始萌芽，并随着以故宫学者为主的研究队伍的逐渐扩大而不断发展。故宫学的性质属于综合性学科，涉及历史、政治、建筑、器物、文献、艺术、宗教、民俗、科技等许多学科。故宫学的研究范围大致有六个方面：故宫古建筑，院藏百万件文物，宫廷历史文化遗存，明清档案，清宫典籍，86年故宫博物院的发展历程。而故宫学的核心则是紫禁城的研究。

非物质文化遗产是各族人民世代相承的、与群众生活密切相关的各种传统文化表现形式（如民间文学、民俗活动、表演艺术、传统知识和技能，以及与之相关的器具、实物、手工制品等）和文化空间（即定期举行传统文化活动或集中展现传统文化表现形式的场所）。遍布于祖国大地的文化遗产和蕴含于其中及传承于民间的非物质文化遗产是我们民族的宝贵财富。而自觉地研究故宫所蕴含的非物质文化遗产，并对其中优秀的部分进行积极继承是每一个故宫人的责任。

## （二）故宫非物质文化遗产研究与保护的初步探索

古建修缮技艺、宫廷文物的研究和修复技艺等都是故宫非物质文化遗产的重要内容。从2003年开始进行的古建大修，特别注意保护故宫的非物质文化遗产。而从人员传承的师徒制，到国外先进技艺的引进，以及与日本、美国等知名企业的合作，都是故宫博物院在非物质文化遗产保护方面探索的开始。

2008年6月7日，国务院公布的《第二批国家级非物质文化遗产名录》收录了故宫博物院的"装裱修复技艺"和"故宫官式古建营造技艺"。故宫博物院的传统书画装裱修复技术，是在继承明清以来南北两大流派后形成的保留传统工艺最多的书画装裱修复技术。多年以来，故宫博物院科技业务工作人员利用此项技术修复装裱了新疆伏羲女娲绢画、湖南马王堆三号墓出土帛书帛画、战国帛画、展子虔《游春图》、张择端《清明上河图》、马和之《唐风图》、顾闳中《韩熙载夜宴图》、宋人《百花卷》、怀素《食鱼帖》、赵孟𫖯手卷、祝之山、郑板桥书法、唐寅《四美图》等多件国家一级文物。故宫官式古建筑营造，包括挖、木、石、土、油漆、镶嵌、裱糊等各种工匠，其主要特点为各部位做法、工序都有严格定式，选料上乘，工艺严谨，做工精细。故宫博物院古建修缮中心承担紫禁城维修任务，正是由于故宫官式古建筑营造这种工艺的保证，以紫禁城为代表的故宫宫殿建筑，才能数百年来始终保持原貌。故宫官式古建营造技术的研究、整理日益得到重视和发展。2010年6月，故宫博物院又有两项技艺被列入国家级非物质文化遗产名录，分别是古字画人工临摹复制技术和中国青铜器传统修复、复制技术。这样，故宫博物院共有四项国家级非物质文化遗产项目。根据国家对非物质文化遗产采取"保护为主，抢救第一，合理利用，传承发展"的指导方针，故宫博物院也面临着一些困难需要解决。

在故宫非物质文化遗产研究与保护这个广泛而新颖的领域中，由于国家相关的法律规定除了仅有的一部2011年6月才施行的《非物质文化遗产法》外，尚有欠缺和不甚具体的问题，基础工作也较为薄弱，如何从法律角度入手，积极开展非物质文化遗产的保护传承，有相当的挑战和探索性。

# 五 故宫博物院法律工作中的主要经验

## （一）适应院内外形势的变化，不断开拓创新

改革和创新是决定当代中国命运的关键抉择，是发展中国特色社会主义、实现中华民族伟大复兴的必由之路，是一个民族进步的灵魂，是一个国家兴旺发达的不竭动力。改革创新对于故宫博物院法律工作的顺利开展同样具有十分重要的意义。

故宫博物院法律工作已开展二十余年，设立法律机构也有十年，法律工作的思路不断明确、拓宽，机构设置更加专业和独立，人员安排更加合理和专职化。这个发展过程可以证明，故宫博物院专项法律工作的开展既具有专业性，又具有前瞻性，基本适应了形势的发展变化。

## （二）始终围绕中心，有针对性地开展专项服务工作

在故宫博物院，或者说在文博系统开展法律工作，要时刻认识到工作的重心，即服务保障于文博事业这个中心工作的性质。因此，在工作过程中尤其要注意不能脱离主体业务，对中心工作提供法律服务保障的针对性、适用性一定要强。

此外，还应当注意工作的时效性，法律服务保障工作必须做到有所准备，及时到位，力争与中心工作具有同步性，有的情况下甚至要超前开展法律服务保障，尽量避免风险的发生。

## （三）注意加强研究，将有共性的问题制度化

事物的共性是绝对的、无条件的。共性与个性之间，共性寓于个性之中，个性又受共性的制约，共性和个性在一定条件下相互转化。形象地说，共性与个性，就是一组彩色铅笔，共性是书写绘画工具，都是铅笔，个性是

不同颜色。

在为全院中心工作提供法律服务保障的过程中，许多问题其实都是长期反复出现的，即是说这些问题存在一定的共性。在我们的具体工作中，注意对这些"老问题"和具有共性的问题进行研究总结，从中提取出最核心的部分，将其专业化和固定化，以便提升到一种工作制度进行推行。这一工作方法，既有利于实现工作的程序化、规范化管理，提高工作效率，也便于大家在工作中熟悉和自觉遵守相关的规范。

例如，合作经营、施工、文物赴国（境）内外展览等类型合同的基本内容大体一致，我们就采用相对固定的示范文本方式，合同承办部处与对方洽商，形成初步意见后，只需在示范文本上乙方填写合作方名称、工（展）期、价款等内容，然后履行故宫博物院合同审核程序即可。法律处在合同审核过程中也可以从开始的忙乱应对到逐渐"驾轻就熟"，可以有时间更从容、充分地针对其他非固定格式合同文本的专有、特有条款等进行重点审核，工作进度大大加快。目前，法律处正根据故宫博物院合同性质、特点，制定更多合同示范文本，以更好地提高合同审核的效率。

## （四）在自身力量条件不足时，及时"借力"

社会分工是人类从事各种劳动的社会划分及其独立化、专业化。社会分工的优势就是让擅长的人做自己擅长的事情，使平均社会劳动时间大大缩短，生产效率显著提高，使能够提供优质高效劳动产品的人在市场竞争中获得高利润和高价值。人尽其才、物尽其用最深刻的含义就是由社会分工得出的。博物馆是收藏、展示、研究历史文物和科学标本的专门机构。由于长期处于行政化管理之下，我国博物馆在市场意识、市场风险防范能力方面还比较薄弱，在法律事务管理方面与一般法人实体的法治化、规范化要求存在相当的差距。

故宫博物院法律处虽然配有专职人员并有一定基础，又经历了几年的发展，已经作为院里的一个独立部处开展工作，但是随着法律服务保障全院中心工作的范围不断拓宽加深，工作量日渐加大，以及人员编制和身份要求的限制和诉讼时效的要求，许多时候仅仅依靠法律处内部工作人员的力量已无法及时、单独地完成任务。因此，在积极加强法律处自身业务能力的同时，故宫博物院注意及时引进外力，充分发挥内力的协调性优势和外力的专业化优势，内外结合，形成合力。从1998年开始，故宫博物院聘请了一家律师事务所作为法律顾问所，2008年又增加聘请了另一家律师事务所来加强法律服务专项保障的力量。

通过引进这些外部力量，进一步加强了法律处在某些专业性较强的方面对故宫博物院中心工作服务保障的力度。实践证明，故宫博物院引入法律顾问制是完全必要的。各博物馆可以结合单位实际情况，聘请专、兼职律师，以应对日益增多和复杂的法律方面的工作。

## （五）领导重视，思路明确，指导得当

领导是组织的核心，在实际工作中起到了指挥、协调、激励的作用。故宫博物院党委、行政领导的高度重视，是法律工作开展相对顺利的根本保障。

以合同审核工作为例，故宫博物院的合同审查制度是在院领导班子的重视、支持下逐步建立并完善的。根据故宫博物院各类合同审核管理规定，所有拟签订的合同须逐一经过法律处、审计室、部门主管领导及主管院长的层层审核方能签署。其中，法律处、审计室分别从各自的职能和业务角度对合同条款和价款进行审核把关，并将审核汇总意见报部门主管领导，最后由院长作全面审核，并签署或授权签署。

令人可喜的是，合同审核工作目前已基本趋于规范化，确保了每一份合同签署的严肃性、严格性、严谨性。这些成绩的取得离不开院各级领导的重视和指导。在总结经验的基础上，下一步故宫博物院拟推出各类合同示范文本，实现各职能部门使用合同的规范化和便捷化。

回顾故宫博物院十多年来的法律服务工作，我们深切感受到，法律工作的顺利开展，离不开各级领导的关心与支持，也离不开各部处的通力配合。法律为故宫博物院各项事业发展保驾护航已初步深入人心。在今后的工作中，我们要进一步强化依法办事的理念，力争使故宫博物院的法律服务事业又好又快地发展。

第二章　故宫博物院诉讼案例及点评

# 一 故宫博物院与某酒厂合同纠纷案评析

## 【案情介绍】

1994年5月，故宫博物院与某酒厂签订合同，约定故宫博物院为某酒厂所生产的贡酒系列产品质量进行监制，监制期为5年(自1994年5月至1999年4月底)。在监制期内，故宫博物院所监制的产品外包装装潢、商标上印有"故宫博物院监制"字样。监制费每年8万元。分别于每年5月份支付。该酒厂如不按期向故宫博物院交纳监制费，属违约，应向故宫博物院支付违约金30万元。合同签订后，故宫博物院履行了监制义务，在其所监制的产品外包装上印有"故宫博物院监制"的字样，酒厂向故宫博物院支付1994年度、1995年度的监制费16万元，尚欠1996至1998年度监制费。后就该监制费产生纠纷，故宫博物院对所欠监制费发函至该酒厂，要求其给付所欠监制费，该酒厂回函，称其厂资金紧张，所拖欠的监制费一时不能给付。因合同约定付款期限已过，故宫博物院将该酒厂诉至法院，要求被告承担未支付的3年监制费24万元，违约金30万元。

后法院判决，被告酒厂的行为显然违约，除应立即给付原告故宫监制费24万元外，还应偿付他们预先约定的违约金24万元。

## 【专家点评】

争议焦点：违约金的数额范围及与其他救济手段的关系。

本案发生在《合同法》实施之前，适用的法律是《中华人民共和国经济合同法》及最高人民法院《关于在审理经济合同纠纷案件中具体适用〈经济合同法〉的若干问题的解答》。故在判决书中，法院认为："根据法律的有关规定，当事人约定违约金的，其违约金数额不得超过其逾期付款的数额，故违约金超出逾期付款的部分本院不予支持。"

类似的案件如果发生在现在，应该适用的法律依据则是《中华人民共和国合同法》，关于违约金的数额在现行《合同法》第一百一十四条规定："当事人可以约定一方违约时应当根据违约情况向对方支付一定数额的违约金，也可以约定因违约产生的损失赔偿额的计算方法。"

约定的违约金低于造成的损失的，当事人可以请求人民法院或者仲裁机构予以增加；约定的违约金过分高于造成的损失的，当事人可以请求人民法院或者仲裁机构予以适当减少。

当事人就迟延履行约定违约金的，违约方支付违约金后，还应当履行债务。

## 【相关理论探讨】

《合同法》第一百零七条规定：当事人一方不履行合同义务或者履行合同义务不符合约定的，应当承担继续履行、采取补救措施或者赔偿损失等违约责任。可见，在我国法律的用语中，违约被表述为"不履行合同义务或者履行合同义务不符合约定"。而违约责任具体包括承担继续履行、采取补救措施（修理、重作、更换等）、赔偿损失、支付违约金等，这些责任是并列的，没有先后顺序，当事人可以选择行使，但是，是否可以要求另一方当事人同时承担多个违约责任，则要看法律的规定。本案中，被告的行为属于给付迟延（因金钱债务不存在给付不能），是典型的违约形态之一，故而要承担相应的违约责任。就本案而言，违约责任应包括：

1. 继续履行。指在违约方不履行合同时，由法院强制违约方继续履行合同债务的违约责任方式。我国《合同法》第一百零九条规定，当事人一方未支付价款或报酬的，对方可以要求其支付价款或者报酬；而且，根据《合同法》第一百一十条规定，当事人一方不履行非金钱债务或者履行非金钱债务不符合约定的，对方可以要求履行，但是下列情形之一的除外：第一，法律上或者事实上不能履行；第二，债务的标的不适于强制履行或者履行费用过高；第三，债权人在合理期限内未要求履行。这是法律关于金钱债务和非金钱债务的继续履行。就本案来说，根据合同约定，故宫博物院应在合同期内允许该酒厂使用其署名监制的标识，而相应的，该酒厂也应履行自己支付相关费用的义务，这种义务的履行通常不发生履行不能后果，该酒厂的所谓"一时不能给付"的回函在法律上只能理解为其违约了。作为受害人，故宫博物院当然有权利要求该酒厂承担继续履行的责任。

在此还应注意的是，是否还可以提出赔偿损失的要求，这涉及继续履行与赔偿损失的关系。首先应区分两类不同的赔偿，即"填补赔偿"与"迟延赔偿"。后者产生于履行迟延场合，是与本来的给付一并请求的损害赔偿，这种迟延赔偿被解释为本来给付的扩张。填补赔偿以履行不能场合产生的损害赔偿为典型，是代替本来给付的损害赔偿。也就是说，在履行迟延这样的一时的违约场合，对履行请求权附加上了赔偿请求权；在履行不能这样的确定的违约场合，赋予填补赔偿请求权以替代本来的履行请求权。填补损害与继续履行不能并存，而与迟延赔偿可以并行不悖，同时存在。所以，本案故宫博物院不能同时提出赔偿损失请求。

2.违约金，是由当事人约定的或者法律直接规定的，在一方当事人不履行或者不完全履行合同时向另一方当事人支付一定数额的金钱或其他给付。在本案中，故宫博物院与该酒厂的约定就属于约定的违约金。

（1）违约金可以分为惩罚性违约金和赔偿性违约金。惩罚性违约金是当事人对于违约所约定的一种私的制裁。此种违约金于违约时，债务人除须支付违约金外，其他因债之关系所应负的一切责任，均不因之而受影响。债权人除提出请求违约金外，还可以请求债务履行或不履行所生之损害赔偿。赔偿性违约金是当事人双方预先估计的损害赔偿总额。此种损害赔偿额的预定，也是一种违约金。此种违约金，如相当于履行之替代，则请求此种违约金之后，便不能够再请求债务履行或不履行的损害赔偿。我国《合同法》第一百一十四条规定的违约金，属于赔偿性违约金，即使第三款所规定的"就迟延履行约定违约金"，可与"履行债务"并用，也不是对于迟延赔偿的赔偿额预定，仍属于赔偿性违约金，但不是否认惩罚性违约金的存在，当事人可以明确约定惩罚性违约金，只要此种条款不违反法律的强制性规定，便仍属有效。当然，如果当事人的约定不明确，原则上推定为赔偿性违约金。本案中，故宫博物院与酒厂的约定并不明确，应该推定为赔偿性违约金。

（2）违约金与继续履行。惩罚性违约金可以与其他的因债务不履行所发生的责任并用，继续履行当然也包括在内。这里主要讨论的是赔偿性违约金能否与继续履行并用。

如果违约金是针对履行不能、履行拒绝这种完全不履行的情形约定的，是作为替代债务不履行的损害赔偿（填补赔偿）的赔偿额预定，违约金的约定并不使履行请求权消灭。在实际发生履行不能的场合，履行请求权归于消灭，只能请求违约金。在履行拒绝场合，则出现履行请求权与违约金请求权并存的局面。由于这两项请求权实际指向的对象是相同或相当的，故只应由债权人选择一种主张，不能二者兼得，否则，就等于让债权人获得双份的利益。

如果违约金是针对履行迟延预定的，只要当事人没有特别表明其属于惩罚性违约金，即应推定为对于因迟延履行所生损害的赔偿额预定，换言之，是迟延赔偿的赔偿额预定。在债务人履行迟延场合，一方面，债权人仍享有履行请求权；另一方面，又享有违约金请求权，由于两项请求权指向的对象并不相同，因而可以同时主张，并行不悖。《合同法》第一百一十四条第三款的规定，正是这种精神的体现。案中，双方当事人之间的约定属于履行迟延的约定无疑。

（3）违约金的调整。赔偿性违约金作为赔偿损失的预定，虽然不要求其数额与损失额完全一致，但也不宜使两者相差悬殊，否则，会使违约金责任与赔偿损失的一致性减弱乃至丧失，而使两者的差别性增大，以至于成为完全不同的东西。再者，违约金的数额与损失额应大体一致，这是合同正义的内容之一。违约金的数额过高或过低时予以调整，就有其根据。

《合同法》第一百一十四条第二款规定："约定的违约金低于造成的损失的，当事人可以请求人民法院或者仲裁机构予以增加；约定的违约金过分高于造成的损失的，当事人可以请求人民法院或者仲裁机构予以适当减少。"可见，违约金高低的比较标准就是因违约"造成的损失"，从合同法本身中并不能找出其他的参照标准，这一"造成的损失"究竟是实际损失还是其他损失也可以商讨，但是并非所有违约造成的实际损失都可以赔偿，因而通常情况下，实际损失会大于可赔损失。国外通行的做法是以实际损失作为参考，值得我们借鉴。在2009年颁布施行的最高人民法院《关于适用〈中华人民共和国合同法〉若干问题的解释（二）》第二十八条规定："当事人依照合同法一百一十四条第二款的规定，请求人民法院增加违约金的，增加后的违约金数额以不超过实际损失额为限。增加违约金以后，当事人又请求对方赔偿损失的，人民法院不予支持。"可见，这里采用的是实际损失。另外，需要注意的是，违约金的增加，字面上只是限定为"低于"，而没有像该款后半段那样适用"过分"低于这样的措辞。

最高人民法院的《合同法解释（二）》第二十九条规定："当事人主张约定的违约金过高请求予以适当减少的，人民法院应当以实际损失为基础，兼顾合同的履行情况、当事人的过错程度以及预期利益等综合因素，根据公平原则和诚实信用原则予以衡量，并作出裁决。当事人约定的违约金超过造成损失的百分之三十的，一般可以认定为合同法第一百一十四条第二款规定的'过分高于造成的损失'。"这一规定在司法实践中为违约金过高的认定提供了一个具体的标准。

## 【本案的提示】

1.本案在合同中约定了合同的数额、履行期限，也约定了违约金数额，应该说合同本身是比较完整的。但是，有关履行期限的约定为"每年5月份"，并不是一个确定的时间，类似的合同对于公共博物馆而言，履行合同约定的义务通常不存在问题时，就应该将对方履行义务的时间确定为一个具体时间。

2.协议中约定违约金时，如需约定为惩罚性赔偿金，则应该明确其性质，否则在纠纷产生时一般会被解释为赔偿性违约金，这样就不能与损害赔偿金并存了。

3.在追索债权的时候，注意诉讼期间的规定。

## 【附】

# 北京市东城区人民法院
# 民事判决书

(1999)东经初字第921号

原告故宫博物院，住所地本市东城区景山前街4号。

法定代表人朱某，副院长。

委托代理人黄某，男，该单位干部，住本市朝阳区。

被告某酒厂，住所地安徽省太和县。

法定代表人胡某，厂长。

原告故宫博物院诉被告某酒厂追索欠款纠纷一案，本院受理后，依法由审判员陶某独任审判，公开开庭进行了审理。原告故宫博物院的委托代理人黄某到庭参加了诉讼，被告某酒厂经合法传唤无正当理由未能到庭参加诉讼，本案现已审理终结。

原告诉称，1994年5月我方与被告签订合同一份。合同规定，我方为被告所生产的太和殿贡酒系列产品质量进行监制，监制期为5年(自1994年5月至1999年

4月底)。在监制期内,我方所监制的产品外包装装潢印上"故宫博物院监制"字样。监制费每年8万元,于每年5月份向我方支付。被告如不按期向我方交纳监制费,应向我方支付违约金30万元。合同签订后,我方依约履行监制义务,但被告只给付1994年、1995年监制费,共计16万元,尚欠1996年至今年的监制费共计24万元,故起诉来院,要求被告给付所欠监制费24万元及违约金30万元。

经审理查明,1994年5月原、被告签订合同一份。合同规定,原告为被告所生产的太和殿贡酒系列产品质量进行监制,监制期为五年(自1994年5月至1999年4月底)。在监制期内,原告所监制的产品外包装装潢、商标上印上"故宫博物院监制"字样。监制费每年8万元。分别于每年5月份支付。被告如不按期向原告交纳监制费,属违约,应向原告支付违约金30万元。合同签订后,原告履行了监制义务,在原告所监制的产品外包装上印有"故宫博物院监制"的字样,被告向原告支付1994年度、1995年度的监制费16万元,尚欠1996至1998年度监制费。对所欠监制费原告发函至被告,要求其给付所欠监制费,被告回函,称其厂资金紧张,所拖欠的监制费一时不能给付。嗣后,被告未能偿付所欠监制费,故原告诉至本院。

上述事实,有原告提供其与被告间的合同、付款证据、原告所监制产品的包装、被告的营业执照、被告产品检验报告及当事人的陈述在案佐证。

本院认为,经济合同依法订立,即具有法律约束力,双方均应严格履行。原告依约履行监制义务后,被告在原告所监制的产品使用由原告监制的字样,但被告未能履行给付监制费之义务,显系违约,除应立即给付监制费,还应偿付违约金。根据法律的有关规定,当事人约定违约金的,其违约金数额不得超过其逾期付款的数额,故违约金超出逾期付款的部分本院不予支持。在诉讼过程中,当事人有对对方当事人提供证据进行质证的权利,而本案的被告经合法传唤,拒不到庭参加诉讼,故视为其放弃该权利,本院将依法缺席判决。综上,依照《中华人民共和国民事诉讼法》第一百三十条,最高人民法院《关于在审理经济合同纠纷案件中具体适用〈经济合同法〉的若干问题的解答》之规定,判决如下:

1.被告某酒厂给付原告故宫博物院监制费24万元。

2.被告某酒厂偿付原告故宫博物院违约金24万元。

以上一、二两项均于本判决生效后10日内执行。

诉讼费用10410元,由被告某酒厂负担(于本判决生效后7日内交纳)。

如不服本判决，可于判决书送达之日起15日内，向本院递交上诉状，并按对方当事人的人数提出副本，并交纳上诉案件费10410元，上诉于北京市第二中级人民法院。在上诉期满后7日内未交纳上诉案件受理费的，按自动撤回上诉处理。

审判长　陶某

一九九九年十月二十七日

书记员　王某

# 二　故宫博物院与某电脑系统有限公司人格权纠纷案评析

## 【案情介绍】

本案原告故宫博物院，被告某电脑系统有限公司。被告在1998年12月的某报上刊登了《故宫博物院实现计算机化管理》一文，文中对原告故宫博物院的所述有部分内容不实。因为该报纸为公开刊物，发行量大，每日阅读者众多，流传影响广泛，被告刊登的文章给原告造成了一定的不利影响。因此，原告以被告侵害了其名称权为由起诉至法院，并提出以下诉讼请求：第一，判令被告为此承担相应的侵权民事责任；第二，判令被告承担此案的诉讼费用。被告辩称：不同意原告的诉讼请求，但承认其刊登的原告所称之文章中确实对原告有不实之述。经过法院的调解，双方最终达成了调解协议，被告当庭向原告道歉，原告自愿承担案件的诉讼费用。

## 【专家点评】

1.本案的性质。

从本案调解书来看，原告起诉的案由是名称权纠纷。名称权属于法人人格权，因此，就原告起诉的案由，在总体上讲，本案是侵害法人人格权的案件。

人格权是自然人、法人依法享有的法律人格不受侵害的权利。

自然人因其自然生命而享有人格权，法人因其依法成立而享有人格权。自然人的人格权内容非常丰富，包括了生命权、身体权、健康权、姓名权、肖像权、名誉权等多种多样的，而且随着社会文明进步不断扩展种类的权利。法人没有自然生命属性和身份属性，不具有像自然人那样完整的人格权，因此其人格权的具体种类，相对要少一些。

在法律和法理上，人格权分为一般人格权和具体人格权。一般人格权是人格尊严的总体意义上的权利。人格权就是生命权、身体权、健康权、姓名权、肖像权、名誉权等可以个别认知和表述的人格权。不同的具体人格权，称谓不同，权利客体、权利内容等也有区别。比如姓名权和名誉权，虽然都是具体人格权，但是，姓名权的客体，即权利保护的对象，是自然人的姓氏和名字，权利的内容，即自然人能够对自己姓名实施的行为，是决定（包括起姓名和改姓名）、使用、保护自己姓名不受干涉、假冒、盗用。而名誉权的客体是自然人的名誉，权利的内容，是名誉应当得到尊重，不受诋毁、诽谤等。

法人作为民事主体参与社会生活，享有名称权、名誉权和荣誉权等人格权。《中华人民共和国民法通则》（简称为《民法通则》）第九十九条、第一百零一条和第一百零二条，《最高人民法院〈关于贯彻执行中华人民共和国民法通则〉若干问题的意见（试行）》（简称为《民通意见》）的第一百四十条第二款、第一百四十一条和第一百五十条等，对我国法人的名称权、名誉权、荣誉权等人格权及其保护，有明确的规定，展现出我国民法十分重视法人人格权的保护。

国外的法律和法律理论，对法人人格权同样也非常重视。在法理上，如德国著名学者卡尔·拉伦茨就认为："法人有某些人格权，例如姓名权、名誉权等，只不过法人不是伦理意义上的主体，没有一般人格权。"迪特尔·梅迪库斯认为："法人具有一个受法律保护的名称。在其他方面，虽然法人不享有与自然人同样广泛的一般人格权，但是法人的人格也受到法律保护。"在立法上，大陆法系国家的法律如《德国民法典》、《瑞士民法典》、《匈牙利民法典》等绝大多数的法典，均对法人人格权的保护作了规定。英美法系国家虽然没有法典规定法人人格权，但是在司法裁判方面，对团体的名称、名誉、荣誉等也同样予以保护。

侵害人格权，实质是对他人的人格尊严实施了法律不容许的损害行为。具体来说，对自然人人格权的侵害，表现为侵害自然人的生命、身体、健康、名誉、肖像等权利；对法人人格权的侵害，则表现为侵害法人的名称、名誉、荣誉等权利。

由于具体人格权具有个别性的特点，对具体人格权利的侵害行为，有不同的表现形式。例如，对自然人姓名权和法人名称权的侵害行为，表现形式主要是干涉、假冒、盗用自然人的姓名或者法人的名称等；而对名誉权的侵害，主要表现为诋毁、诽谤等形式，诸如故意捏造不实情事败坏他人名誉，故意或者过失地散布、传播损害他人名誉的言论等。

本案中，原告故宫博物院是公益法人，[①]依法享有名称权、名誉权等人格权。任何人都应当尊重其人格权，法律保护其人格权不受侵害。

被告刊登的《故宫博物院实现计算机化管理》一文，对原告故宫博物院的所述有部分内容不实，给原告造成了一定的不利影响，损害了原告的合法利益，侵害了原告的法人人格权自无疑义。

然而，被告侵害的是否是原告的名称权，这个问题有分析的必要。

2.被告侵害的是原告的名称权还是名誉权？

名称权是法人或者依法成立的其他团体对自己名称所享有的权利。《民法通则》第九十九条第二款规定："法人、个体工商户、个人合伙享有名称权，企业法人、个体工商户和个人合伙有权使用、转让自己的名称。"根据该条第一款关于姓名权的规定可知，侵害名称权的行为主要也是干涉、盗用、假冒他人名称三种形式。本案中，被告刊登的是与故宫博物院相关的文章，并没有干涉、盗用和假冒故宫博物院的名称，可见被告并非侵害了原告的名称权。

根据本案事实和相关的法律规定，被告侵害的是原告的名誉权。

自然人的名誉是公众对特定主体的道德品质、才干、声望、信誉和形象等各方面的综合评价。法人的名誉，是公众对法人的资信、商品或服务质量、社会贡献等方面的综合评价。公民的名誉关系到他在社会中的生存条件和生活能力，法人的名誉在一定程度上能够决定其兴衰存亡，是"价值极高的无形资产"。法人的名誉如此重要，多数国家有特别的立法对之加以规定，如奥地利、德国、西班牙、芬兰、日本、卢森堡、瑞士及韩国等国。[②]

《民法通则》第一百零一条规定："公民、法人享有名誉权，公民的人格尊严受法律保护，禁止用侮辱、诽谤等方式损害公民、法人的名誉。"由此可知，侵害名誉权的行为主要是侮辱、诽谤。侮辱行为是指以暴力或者口头、书面形式对他人的名誉进行贬损，损害他人尊严；诽谤主要是捏造对他人不利的

---

① 我国《民法通则》未采公益法人与营利法人的分类（日本以及我国台湾地区如此分类），但学说中常采用这一分类，而将企业法人解释为营利法人，将社会团体法人解释为公益法人。

② 例如，德国《反不正当竞争法》第十四条及第十五条分别为侵害商誉权及追究民事、刑事责任之规定。日本《防止不正当竞争法》第一条第一项第六款及第一条第二项分别是侵害商誉权及追究损害赔偿民事责任的规定。

虚假事实并加以散布的行为。侵害法人名誉权行为的表现形式通常是口头或者一般书面形式，或者在网络、报纸、电视、电影等媒体上发布损害法人名誉权的信息。

区别侵害名称权还是侵犯名誉权的关键，是侵害的对象和侵害行为的形式。

本案中，被告在《经济参考报》上刊登《故宫博物院实现计算机化管理》，以不实的信息给原告造成一定程度的负面影响，虽然涉及原告的名称，但是不存在干涉、假冒、盗用等行为，所谓"造成一定的不利影响"，就是对原告的名誉造成了损害后果，构成对原告名誉权的侵害。

## 【本案的意义】

本案审理过程中，双方当事人在法院的调解下自愿达成协议，被告承认其在文章中对原告有部分不实之述，给原告造成一定的不利影响，愿向原告表示诚挚的道歉。因调解协议无违法情形，且属当事人自愿，已当场执行。

本案双方当事人通过法院调解达成协议化解纠纷，迅速结案，原告以最小的诉讼成本达到了诉讼的基本目的，应当认为是理性、合理的结果。

法院调解是在法院的主持下，在分清是非对错的基础上，以当事人互相谅解、协商一致达成调解协议为特点的纠纷解决方式，是民法上意思自治原则在纠纷解决领域的延伸。对于那些非重大恶意的侵权行为，适用法院调解结案的方式，有非常重要的现实意义。

首先，从当事人角度而言，法院调解结案既保护了受害人的合法权益，又缓和、避免了当事人双方之间矛盾的进一步激化。通过摆事实，讲道理，促使双方当事人消除隔阂，化解矛盾，权衡利弊，寻找合乎情理、双方都能够接受的解决方案。判决结案有其优点，但有时很难做到让当事人自愿息讼。一审判决后一方不服的，会选择上诉、申诉，一诉到底，使双方长期官司缠身，对双方都不利。知法懂法，通过诉讼运用法律武器维护自己的合法权益，是法制意识增强的表现，但不分纠纷的性质的诉讼态度绝不可取。本案被告的行为给原告造成了一定的不利影响，但尚未酿成重大的损失，因此，被告只要澄清事实，承认错误，向原告赔礼道歉，消除给原告造成的不利影响，原告的人格尊严得到尊重，其合法权益就能够得到恢复，纠纷就能够及时得到比较合理的解决。从另一角度看，当事人采取调解结案，对双方都有省时、省力、省财的好处。

其次，从法院角度而言，法院调解迅速而彻底地解决当事人之间的纠纷，做到"案结事了"，提高法院的工作效率，节约了诉讼资源。相反，判决结案的，如果当事人上诉、申诉、上访，法院要投入更多的司法成本，判决生效后，当事人若不自动履行义务，还需予以强制执行，也需要司法资源。当事人达成调解协议的，自然大大地节省了司法资源。

最后，从社会文明发展的角度而言，法院调解与中国传统的"和为贵"文化相一致，也与当今构建和谐社会的时代主题相吻合。法院调解结案，在达到保护受害人合法权益的诉讼效果的同时，教育了侵权行为人，淡化甚至消除了当事人之间的矛盾，取得了良好的社会效果，而这样，正是我国司法审判工作所应当追求的价值目标。

应当强调的是，本案原告正确、理性的诉讼态度值得肯定。原告故宫博物院承载着传播中华民族优秀历史文化的历史使命，既是中国文博事业的代表，也是中华文明的体现者，对被告这种一般性、非重大恶意的侵权行为，在分清是非对错、被告承认错误并赔礼道歉的情况下，予以原谅，彰显出豁达的文明风范和求实、理性的诉讼态度。

## 【附】

# 北京市东城区人民法院
# 民事调解书

（1999）东民初字第3184号

原告故宫博物院，地址：北京市东城区景山前街4号。

法定代表人朱某，该院副院长。

委托代理人陈某，北京共和律师事务所律师。

被告上海某电脑系统有限公司，地址：上海市某区。

法定代表人祝某，该公司董事长。

委托代理人张某，科华律师事务所律师。

委托代理人龙某，女，该公司法律事务处经理。

案由：名称权纠纷

原告以被告在1998年12月30日的《经济参考报》上刊登《故宫实现计算机

化管理》一文中，所述内容不实，侵害了原告名称权为由，诉至本院，要求被告承担侵权的民事责任。对此被告进行了答辩，不同意原告的诉讼要求，但承认原告所述之文章内有不实之处。

本案在审理过程中，经本院主持调解，双方当事人自愿达成如下协议：

被告上海某电脑系统有限公司在1998年12月30日《经济参考报》上刊登的《故宫实现计算机化管理》一文中，有部分内容不实，给原告故宫博物院造成一定的不利影响，现当庭向原告表示诚挚的道歉（已执行）。

诉讼费80元，原告故宫博物院自愿负担（已交纳）。

上述协议，不违背有关法律规定，本院予以确认。

本调解书经双方当事人签收后，即具有法律效力。

审判长　金某

审判员　吕某

代理审判员　才某

一九九九年九月二十八日

书记员　祝某

## 三　故宫博物院与某信息技术有限公司著作权纠纷案评析

### 【案情介绍】

本案中，原告某信息技术有限公司，诉被告故宫博物院陶瓷馆长时间播放景德镇瓷器烧制的三维动画片侵犯了其著作权，并以某杂志社为第三人。

法院经过审理之后，对案件事实部分认定：

证据证明，第三人与被告签订《故宫古陶瓷研究中心动画制作合同》约定，被告委托第三人为其制作涉案动画片，动画片的著作权归属故宫博物院。被告按照约定向第三人提供了相关瓷器图片。第三人接受被告的委托后，在前期调研和准备工作的基础上，根据被告提交的相关参考资料，按照被告的要求，组织原告的相关人员及案外人共同创作完成涉案动画片。

原告虽已证明其参与了涉案动画片的制作过程，但其未能充分举证证明涉案动画片系其创作完成的作品。因此，其所提出是该动画片的著作权人的主张,证据不足,法院不予支持。

由于原告提出其享有涉案动画片著作权的主张不成立,原告提出被告侵害其著作权的主张,依据不足,法院不予支持。

最后,法院依照《中华人民共和国著作权法》第十条、第十一条、第四十七条第一项之规定,判决驳回原告的诉讼请求,并由该公司负担案件受理费21635元。

## 【专家点评】

本案是一起著作权纠纷案,争议的焦点是涉案动画片的著作权归属以及被告是否侵害原告的著作权。

1.关于涉案动画片的著作权归属。

(1)涉案三维动画片是《著作权法》所保护之作品,是著作权的客体。

三维动画,又称3D动画,是运用计算机技术创作的新型艺术作品。

根据《中华人民共和国著作权法》第三条、《中华人民共和国著作权法实施条例》第二条、第四条,三维动画片归属于"电影作品和以类似摄制电影的方法创作的作品"。本案中关于陶瓷烧制制作工艺和景德镇陶瓷运输到京城的线路的三维动画片具有独创性并能以某种有形形式复制,即为《著作权法》所保护之作品。

(2)无论依据法律还是法理,原告都不具备涉案动画片作者的资格。

何谓作者?《中华人民共和国著作权法》第十一条中明确规定:"创作作品的公民是作者。由法人或者其他组织主持,代表法人或者其他组织意志创作,并由法人或者其他组织承担责任的作品,法人或者其他组织视为作者。如无相反证明,在作品上署名的公民、法人或者其他组织为作者。"

本案中,法院查明、认定的案件事实是:被告与第三人订立合同,约定被告委托第三人制作涉案动画片,第三人按照合同进行制作,完成的作品的著作权归被告;第三人在制作过程中租用了缔维时空公司和原告的设备并聘用相关技术人员,聘用原告提供技术支持,最后完成涉案动画片并交付给被告。

就此事实来看,第三人制作了涉案动画片。根据上述法律规定,第三人是涉案动画片的作者。

原告是否作者?换言之,原告是否进行了《著作权法》所规定的创作作品的活动。根据本案事实,相关法律规定、法理,原告不具备作者的法律地位。

理由是：

①案件事实表明原告不是涉案动画片的作者。

在本案审理过程中，原告虽然提交了该涉案动画片的两个成片，其中包括时长短于涉案动画片的一个成片和与涉案动画片时长相同的一个成片，但前一个成片与涉案动画片时长不同，后一个成片的创建时间系在本案审理期间，故上述两个成片不能证明原告自行"创作"了涉案动画片。另外，原告还提交了相关素材创作情况等材料以证明其实际参与了涉案动画片的创作过程。但第三人证明是其聘用原告的相关工作人员及案外人缔维时空公司的人员共同创作完成的，并租用了原告和缔维时空公司的相关设备。根据《中华人民共和国著作权法实施条例》第三条："著作权法所称创作，是指直接产生文学、艺术和科学作品的智力活动。为他人创作进行组织工作，提供咨询意见、物质条件，或者进行其他辅助工作，均不视为创作。"据此，原告出租相关设备与第三人发生租赁关系，是出租人，其出租行为不构成作品创作行为。

②原告的工作人员与第三人之间的聘用合同，不是原告与第三人之间的合同，所以不能依据该合同认为原告是作者。

原告公司的工作人员与第三人之间成立聘用合同关系，是自然人个人与第三人之间的合同，原告是公司，属于企业法人，与第三人没有聘用合同关系；聘用合同的当事人参加了涉案动画片制作过程，不等同于原告参加涉案动画片创作活动。

聘用合同关系也叫雇佣合同关系。关于雇佣关系产生的作品的著作权，《中华人民共和国著作权法》没有规定，应当以雇佣合同的约定为依据。

③参考国外立法例和著作权原理来看，不应当认定原告为作者。

大陆法系国家的著作权法律和法理，对于雇员在受雇期间为完成工作任务而创作的作品，适用"创作人为作者原则"。但是，因为雇主进行经济投入并承担最终风险，雇员已得到应有的报酬，为了协调、平衡雇员和雇主之间的利益，多数大陆法系国家的《著作权法》都规定，雇员在"原始取得"著作权之后，依据雇佣合同有义务向雇主转让著作权中的财产权。

英美法系中主要国家的版权法规定，雇佣作品的著作权归雇主。我国理论界认为法人作品是职务作品中的一种，而职务作品就是英美版权法中的"雇佣作品"，其权利归属的原则与"雇佣作品"的归属原则是相同的。

如果以这些立法例和理论作为参考来分析该案，第三人某杂志社应该是作者，被聘用的人员不是作者。

（3）依据法律和合同，涉案动画片的著作权属于被告。

依据《中华人民共和国著作权法》第九条，"著作权人包括：（一）作者；（二）其他依照本法享有著作权的公民、法人或者其他组织。"另依该法第十七条："受委托创作的作品，著作权的归属由委托人和受托人通过合同约定。合同未作明确约定或者没有订立合同的，著作权属于受托人。"由此可知，委托作品的著作权归属，当事人之间有约定从约定，无约定依法定，这也是民法上意思自治原则的体现。

本案中，被告为制作动画片的需要，与第三人签订了《影像资料使用协议书》，协议约定被告向第三人提供影像资料。之后，双方又签订《故宫古陶瓷研究中心动画制作合同》，合同约定第三人按照被告的要求，制作分段动画和合成动画，由被告向其提供技术资料等材料，并约定"执行本合同产生的最终成果的所有权利"归属被告。由此可知，被告委托了第三人制作涉案动画片并约定该动画片的著作权归被告享有，被告是该动画片的著作权人。

2.本案不存在被告侵害原告著作权的问题。

通过上述分析，答案已然肯定。被告乃涉案动画片的著作权人，其播放该动画片是行使著作权的行为，原告对涉案动画片没有著作权，自无被告侵害其权利的道理。

本案法院的判决，事实认定清楚，法律适用得当，判决结果合法、公正。


## 【本案的意义】

本案中，故宫博物院作为被告，客观上处于防守的地位，但是，被告在答辩、举证、质证、辩论等各个诉讼环节，未拘泥于防守，而是采用了防守与反击相结合的诉讼策略，将己方的应诉工作和第三人的诉讼参加活动紧密结合，充分发挥第三人举证、质证的积极作用，可谓策略正确、应对妥当。具体看，在答辩过程中，被告以其与第三人之间的合同为核心证据，客观上调动了第三人维护自己合法权益的积极性，第三人提供的自己创作涉案动画片的有力证据、质证意见、事实陈述等，已经足以使被告处于主动地位；被告在自己举证和第三人举证的基础上，以事实反驳原告的错误认识和诉讼请求，否定了原告的权利主张和诉讼请求；在质证过程中，被告对原告提出的证据并不是简单否认，而是逐一认真仔细辨别，从证据的真实性、合法性、关联性、证明力等方面具体地核实并做出合理的反驳，体现了被告有理、有力、有利的应诉态度和技巧。

通过本案，我们可以看到，诉讼的主要问题是证据问题。因此，一是在民事交往中要注意形成能够证明民事法律关系的文件、视听资料、网络信息等，以备万一发生纠纷，可以作为证据；二是要注意妥善保管民事交往关系的证明材料；三是在诉讼时要充分使用证据，特别是要重视"核心证据"的运用；四是在使用证据时必须从证据的真实性、合法性（包括证据本身的合法性和来源的合法性）、证据与案件的关联性、证据的证明力等方面阐明己方的观点，有效地反驳对方或者支持己方的诉讼请求。

通过本案，我们也看到不少的自然人和法人还没有很好地理解《著作权法》的制度和原理，宣传、普及《著作权法》的工作还需要加强。像本案中涉案动画片著作权归属问题，其实不是特别复杂、深奥的法律问题，只要认真学习、正确理解法律的有关规定，就能够有基本的正确认识，不会出现本案原告那样的偏差。

通过本案，我们还看到了我国《著作权法》中存在的一些缺憾。由于我国《著作权法》未能很好统合两大法系著作权制度的有关规则，对委托作品以及雇佣作品的作者、著作权归属等规定的比较粗略，给当事人与司法审判造成了不便。对此，亟待立法的完善。

【附】

# 北京市第二中级人民法院
## 民事判决书

(2006)二中民初字第09960号

原告某信息技术有限公司，住所地北京市朝阳区。

法定代表人胡某，经理。

委托代理人张某，男，汉族，北京某信息技术有限公司法律顾问，住北京市东城区。

被告故宫博物院，住所地北京市东城区景山前街4号。

法定代表人郑某，院长。

委托代理人陈某，北京市华意律师事务所律师。

委托代理人徐某，故宫博物院职员，住北京市朝阳区。

第三人《中国国家地理》杂志社，住所地北京市朝阳区大屯路。

法定代表人李某，社长。

委托代理人马某，北京某科技有限公司技术总监，住四川省成都市武侯区。

委托代理人房某，河南陆达律师事务所律师。

原告某信息技术有限公司与被告故宫博物院、第三人《中国国家地理》杂志社侵犯著作权纠纷一案，本院于2006年6月13日受理后，依法组成合议庭，于2006年8月11日、2006年8月17日公开开庭进行了审理。某信息技术有限公司的法定代表人胡某及该公司的委托代理人张某，故宫博物院的委托代理人陈某、徐某，《中国国家地理》杂志社的委托代理人马某、房某到庭参加了诉讼。本案现已审理终结。

原告某信息技术有限公司起诉称：该公司于2005年9月创作完成了明景德镇瓷器烧制的三维动画片产品，并交给《中国国家地理》杂志社的马某。后某信息技术有限公司发现被告故宫博物院陶瓷馆长时间播放其制作的该动画片，经公证取证后，即于2006年2月19日致函故宫博物院，但其拒绝提供该片来源情况。原告认为，被告故宫博物院的行为侵犯了其对涉案动画片所享有的著作权，故诉至法院，请求判令被告：停止播放涉案动画片的侵权行为，赔偿原告经济损失2325000元，并支付自2005年10月14日起的利息，同时承担本案诉讼费用。

被告故宫博物院辩称：故宫博物院于2005年5月与《中国国家地理》杂志社签订《故宫古陶瓷研究中心动画制作合同》，约定《中国国家地理》杂志社按照故宫博物院的要求制作有关陶瓷烧制制作工艺和景德镇陶瓷运输到京城的线路的三维动画片，动画片的著作权归故宫博物院所有。合同签订后，故宫博物院履行了合同义务，向《中国国家地理》杂志社提供了相关资料并支付了报酬，该杂志社也向故宫博物院交付了三维动画片。因此，原告主张该动画片著作权归属某信息技术有限公司的主张，没有事实和法律依据，被告使用涉案动画片，未侵犯原告的权利，请求法院驳回原告的诉讼请求。

第三人《中国国家地理》杂志社辩称：该杂志社与故宫博物院就涉案动画片的制作签订了合同，后就合同涉及的部分制作内容与原告协商，该杂志社租用原告的相关设备同时组织聘用原告某信息技术有限公司的部分人员参与加工制作。涉案动画片的著作权归属故宫博物院，请求驳回原告的诉讼请求。

在本案审理过程中，原告某信息技术有限公司提交了以下三类证据材料：

一是证明原告权利归属方面的证据材料，包括：

1.景德镇瓷器烧制的三维动画片制作资料，包括设计手稿、设计电子稿、工程文件对应列表，以及工作草稿、任务分配单、工作笔记、工作总结、工作进度报告等工作记录，证明该动画片的制作过程；

2.《中国古陶瓷论文集》等资料以及自网络上下载的材料，证明相关资料并非故宫博物院的专有材料，涉案动画片是原告制作的；

3.涉案三维动画片的工程文件演示文件、原告的采风资料以及背景音乐资料，证明涉案动画片的图像可由工程文件生成，动画片中的声音和背景音乐均来源于原告的上述采风资料及音乐资料；

4.故宫博物院审看前的景德镇瓷器烧制的三维动画片成片一份，以及修改瓷瓶后的成片一份，证明该动画片系原告制作的，《中国国家地理》杂志社关于已将成片交付故宫博物院，该杂志社未留存成片的陈述为虚假陈述。

二是证明被告实施侵权行为方面的证据材料，包括：

5.(2006)京证经字第06483号公证书，对被告故宫博物院播放涉案动画片的过程进行了公证；

6.某信息技术有限公司致函故宫博物院、《中国国家地理》杂志社的函件及特快专递详情单、查询申请书，证明原告曾致函故宫博物院就其播放使用涉案动画片的行为提出异议，并致函《中国国家地理》杂志社就该社销售该动画片的行为提出异议；

7.2006年7月4日《人民日报》海外版刊载的《声明》，证明原告曾就涉案动画片中使用案外人5首音乐作品的事实发表声明，对故宫博物院的侵权行为及时采取补救措施，通知相关音乐著作权人；

8.许某、潘某出具的证言及相关银行卡个人分户账和交易明细，以及王某等9人针对2005年5月31日薪资表出具的该月仅从某信息技术有限公司领取工资的证明，证明《中国国家地理》杂志社并未支付相关工作人员费用，某信息技术有限公司未收到任何款项；

9、《中国国家地理》杂志社相关网站资料，证明虽然现网站资料不包括马某，但以往网站资料表明马某为该杂志社员工；

10.原告法定代表人与马某的通话录音、短信、电子邮件及马某的名片，证明许某等人的银行卡尚未交付给银行卡所有人，未向其支付费用；马某称原告制作的涉案动画片的后期文件已删除，故宫博物院未选中该片，不会支付对价。

三是证明原告索赔依据方面的证据材料，包括：

11.水晶石数字科技有限公司报价单，证明5分钟长度的有关瓷器工艺的宣传片的报价为445000元。

被告故宫博物院对原告提交的上述证据材料发表如下质证意见：对证据1的真实性不予认可，认为涉案动画片的制作与原告无关，该证据不能证明原告是该动画片的制作人；对证据2、3的真实性不持异议，但认为该证据不能证明原告制作了涉案动画片，也不能证明涉案动画片中声音和背景音乐的来源；对证据4中修改前的成片1的真实性未表示异议，但提出该片仅有8分多钟，并非涉案动画片的完成品；对证据4中成片2的真实性提出异议，主张该片的完成时间显示为2006年8月16日，属于伪造的证据；对证据5的真实性不持异议，但认为故宫博物院系出于科普目的，合法播放涉案动画片，并未侵犯原告的任何权利；对证据6中致函故宫博物院的材料的真实性不持异议，但对其证明事项不予认可；对证据7的真实性不持异议，但认为该声明未标明发布公司名称，且不能表明涉案动画片侵犯了他人的音乐著作权；对证据8中许某和潘某银行卡分厂账的真实性不持异议，且其中提款记录表明《中国国家地理》杂志社向其支付工资的事实，但对二人证言中关于银行卡报失、换卡的真实性不予认可，主张缺乏证据证明，亦无法确认关于薪资表证明的真实性；对证据9的真实性和证明力予以认可；对证据10认为无法确认其真实性，对证明力不予认可；原告未提交证据11的原件，对其真实性和证明力不予认可。

第三人《中国国家地理》杂志社对原告提交的证据材料发表如下意见：对证据1的真实性不持异议，但主张是该杂志社雇佣原告的员工完成的工作底稿，不能证明涉案动画片系原告制作；对证据2中的资料认为有些是诉讼过程中取得的，对其证明力不予认可；对证据3的真实性和证明力不予认可；对证据4的意见与被告的质证意见相同，同时主张该视频文件是该杂志社聘用有关技术人员完成的，其所有权不归属原告；对证据5以及证据6致函该杂志社的资料不持异议，但认为不能证明原告的主张；对证据7、8的意见同被告的质证意见，并提出系该杂志社聘用原告的员工，与原告并无关系；对证据9的真实性不持异议，主张马某由于健康原因已于2006年6月自该杂志社离职；对证据10的真实性未表示异议，但认为胡某也是该杂志社聘用的技术人员之一，二人之间的联系属于雇佣双方之间的关系，与原告无关，且上述材料不能证明原告的主张；对证据11的真实性不予认可，且认为该标准并非行业标准。

被告故宫博物院向本院提交如下证据材料：

12.《故宫古陶瓷研究中心动画制作合同》，证明根据合同约定，《中国国

家地理》杂志社制作的涉案动画片的著作权归属故宫博物院所有;

13.《中国古代制瓷工艺动画项目》、《提供图片资料的说明》等六份材料以及图片资料打印件,证明故宫博物院根据合同约定向《中国国家地理》杂志社提供了涉案动画片制作所需的文字及图片资料;

14.《中国国家地理》杂志社分阶段提交的光盘7张,证明涉案动画片是在该杂志社与故宫博物院之间进行制作的,与原告无关;

15.HVD播放光盘说明,证明《中国国家地理》杂志社交付的高清影像光盘使用特殊设备才能播放,该杂志社是唯一制作人。

原告某信息技术有限公司对被告故宫博物院提交的证据材料发表如下质证意见:对证据12、13的真实性持有异议,认为该证据与本案无关,不能证明原告放弃其权利主张;对证据14的真实性无异议,并主张其中第3张光盘中第45秒有某信息技术有限公司的标志,因此涉案动画片系由原告制作的;对证据15亦认为不能否定原告是涉案动画片的制作人。

第三人《中国国家地理》杂志社对被告故宫博物院的证据材料予以认可。

第三人《中国国家地理》杂志社向本院提交如下证据材料:

16.《故宫古陶瓷研究中心动画制作合同》及附件、《影像资料使用协议书》及相关影像资料,证明根据《中国国家地理》杂志社与故宫博物院之间存在承揽合同关系,涉案动画片制作必须按照故宫博物院提供的历史资料的要求;

17.《中国国家地理》杂志社派员调研票据及在景德镇拍摄的实景资料及所收集的资料,证明该杂志社进行了专业调研和准备工作;

18.《中国国家地理》杂志社提出的项目预算,证明该杂志社在制作准备涉案动画片时,即计划外租设备、外聘人员;

19.《中国国家地理》杂志社租用设备付款凭证、向临时聘用人员支付劳务费的凭据、动画片手绘稿、彩绘稿、对动画片进行合成校色的工作场景及工作照片,证明该杂志社租用北京缔维时空数码信息科技有限公司(以下简称缔维时空公司)的设备、雇佣临时技术人员,进行动画片的制作;

20.《中国国家地理》杂志社委托北京中科出版顾问有限公司(以下简称中科公司)向某信息技术有限公司和缔维时空公司付款的说明及支付某信息技术有限公司费用的付款凭证、支付某信息技术有限公司技术人员劳务费的凭证,以及中科公司的说明,证明该杂志社租用原告设备,雇佣原告的技术人员,进行涉案动画片部分内容的制作,中科公司受该杂志社委托支付了设备租赁费用和

劳务费;

21.北京拓天世纪科技有限公司(以下简称拓天世纪公司)授权书,证明拓天世纪公司授权马某在动画制作中使用该公司的高清编辑系统——锐剑里程HD;

22.马某就涉案动画片项目情况的说明及所附流程图、电子邮件及时间表等,证明涉案动画片制作过程。

原告某信息技术有限公司对第三人《中国国家地理》杂志社提交的上述证据材料发表如下质证意见:对证据16的真实性提出异议,认为存在双方补签的可能性,且其中的协议书无印章,没有法律效力;对证据17的真实性未表示异议,但认为与本案无关,没有证明力;对证据18的真实性和证明力均不认可,理由是属于该杂志社单方制作的材料;对证据19认为该杂志社与缔维时空公司之间的往来与本案无关,相关付费表格为该杂志社单方制作,无证明力;对证据20中的说明的真实性持有异议,且相关票据写明为制作费,而非设备租赁费,是原告为该杂志社制作的其他产品的费用,与本案无关;对证据21的真实性和证明力不予认可。

被告故宫博物院对第三人《中国国家地理》杂志社提交的证据材料无异议。

基于双方当事人的上述举证、质证意见,本院对双方当事人提交的证据材料认证如下:

鉴于被告及第三人对证据1、2、5、6、7、9的真实性不持异议,本院对上述证据的真实性予以确认;鉴于被告及第三人对证据3、4的真实性和证明力提出异议,而原告未能举证证明证据3与涉案动画片之间的对应关系,且其提交的成片1的时长与涉案动画片长度不符,成片2的创建时间在本案审理期间,故本院对证据3、4的真实性和证明力不予确认;鉴于被告及第三人对证据8中个人分户账的真实性不持异议,本院对其真实性予以确认,鉴于两证人未出庭接受质询,亦无证据证明有关报失换卡的事实,本院对丁其他材料的真实性和证明力不予确认;鉴于第三人未对证据10的真实性提出异议,本院对该证据的真实性予以确认;鉴于原告未能提交证据11的原件,本院对其真实性和证明力不予确认;虽然原告对证据12、13、16的真实性和证明力提出异议,但其未提出相应反驳证据,且被告与第三人对上述证据的陈述相符,故本院对其真实性和证明力予以确认;鉴于证据15属于当事人的陈述,本院将其作为当事人陈述予以说明;虽然原告对于证据17的真实性和证明力提出异议,但第三人提供的相关票据及资料能够相互印证,本院对其真实性和证明力予以确认;鉴于原告对证据

18的真实性提出异议，而该证据系第三人单方制作的打印件，本院对其真实性和证明力不予确认；虽然原告对证据19、20的真实性和证明力不予确认，但证据19中的相关表格与原告提交的证据8的相关入账信息相符，第三人亦提供了相关银行凭证，其提供的相关调研票据亦与相关资料相符，故本院对上述证据的真实性和证明力予以确认；虽然原告对证据21的真实性提出异议，但其未提交反驳证据，本院对该证据的真实性和证明力予以确认，鉴于证据22中的说明属于经办人陈述，本院作为当事人陈述予以说明，鉴于原告对其中的电子邮件的真实性不予认可，而该邮件亦未经公证，本院对其真实性不予确认。

根据双方当事人举证、质证和本院认证意见以及双方当事人陈述，本院查明以下事实：

2005年4月28日，故宫博物院作为甲方与乙方《中国国家地理》杂志社签订了《影像资料使用协议书》。协议约定为制作动画节目需要，甲方无偿向乙方提供143幅影像资料，乙方承诺不以任何事由侵犯甲方著作权，该合同甲方所盖印章为"故宫博物院资料信息部"。2005年5月30日，故宫博物院与《中国国家地理》杂志社签订《故宫古陶瓷研究中心动画制作合同》。合同约定《中国国家地理》杂志社按照故宫博物院的要求，制作分段动画和合成动画，并约定了制作的质量要求；故宫博物院向其提供技术资料等材料并分期支付制作费。合同还约定"执行本合同产生的最终成果的所有权利"归属故宫博物院。合同签订后，故宫博物院向《中国国家地理》杂志社提交了相关资料，其中包括143幅瓷器图片。此后，《中国国家地理》杂志社向故宫博物院分期交付光盘7张，最终成片于2005年9月24日交付。上述交付的7张光盘中的第3张光盘的相关画面包含"某信息技术有限公司"字样。在本案审理期间，故宫博物院主张该杂志社交付的唯一一份成片HVD高清影像播放光盘在普通的制作播放设备中无法制作播放，只有该杂志社购买使用的特殊设备才能制作播放。

《中国国家地理》杂志社主张为制作涉案动画片，曾派员到江西省景德镇市进行专业调研和准备工作，并提交了相关交通费等票据以及所拍摄的陶瓷制作资料。同时，该杂志社还提交了收集的部分相关文字及图片资料。该杂志社还提交了拓天公司于2005年7月出具的授权书，授权马某在涉案动画片项目及其他项目中使用拓天世纪高清编辑系统——锐剑里程HD，该公司提供全程技术支持及保障。

《中国国家地理》杂志社主张曾就涉案动画片的制作向缔维时空公司租赁设备并聘用该公司相关技术人员，并提交了动画片手绘稿、彩绘稿及对动画片进行合成校色的工作场景照片。该杂志社还提交了其于2005年8月17日向缔维时空公司支付"设备租赁费"的发票两张,《故宫项目补充制作人员名单及交通银行太平洋卡卡号》表格两份,其中涉及23人,载明金额为每人2550元,"8月15日前支付";以及"7月份",每人金额为5100元。此外,《中国国家地理影视中心故宫项目2005年7月及8月上半月劳务工资表》还记载有前述23人实发工资及扣所得税的情况,该杂志社主张其中1-14人为某信息技术有限公司员工,15-23人为缔维时空公司员工。同时,该杂志社还提交了交通银行进账单,总金额与前述表格相符。

该杂志社主张曾向某信息技术有限公司支付设备租赁费用,并提交了项目为"制作费"的发票三张;同时其还主张曾向聘用的某信息技术有限公司的技术人员支付劳务费用,并提交了2005年5月31日薪资表一份,其中载明向15位技术人员支付基本工资及加班工资计57922.7元,并有上述人员签名。2006年8月,针对该薪资表,其中第2、3、4、8、10-15位技术人员出具证明,表明2005年5月仅从某信息技术有限公司领取工资,无其他单位或个人向其支付工资。

某信息技术有限公司员工许某和潘某的交通银行太平洋卡的个人分户账查询结果均表明,2005年8月9日以"工资转存"交易方式入账3876元,并分别于次日和同日取款,2005年8月16日曾以相同交易方式入账2550元,并于同日取款。

2006年8月15日,中科公司出具《关于向北京某信息技术有限公司等付款的说明》,载明该公司受《中国国家地理》杂志社的委托,曾于2005年6月、7月、8月分别向某信息技术有限公司和缔维时空公司支付涉案动画片设备租赁费和劳务费。《中国国家地理》杂志社是该公司大股东,双方财务实行统一管理、独立核算。

在本案审理期间,某信息技术有限公司主张其为涉案动画片的著作权人,并提交如下材料:景德镇瓷器烧制的三维动画片制作资料,包括设计手稿、设计电子稿、工程文件对应列表,以及工作草稿、任务分配单、工作笔记、工作总结、工作进度报告等工作记录;《中国古陶瓷论文集》等资料以及自网络上下载的材料;涉案三维动画片的工程文件演示文件、采风资料以及背景音乐资料;故宫博物院审看前的景德镇瓷器烧制的三维动画片成片一份,以及修改瓷瓶后的成片一份。其中审看前的成片创建时间为2005年8月24日,片长约8分钟,大小为570MB;修改后的成片的创建时间为2006年8月16日,片长约11分钟，大小为376MB。

根据中国国家地理中文网的相关信息，马某系《中国国家地理》杂志社影视中心员工，此后该网站载明的人员名单不包括马某。马某称由于健康原因，其于2006年6月初离职。根据马某与胡某之间的通话录音、短信及电子邮件资料，胡某主张曾将涉案动画片的后期制作文件交付给马某，后该文件丢失。

2006年2月16日，北京市公证处出具的(2006)京证经字第06483号公证书，对故宫博物院古陶瓷研究中心二层播放明景德镇瓷器烧制的三维动画片的情况进行了公证，并封存光盘一张。

某信息技术有限公司曾于2006年2月19日就涉案动画片致函故宫博物院，于2006年3月9日致函《中国国家地理》杂志社。2006年7月4日，《人民日报(海外版)》刊载声明。声明无具体公司名称，仅写明"我司制作一部三维作品时使用梁邦彦先生的作品……jelf van dyck先生的作品……后被某单位公开播放，已侵犯我司权利，为保护作者利益，请尽快与我司联系"，并留有联系电话及电子邮件地址。

本院认为：本案双方当事人争议的焦点问题是原告某信息技术有限公司是否为涉案动画片的著作权人，被告故宫博物院播放涉案动画片的行为是否侵犯了原告主张的著作权，以及是否应承担相应的法律责任问题。

原告某信息技术有限公司主张其自行创作完成了涉案动画片，并将未备份的后期文件交付给马某，后该后期文件被删除；同时原告还提交了该动画片的两个成片，其中包括时长短于涉案动画片的一个成片和与涉案动画片时长相同的一个成片，并主张后者为按照故宫博物院的要求修改瓷瓶后的成片。鉴于前一个成片与涉案动画片时长不同，后一个成片的创建时间系在本案审理期间，因此上述两个成片不能证明原告自行创作了涉案动画片，本院对其上述主张不予支持。

虽然原告提交的相关素材创作情况等材料能够证明其实际参与了涉案动画片的创作过程，但第三人《中国国家地理》杂志社主张涉案动画片系其依据与故宫博物院签订的涉案《故宫古陶瓷研究中心动画制作合同》，接受故宫博物院的委托，在前期调研和准备工作的基础上，根据故宫博物院提交的相关参考资料，按照故宫博物院的要求，组织原告某信息技术有限公司的相关人员及案外人缔维时空公司的人员共同创作完成的，创作过程中还租用了原告和缔维时空公司的相关设备，同时向两公司及相关技术人员支付了设备租赁费用和劳动报酬。根据现有证据，被告故宫博物院与第三人《中国国家地理》杂志社确曾签订涉案《故宫古陶瓷研究中心动画制作合同》，双方约定故宫博物院委托《中国国家地理》杂志社为其制作涉案动画片。故宫博物院还依据此前双方签订的《影像资料使用协议书》向该杂志社提供了相关瓷器图片，虽然该《影像资料使用协议书》中并非故宫博物院的印章，但从协议内容及实际履行情况可以判定系故宫博物院签订并履行了该协议书。同时，第三人《中国国家地理》杂志社还提交证据证明其向原告某信息技术有限公司及其员工以及案外人缔维时空公司及其员工支付了设备租赁费用及劳动报酬，原告虽主张第三人《中国国家地理》杂志社未向其支付设备租赁费用，相关"制作费"发票是双方有关其他合作项目的票据，但其未能就此举证证明；原告还主张第三人未向其员工支付报酬，但第三人提供的薪资表等表格涉及的报酬数额能够与原告提交的其两位员工银行卡的分户账数额相对应，且分户账中还包含取款记录，因此原告关于员工的银行卡均在马某手中、第三人并未向其员工实际付酬的主张，依据不足，本院不予支持。

综上，原告某信息技术有限公司虽已举证证明其参与了涉案动画片的制作过程，但其未能充分举证证明涉案动画片系其创作完成的作品。因此，原告某信息技术有限公司提出其自行创作完成了涉案动画片并交付给马某，其应为该动画片的著作权人的主张，证据不足，本院不予支持。

鉴于原告提出其享有涉案动画片著作权的主张不成立，原告在本案中提出被告故宫博物院播放涉案动画片的行为侵犯了其享有的著作权的主张，依据不足，本院不予支持。

本院依照《中华人民共和国著作权法》第十条、第十一条、第四十七条第一项之规定，判决如下：

驳回某信息技术有限公司的诉讼请求。

案件受理费21635元，由某信息技术有限公司负担(已交纳)。

如不服本判决，可在判决书送达之日起15日内，向本院递交上诉状，并按照对方当事人的人数提出副本，上诉于北京市高级人民法院。

审判长 张某

代理审判员 何某

代理审判员 葛某

二○○六年十一月七日

书记员 韩某

# 四 故宫博物院与某公司承揽合同纠纷案评析

## 【案情介绍】

原告故宫博物院与被告北京某公司于2002年4月18日签订承揽合同,当事人达成了如下协议:原告委托被告印制"故宫导游图"并独家代理导游图广告,原告负责将导游图随票赠送给参观游览者,被告向原告支付劳务费50万元/年,合同自2002年5月1日起执行,有效期限自执行之日起算为3年。

事实上,被告当时尚未取得企业法人营业执照和广告经营许可证,自知不具备法人资格,为让合同能够履行,隐瞒了实情,向原告提供了变造的营业执照副本复印件。后来,原告发现被告于2002年5月17日才取得营业执照及广告经营许可证,注册号为381669。

原告在得知该公司变造营业执照、签订合同时存有隐瞒进行欺诈的情况后,于2002年5月31日停止履行合同,并认为被告在未取得营业执照时,为无权利能力者,不具备相应的民事行为能力,与其签订的合同应属无效。因此起诉至法院,提出以下诉讼请求:1.确认其与被告签订的承揽合同无效;2.判令被告给付其1个月的劳务费4.17万元;3.销毁全部未发送的导游图。

被告辩称:1.合同签订时,被告是依法设立并具备公司成立应有的名称、必要的财产、组织机构、场所以及相关工作人员等要件,且正在申领营业执照,符合实质上的主体资格,故双方的合同应为有效合同;2.因约定的支付劳务费的期限未到,原告无权要求被告支付劳务费,故不同意原告的诉讼请求。

后经法院主持,调解结案。

## 【专家点评】

本案是一起承揽合同纠纷案件,因被告在合同签订时隐瞒未领取营业执照尚不具备法人资格的事实,并以变造的营业执照副本复印件欺诈原告而引起合同纠纷。

被告的企业法人资格、承揽合同的效力等,是本案值得探讨的问题。

1.被告的企业法人资格问题。

被告在应诉时申明自己在签订合同时，虽然未获得企业法人营业执照，但是已经具备了公司成立所需的财产、组织机构等实质要件，如果被告所说属实，依法应当如何认识被告此时的民事法律地位？换言之，被告此时是不是企业法人。这个问题不但决定被告有无法律上的主体资格，而且决定本案承揽合同是否有效。

对于法人的成立，各个国家的法律原理和立法体例上有六种标准：强制主义或命令主义、特许主义、认许主义、行政许可主义、准则主义以及自由主义。其中，除自由主义外，其他的标准，一般需要完成法人设立登记程序，才能取得法人资格。采取准则主义的国家，不同国家对法人设立登记的效力也有不同规定，有的对法人成立登记采取对抗主义，未经登记不影响法人已经设立，但是不能对抗第三人；有的采取登记要件主义，未经设立登记的法人不成立。

我国的法律制度具有自己的特点。根据《中华人民共和国公司法》第六条，我国法律对公司法人的成立标准，适用准则主义和行政许可主义相结合的模式。

对于企业法人的设立登记，《中华人民共和国民法通则》第四十一条第一款规定："全民所有制企业、集体所有制企业有符合国家规定的资金数额，有组织章程、组织机构和场所，能够独立承担民事责任，经主管机关核准登记，取得法人资格。"《中华人民共和国公司法》第六条第一款规定："设立公司，应当依法向公司登记机关申请设立登记。"该法第七条第一款规定："依法设立的公司，由公司登记机关发给公司营业执照。公司营业执照签发日期为公司成立日期。"由上述法律规定可知，我国法律对企业法人设立所适用的准则制，采取登记要件主义，未经登记，法人绝对为不成立。因此，在我国，公司法人的成立必须经过登记方能取得企业法人资格。

本案中，被告在合同签订时，即使如其所说，具备了公司成立所需的财产、组织机构以及人员等要件，但是，在法律程序上，尚未经过工商行政管理部门登记，未取得企业法人营业执照，依据上述法律规定，被告当然不能具有企业法人的资格。

被告在签订合同当时不具备企业法人资格，有没有其他的法律资格？能否进行订立合同等民事活动？

按照《民法通则》、《公司法》的规定和相关的法律原理，被告当时应属于

"设立中的公司法人"。顾名思义，所谓"设立中的公司法人"，是指从公司设立人开始订立设立公司的协议，依法着手进行公司成立的各种设立行为，直到完成登记、取得公司法人营业执照这段筹备时间内的特殊组合体。它具备了公司的基本形态（即人员、资金、名称、组织机构、场所等），是公司获得法律人格的预备状态，但是，从法律规定层面认识和对待，未取得公司法人营业执照的，是一种没有法人权利能力的社团，不具备法人资格。

对于无权利能力的社团，有的国家如德国，法律理论上主张准用合伙关系的法律规则，设立中的公司，视为设立人的合伙关系。

我国法律对设立中的公司的法律地位没有明确规定，从《中华人民共和国民法通则》第三十六条第二款关于"法人的权利能力从法人成立时开始"的规定看，理应以无权利能力社团对待，准用合伙关系的法律规定处理。因此，在本案中，原告主张被告为无权利能力者，不具备相应的民事行为能力的理由，符合法律的规定。

2. 承揽合同的效力。

《中华人民共和国民法通则》第五十五条规定，民事法律行为有效的要件之一是"行为人具有相应的民事行为能力"，《中华人民共和国合同法》第九条也规定，当事人订立合同，应当具有相应的民事权利能力和民事行为能力。如上所述，本案合同订立时，被告无法人资格，不具备相应的权利能力和行为能力。因此，原告主张双方签订的承揽合同无效，于法有据。

双方当事人经过法院调解达成协议，纠纷得到妥善解决，但由此我们看到了关于设立中的法人主体地位在立法上的疏漏。由于我国法律对公司的设立采取准则主义和行政许可主义相结合的规则，公司从发起人签订发起协议到其取得《企业法人营业执照》正式获得法人资格，耗时较长。在此期间，公司尤其是有限责任公司和发起设立的股份有限公司往往已经实际上具备了其成立所需要的发起人、公司章程、资本三大要件，已是公司的雏形。若此时出现适宜的交易机会，在商业行情瞬息万变的经济时代，一个合适的营利机会不应为一个理性的商事主体所错过。但我国的《公司法》对设立中的公司规定匮乏，仅在两三个条文中规定了发起人的责任，内容也较简略，因此使得设立中公司的法律地位颇为尴尬。按照现行的公司立法，由此发生的法律行为效力不明确，承担法律责任的主体如何确定也不够清晰，就算交易相对人考虑到该设立中公司有良好的实力和发展前景，难免有唯恐对方主体资格之危险成本之担忧而作罢。为解决这些问题，亟待立法对设立中的法人地位及相关责任做出明确规定，以充分保护合同相对人的利益，维护社会经济秩序的稳定，为建立和谐社会提供良好的法制土壤。

3.本案双方当事人最后达成调解协议结案的积极意义。

在本案的审理过程中，双方当事人经法院主持调解，在合法自愿的基础上达成如下协议：（1）双方签订的承揽合同终止履行；（2）被告给付原告劳务费4万元；（3）原告补偿被告经济损失9万元；（4）上述第（2）项、第（3）项折抵，原告给付被告5万元。

法院调解终究是私法意思自治原则的体现。当事人双方达成调解协议，是合意的结果，亦无违法之情形，当事人一致达成妥善处理，合同纠纷得到较完满的解决。

由此我们可以看到，在现实生活中，这样的合同纠纷在民商事活动交往中亦常出现。当事人在初步交涉未果之际，常诉诸法院。但诉讼费时耗力众所周知，在这个经济发展日新月异、商机转瞬即逝的时代，花大气力纠缠于斯，实属迫不得已。所以，最后在审判过程中，双方各退一步海阔天空，选择法院调解结案实为上策。

根据最高人民法院近年来的司法统计数字，我国民（商）事一审案件中调解结案的比例始终保持在60%左右，从该数字比例可以看出，法院调解结案率居主导性地位。当事人选择此种方式结案，缘于法院调解具有其相当的优越性。

首先，法院调解有利于双方当事人迅速化解矛盾，解决纠纷，节约司法成本。调解比判决更为灵活，只要不违法，双方可以权衡利弊，各让一步，使问题简化。此外，调解是当事人自愿达成协议，本质还是意思自治，所以调解能够更多地关注当事人的实际状况和他们的具体要求，寻找较为合理的解决办法，因此调解结案比判决结案更能使当事人双方满意，凭借其独特的功能使纠纷解决得更加圆满。这样也避免了因不满判决而不断上诉、申诉、上访等后赘而增加当事人的诉累和诉讼成本。在本案中，当事人双方最后达成协议，终止履行承揽合同，原告向被告赔偿经济损失，被告向原告支付劳务费，互相折抵后，简便易行，既让双方早日恢复常态，亦使法院高效结案。

其次，法院调解有利于加强社会团结，营造和谐之风，促进经济建设。民事纠纷属于人民内部矛盾，当事人之间没有根本的利害冲突，但是，如果纠纷发生后不及时加以解决，也可能使当事人之间的矛盾激化，使与之相关的一系列社会关系处于不稳定状态，影响社会的安定团结和社会和谐，经济建设就无法健康持续地发展。本案中，因为原告故宫博物院备受海内外游客关注，作为中华民族优秀传统文化遗产的承载者，对国家具有巨大的文化价值和经济价值。双方达成协议调解结案，迅速高效，且一定程度上挽救了双方的商业合作关系，没有使两者关系绝对破裂，这样使故宫博物院迅速恢复正常的运转，利于社会的安定和谐，促进社会主义经济建设的发展。

最后，法院调解有利于加强普法教育，预防和减少纠纷。调解的过程，同时也是人民法院向当事人和人民群众宣传国家法律、法治的过程。故宫作为中国古代宫廷文化的象征，举国关注。本案可使诉讼当事人、旁听群众以及了解、关注这一案件的其他广大群众知法、守法，树立法制观念，增强法制意识，从而做到"调解一案，教育一片"，达到预防纠纷、减少诉讼的目的。

## 【附】

# 北京市海淀区人民法院
## 民事调解书

(2002)海民初字第13551号

原告故宫博物院，住所地北京市东城区景山前街4号。

法定代表人朱某，副院长。

委托代理人黄某，该单位职工，住北京市东城区。

委托代理人陈某，北京市华意律师事务所律师。

被告某公司，住所地北京市海淀区。

法定代表人熊某，董事长。

委托代理人赵某，该公司艺术总监，住西安市雁塔区。

委托代理人汪某，北京市博安律师事务所律师。

案由：承揽合同纠纷

2002年4月18日，故宫博物院与被告某公司签订承揽合同，约定由故宫博物院委托某公司印制"故宫导游图"，并独家代理导游图广告，故宫博物院将导游图随票赠送给参观者，某公司每年向故宫博物院支付劳务费50万元，合同期限3年，自2002年5月1日起执行。合同签订后，因某公司尚未取得营业执照，故其向故宫博物院提供了变造的营业执照副本复印件，注明成立日期为2002年3月27日，注册号为319704。2002年5月17日，某公司经工商行政管理部门批准取得营业执照及广告经营许可证，注册号为381669。故宫博物院查明某公司变造营业执照的情况后，于5月31日停止履行合同，并以某公司在未取得营业执照时，不具备民事行为能力，与其签订的合同应属无效为由诉至法院，要求确认其与某公司签订的承揽合同无效，判令某公司给付1个月的劳务费4.17万元，并销毁全部未发送的导游图。

被告某公司辩称：签订合同时，我公司正在申领营业执照，具备实质上的主体资格，故合同应确认有效；现支付劳务费的期限未到，故宫博物院要求我公司支付劳务费没有依据，不同意故宫博物院的诉讼请求。

本案在审理过程中，双方均表示愿意协商解决本案纠纷。经本院主持调解，双方当事人自愿达成如下协议：

1. 故宫博物院与某公司签订的承揽合同终止履行。

2. 某公司给付故宫博物院劳务费4万元。

3. 故宫博物院补偿某公司经济损失9万元。

4. 上述第二项、第三项折抵，故宫博物院给付某公司5万元，于2002年10月20日前付清。

案件受理费1678元(原告已预交)，由故宫博物院负担1300元(已交纳)，由某公司负担378元，于本调解书生效后7日内交纳。

上述协议，符合有关法律规定，本院予以确认。

本调解书经双方当事人签收后，即具有法律效力。

代理审判员　王某

二〇〇二年十月八日

书记员　叶某

# 五　故宫博物院与雷某旅游合同纠纷案评析

## 【案情介绍】

原告雷某因购买被告故宫博物院参观门票，但是太和殿、太和门正在施工，无法参观，遂以故宫博物院为被告提起诉讼，诉讼理由是被告明知其提供的服务有瑕疵，而在销售门票时没有尽到应尽的告知义务，以剥夺其知情权、影响其选择权、侵害其公平交易权为由，请求法院依法判令被告退还门票费60元，承担本案诉讼费用。

被告故宫博物院提供了充分的证据并辩称，已经通过多种渠道和方式向社会公布了太和殿关闭修缮的真实情况，不存在侵犯原告知情权的事情，不同意原告的诉讼请求。

法院在查明事实后认定，被告在对太和殿等古建筑进行修缮之前，已经通过新闻媒体向社会公众公布了太和殿等建筑将关闭维修、停止参观的消息，同时在售票处悬挂了通告牌，以合理的方式告知了参观者这一真实情况；原告购买被告所售参观门票时应当知道太和殿关闭修缮事宜，故原告诉被告侵害其知情权、选择权、公平交易权的主张，依据不足，驳回了原告的诉讼请求。

## 【专家点评】

本案是一起旅游合同纠纷，原告在被告故宫博物院午门东侧售票处买门票入院参观，但因太和殿、太和门一组建筑正在修缮施工，无法参观，而引起纠纷。本案的关键是被告是否已尽到先合同之告知义务，是否侵犯了原告的知情权等消费者权利。对此，被告有无证据证明其已经尽到这个义务，成为其诉讼成败的关键。被告是否尽到先合同之告知义务，构成是否侵害原告知情权等消费者权利的关键点。

先合同义务，是指当事人在为了缔结合同的磋商之际，基于诚实信用原则，所承担的告知、协作、通知、照顾、保护、保密等义务。它是合同成立之前谈判、协商订立合同阶段的法定义务。

按照旧有的民法制度和理论，在合同成立前，双方当事人之间只有法定的绝对性权利义务，如不侵害对方的财产权、人身权等消极义务，并无保护、照顾对方财产权和人身权的积极义务。但是，随着诚实信用原则在民法中的地位的确立和发展，现代民法出现了先合同义务的理念和法律制度，要求当事人在谈判、协商订立合同的阶段，相互都要本着诚实信用原则，给对方的财产权和人身权予以基本的照顾和保护，履行告知、协作、通知、照顾、保护、保密等义务。这种义务，由法律规定而无须当事人特别约定，属于法定义务、绝对义务。这种义务，最早见之于欧洲一些国家的民法典（如德国民法典），以后逐渐被绝大多数国家接受而成为普遍的法律制度。

我国在制定《合同法》时也确认了先合同义务制度。《中华人民共和国合同法》第四十二条规定，"当事人在订立合同过程中有下列情形之一，给对方造成损失的，应当承担损害赔偿责任：（一）假借订立合同，恶意进行磋商；（二）故意隐瞒与订立合同有关的重要事实或者提供虚假情况；（三）有其他违背诚实信用原则的行为"，该法律规范通常称为"缔约过失损害赔偿责任制度"。该规范条文中虽然没有"先合同义务"的字样，但是其内涵包括先合同义务，是公认的事实。

被告故宫博物院作为我国宫廷历史文化的重要载体，每日吸引成千上万的游客，事关众多旅游观光者的利益，其在旅游合同中的先合同义务尤为重要。

在本案中，被告是否已尽到了告知的先合同义务呢？根据法院查明认定的事实，被告在对太和殿等古建筑进行修缮之前已经两次向新闻媒体以及在故宫博物院的官方网站公布了该等建筑届时将关闭施工、停止参观的消息，并且在各个售票处挂牌告示了此信息。应当认为，被告尽到了先合同之告知义务。

原告是成年人，具有完全民事行为能力，对自己的行为和行为的后果负有基本的注意义务，其在被告售票处买票，应当注意到售票处的告示，应当知道太和殿关闭修缮之事。原告在知道或者应当知道旅游参观的具体对象的条件下购买了参观门票，同被告之间形成了旅游合同关系，正在修缮的太和殿当然属于旅游合同排除的对象，故被告对其提供的旅游服务内容并无隐瞒。

原告在知道或者应当知道正在修缮的太和殿不是合同约定的参观对象，选择了此种旅游服务，自愿购票参观，接受了不含参观太和殿的合同内容，后又诉指被告侵害其知情权、选择权以及公平交易权，显然缺乏事实依据和法律依据。一审法院的判决，事实清楚、证据确凿、结果合法合理。

## 【本案的意义】

本案原告从事律师职业，比不从事法律职业的公民更明了合同当事人的权利义务，被告在故宫博物院售票处公告修缮事宜的条件下，应当给予应有的注意，在质证过程中面对证据对自己不利的情况时，应该知道被告已尽先合同之告知义务，并未故意隐瞒旅游内容，也应该知道其实没有继续诉讼的必要。一审判决虽然没有发生法律效力，但其对事实的认定、对事理的陈说，应当说是有相当说服力的。

从一般意义上讲，一方面，法律保护公民通过司法途径维护自身合法权益；另一方面，我们也要认真对待自己的权利，包括诉讼权利，理智对待诉讼，不必事不分巨细、遇有争议便诉诸法律程序，争议的事项细微的或者其他方式足以解决争议的，进行诉讼就不是妥当的举措。当然，有其他因素的，另当别论。

从被告方来看，被告之所以得到抗辩成功，关键是有效地使用了证据。被告关于修缮太和殿等古建筑的多家媒体报道、自己官方网站的公告、售票点的牌示等证据，是原告败诉的决定因素，也是被告抗辩成功的根本。

本案被告本着诚实信用原则，已履行先合同之告知义务，应予肯定。但是，从提高服务质量、减少不必要纠纷的高度来讲，为避免类似纠纷的出现，可以考虑采取告知效果更加突出、明显的措施，如在门票上适度提示有关情事等，使中外游客更加便捷、清楚地了解相关信息。被告是我国重点文博单位，给中外游客提供更先进、更文明、更舒心的服务，应当义不容辞。

原告雷某诉被告故宫博物院一案一审结束后，原告雷某不服提起上诉。上诉人雷某与被上诉人故宫博物院作出的陈述以及提出的证据与一审并无实际差别。

二审法院在查明事实之后，认为原一审法院认定事实清楚，依据法律法规正确，作出了驳回上诉、维持原判的判决。

由于上诉人（一审原告）没有新的证据支持其上诉请求，不存在改变一审判决的因素和条件，二审法院维持一审判决，符合我国民事诉讼法的规定。

## 【附】

# 北京市东城区人民法院
# 民事判决书

(2006)东民初字第6848号

原告雷某，男，汉族，北京市某律师事务所律师，住北京市朝阳区。

被告故宫博物院，住所地：本市东城区天安门广场北侧。

法定代表人郑某，该院院长。

委托代理人陈某，北京市华意律师事务所律师。

委托代理人黄某，男，故宫博物院干部，住本市东城区。

原告雷某诉被告故宫博物院旅游合同纠纷一案，本院于2006年8月22日立案受理，依法组成合议庭，适用普通程序，公开开庭进行了审理。原告雷某及被告的委托代理人陈某、黄某到庭参加了诉讼。本案现已审理终结。

原告诉称，2006年8月17日下午，我在故宫午门东侧被告售票处购买60元成人票一张，之后验票进入参观。进入后发现太和门被蓝色施工网包裹，并且有工人正在施工。同样，太和殿的殿顶也有许多工人正在施工，工地周围到处都是"施工现场，请勿入内"的牌子。我认为我与被告之间是一种合同关系，被告明知其提供的服务有瑕疵，而在销售门票时没有尽到应尽的告知义务，剥夺了我的知情权，也进而影响了我的选择权，侵害了我的公平交易权。我为维护自己的合法权益，根据相关法律规定，诉至法院，请求依法判令：第一，被告退还门票费60元；第二，被告承担本案诉讼费用。

被告辩称，我院经国家相关部门批准和国家专项资金的投入，自2002年起就开始了故宫博物院"百年大修"。2005年9月15日，我院向新闻媒体公布了太和殿、中和殿等古建筑的维修工程将在2005年年底启动。2005年10月19日，我院主管领导向新闻媒体公布介绍了故宫大修工程，其中包括了太和殿关闭修缮的时间安排。2005年年底至2006年年初，我院以新闻通稿的形式直接向二十余家全国性和地方性新闻媒体公布了"太和殿因大修即将关闭"的消息，并公开告知社会，从2006年1月6日起关闭太和殿。为了弥补施工对观众参观所造成的影响，我院又新增开放了乾清宫西庑、乾清宫东庑等区域。国内众多报纸和网站对太和殿修缮关闭的事情进行了广泛的报道。同时，2006年1月6日前，即在太和殿关闭修缮之前，我院就已经制作了告示牌，放置于故宫仅有的三个售票窗口旁边，以提示游客太和殿关闭修缮的事宜，同时还在故宫官方网站公布了相关修缮和关闭的消息。我院认为已经通过多种渠道和方式向社会公布了太和殿关闭修缮的真实情况，不存在侵犯原告知情权的事情，故不同意原告的诉讼请求。

经审理查明：故宫博物院内自2002年起开始进行大规模的修缮。2005年10月，被告向新闻媒体介绍了故宫太和殿、中和殿、保和殿等古建筑的维修工程将于2005年年底启动，届时太和殿等古建筑将暂停参观，多家新闻媒体对此进行了全面报道。2006年1月初，多家新闻媒体再次报道了故宫太和殿将于2006年1月6日关闭进行全面修缮，整个修缮工作预计在2007年年底结束的消息。被告亦在自己的官方网站上公布了太和殿关闭修缮的通知。

2006年1月6日，故宫太和殿停止开放，开始进行维修施工准备，将太和殿、太和门等建筑全部围挡，并在故宫午门左右及神武门西侧售票处悬挂了通告，内容为"自2006年1月6日起关闭太和殿进行修缮，预计在2007年年底结束，施工期间，其他宫殿正常开放。"

2006年8月17日，原告在被告售票处购买了60元的成人票一张，进入故宫博物院进行参观。当时太和殿、太和门正在施工过程中，无法参观。

庭审中，被告称因太和门和太和殿是一组建筑，故在通告牌中仅提示了太和殿的修缮事宜。

上述事实，有故宫博物院门票、现场照片、被告在其售票处悬挂的通告、相关新闻媒体的报道、收费许可证，以及双方当事人陈述等证据在案佐证。

本院认为，依据查明的事实，被告在对太和殿等古建筑进行修缮之前已经通过新闻媒体向社会公众公布了太和殿等建筑将关闭维修、停止参观的消息，同时在售票处悬挂了通告牌，故应认定被告在向参观者发出要约邀请时，以合理的方式告知了参观者这一真实情况。原告购买被告所售参观门票后，系双方意思表示达成一致，在原、被告之间形成了旅游合同关系，该合同自参观门票售出后即成立、生效，被告在发出要约邀请时的内容应当成为旅游合同的内容。原告在双方旅游服务合同关系成立之时，应当知道太和殿关闭修缮事宜，故原告所诉被告的行为侵犯了其知情权、选择权，以及公平交易权的诉讼主张，依据不足，本院不予采纳，其据此提出的诉讼请求没有事实和法律依据，本院不予支持。综上所述，依据《中华人民共和国合同法》第六十条、《中华人民共和国消费者权益保护法》第八条之规定，判决如下：

驳回原告雷某的诉讼请求。

案件受理费50元，由原告雷某负担(已交纳)。

如不服本判决，可于判决书送达之日起15日内，向本院递交上诉状，并按对方当事人的人数提出副本，交纳上诉案件受理费50元，上诉于北京市第二中级人民法院。如在上诉期满后7日内未交纳上诉案件受理费的，按自动撤回上诉处理。

审判长　韩某

审判员　张某

代理审判员　刘某

二〇〇六年九月二十日

书记员　张某

# 北京市第二中级人民法院
# 民事判决书

(2006)二中民终字第17514号

上诉人(原审原告) 雷某，男，汉族，北京市某律师事务所律师，住北京市朝阳区。

被上诉人(原审被告)故宫博物院，住所地本市东城区天安门广场北侧。

法定代表人郑某，该院院长。

委托代理人陈某，北京市华意律师事务所律师。

委托代理人黄某，男，故宫博物院干部，住本市东城区。

上诉人雷某因旅游合同纠纷一案，不服北京市东城区人民法院(2006)东民初字第6848号民事判决，向本院提起上诉，本院受理后，依法组成合议庭审理了本案，现已审理终结。

2006年8月，雷某起诉至原审法院称：2006年8月17日下午，我在故宫午门东侧故宫博物院售票处购买60元成人票一张，之后验票进入参观。进入后发现太和门被蓝色施工网包裹，并且有工人正在施工。同样，太和殿的殿顶也有许多工人正在施工，工地周围到处都是"施工现场，请勿入内"的牌子。我认为我与故宫博物院之间是一种合同关系，故宫博物院明知其提供的服务有瑕疵，而在销售门票时没有尽到应尽的告知义务，剥夺了我的知情权，也进而影响了我的选择权。我为维护自己的合法权益，根据相关法律规定，诉至法院，请求依法判令：1.故宫博物院退还门票费60元；2.故宫博物院承担本案诉讼费用。

故宫博物院辩称：我院经国家相关部门批准和国家专项资金的投入，自2002年起就开始了故宫博物院"百年大修"。2005年9月15日，我院向新闻媒体公布了太和殿、中和殿等古建筑的维修工程将在2005年年底启动。2005年10月19日，我院主管领导向新闻媒体公布介绍了故宫大修工程，其中包括了太和殿关闭修缮的时间安排。2005年年底至2006年年初，我院以新闻通告的形式直接向二十余家全国性和地方性新闻媒体公布了"太和殿因大修即将关闭"的消息，并公开告知社会，自2006年1月6日起关闭太和殿。为了弥补施工对观众参观所造成的影响，我院又新增开放了乾清宫西庑、乾清宫东庑等区域。国内众多报纸和网站对太和殿修缮关闭的事情进行了广泛的报道。同时，2006年1月6

日前，即在太和殿关闭修缮之前，我院就已经制作了告示牌，放置于故宫仅有的三个售票窗口旁边，以提示游客太和殿关闭修缮的事宜，同时还在故宫官方网站公布了相关修缮和关闭的消息。我院认为已经通过多种渠道和方式向社会公布了太和殿关闭修缮的真实情况，不存在侵犯原告知情权的事情，故不同意雷某的诉讼请求。

原审法院经审理认为，故宫博物院在对太和殿等古建筑进行修缮之前，已经通过新闻媒体向社会公众公布了太和殿等建筑将关闭维修、停止参观的消息，同时在售票处悬挂了通告牌，故应认定故宫博物院在向参观者发出要约邀请时以合理的方式告知了参观者这一真实情况。雷某购买故宫博物院所售参观门票后，系双方意思表示达成一致，形成了旅游服务合同关系，合同自参观门票售出后即成立生效，故宫博物院在发出要约邀请时的内容应当成为旅游合同的内容。雷某在双方旅游服务合同关系成立之时，应当知道太和殿关闭修缮事宜，故雷某所诉故宫博物院的行为侵犯了其知情权和选择权的诉讼主张，依据不足，不予采纳，其据此提出的诉讼请求没有事实和法律依据，不予支持。故原审法院于2006年9月判决：驳回雷某的诉讼请求。判决后，雷某不服，持原诉理由上诉至本院。故宫博物院同意原判。

经审理查明，故宫博物院自2002年起开始对部分建筑物进行修缮。2005年10月，故宫博物院向新闻媒体介绍了故宫太和殿等古建筑的维修工程将于2005年年底启动，届时太和殿等古建筑将暂停参观，多家新闻媒体对此进行了报道。2006年11月初，多家新闻媒体再次报道了故宫太和殿将于2006年11月6日关闭进行全面修缮，整个修缮工作预计在2007年底结束的消息。故宫博物院也在自己的网站上公布了太和殿关闭修缮的通知。

2006年1月6日，故宫太和殿停止开放，将太和殿、太和门等建筑全部围挡，并在故宫午门左右及神武门侧的售票处悬挂了通告，内容为"自2006年1月6日起关闭太和殿进行修缮，预计在2007年年底结束，施工期间，其他宫殿正常开放。"

2006年8月17日，雷某在故宫博物院售票处购买了60元的成人票一张，进入故宫博物院进行参观。当时太和殿、太和门正在施工过程中，无法参观。

上述事实，有故宫博物院门票、现场照片、售票处附近的通告、相关媒体的报道等证据在案佐证。

依据查明的事实，被告在对太和殿等古建筑进行修缮之前已经通过新闻媒体向社会公众公布了太和殿等建筑将关闭维修、停止参观的消息，同时在售票处悬挂了通告牌，故应认定被告在向参观者发出要约邀请时，以合理的方式告知了参观者这一真实情况。原告购买被告所售参观门票后，系双方意思表示达成一致，形成了旅游服务合同关系，合同自参观门票售出后即成立生效，故宫博物院在发出要约邀请时的内容应当成为旅游合同的内容。雷某在双方旅游服务合同关系成立之时，应当知道太和殿关闭修缮事宜，故雷某所诉故宫博物院的行为侵犯了其知情权和选择权的诉讼主张，依据不足，不予采纳，其据此提出的诉讼请求没有事实和法律依据，不予支持。故原审法院于2006年9月判决：驳回雷某的诉讼请求。判决后，雷某不服，持原诉理由上诉至本院。故宫博物院同意原判。

经审理查明，故宫博物院自2002年起开始对部分建筑物进行修缮。2005年10月，故宫博物院向新闻媒体介绍了故宫太和殿等古建筑的维修工程将于2005年年底启动，届时太和殿等古建筑将暂停参观，多家新闻媒体对此进行了报道。2006年11月初，多家新闻媒体再次报道了故宫太和殿将于2006年11月6日关闭进行全面修缮，整个修缮工作预计在2007年底结束的消息。故宫博物院也在自己的网站上公布了太和殿关闭修缮的通知。

2006年1月6日，故宫太和殿停止开放，将太和殿、太和门等建筑全部围挡，并在故宫午门左右及神武门侧的售票处悬挂了通告，内容为"自2006年1月6日起关闭太和殿进行修缮，预计在2007年年底结束，施工期间，其他宫殿正常开放"。

2006年8月17日，雷某在故宫博物院售票处购买了60元的成人票一张，进入故宫博物院进行参观。当时太和殿、太和门正在施工过程中，无法参观。

上述事实，有故宫博物院门票、现场照片、售票处附近的通告、相关媒体的报道等证据在案佐证。

本院认为，故宫博物院在对太和殿等古建筑进行修缮之前，已经通过新闻媒体向社会公众公布了太和殿等古建筑将关闭维修、停止参观的消息，同时在售票处悬挂了通告牌，以合理方式告知了参观者这一真实情况。因此，雷某在购买门票后，与故宫博物院之间所形成的旅游合同，雷某参观事项应不包括太和殿等建筑。故宫博物院未侵害原告的知情权，故雷某要求故宫博物院退还其门票款60元的诉讼请求，不应予以支持。综上所述，原判并无不妥，应予维持。依据《中华人民共和国民事诉讼法》第一百五十三条第一款第(一)项之规定，本院判决如下：

驳回上诉，维持原判。

一、二审案件受理费各50元，均由雷某负担(均已交纳)。本判决为终审判决。

审判长　肖某

审判员　雷某

代理审判员　雷某

二〇〇六年十二月十五日

书记员　杨某

# 六　故宫博物院与某公司配送合同纠纷案评析

## 【案情介绍】

2005年9月25日，某公司与故宫博物院下属企业故宫文化服务中心（独立法人，以下简称故宫文化中心）签订合作协议书，协议期限自2005年12月1日至2008年11月30日。协议约定，该公司、故宫文化中心成立故宫配送中心，负责故宫内食品、饮料配送，该公司每年支付故宫文化中心专营配送费35万元，三年共计105万元，协议签署后30日内付35万元，2006年10月30日前付35万元，2007年10月30日前付35万元；该公司以故宫文化中心订单(电话通知)为准发货，货物在订单确认后48小时内送达故宫文化中心，故宫文化中心在每月的10~15日支付该公司前一个月的全部账款；故宫文化中心在协议期限内每年指定茶果汁饮料、方便面、碳酸饮料三种产品各两个以上品牌，该公司在故宫文化中心指定的品牌内选择供应品牌，其他食品该公司根据市场需要进行配送，但新进品牌要保证北京市50%以上的大卖场有销售，故宫文化中心认为应调整的品牌，可随时通知该公司，该公司应按此调整；故宫文化中心把食品、饮料的专营配送权委托给该公司；故宫文化中心正在履行的食品、饮料的供应，转为该公司履行；故宫文化中心有义务接受该公司人员关于专营配送权情况的检查，若发现故宫文化中心未经该公司许可经营其他厂家(或个人)供应的食品，则故宫文化中心双倍返还该公司当年的专营配送费；如一方违约，应向对方支付违约金，违约金数额为当年双倍专营配送费即70万元；协议解除的条件：双方协商同意，一方违约致使协议无法履行，该公司停业，不可抗力，上级主管部门等原因。该协议中并没有确定故宫文化中心所属销售网点的具体数量和名称。

协议签订后，该公司于2005年10月20日向故宫文化中心支付专营配送费35万元，于2006年11月6日向故宫文化中心支付专营配送费35万元。该公司开始在故宫内销售食品、饮料。2007年8月8日，故宫文化中心的上级单位故宫博物院经营管理处发出"关于禁止在我院销售方便面食品的通知"，要求该公司接到上述通知后，在故宫内不得销售方便面，改为销售方便米饭。截至起诉，故宫文化中心尚有货款189094.63元未付给该公司。

该公司认为故宫文化中心并未认真落实故宫内所有经营网点整体专营配送，在故宫内仍有经营网点销售未经该公司配送的其他品牌的食品、饮料；尤其是2007年8月，故宫文化中心未与该公司协商即单方停止方便面在故宫经营网点的销售；另，故宫文化中心尚欠该公司配送货物货款202532元，应当承担违约责任。

故宫文化中心认为已依约将所经营网点的食品、饮料货源交由该公司配送，并协调故宫博物院内其他经营网点的统一配送事宜，履行了合同义务；选择并指定配送食品、饮料的类别及品牌是故宫文化中心依据协议书所取得的权利，故宫文化中心执行上级单位的指示停止销售方便面、改售方便米饭的行为并没有违反双方协议的规定；同时该公司拒付最后年度配送费的行为则构成违约，对方应当承担违约责任。


## 【专家点评】

1. 案情争议焦点：

（1）故宫文化中心有没有履行有关专营配送方面的义务？

关于该公司主张的"故宫文化中心应当将故宫内全部经营网点的食品、饮料的供应交付于某公司"，这一主张并不具有合同依据。由于原合同中约定的是："故宫文化中心有义务接受该公司人员关于专营配送权情况的检查，若发现故宫文化中心未经该公司许可经营其他厂家(或个人)供应的食品，则故宫文化中心双倍返还该公司当年的专营配送费。"从约定"若发现故宫文化中心未经该公司许可经营其他厂家(或个人)供应的食品"我们可以知道，故宫文化中心的义务是将自己管理经营范围内的网点授权给该公司专营配送，而并不是将故宫内所有的经营网点整体专营配送。

关于位育斋是否属于故宫文化中心履行义务的范围。该公司已经提出有力证据证明,且故宫文化中心自己也已经承认在合同期限内的一段时间(2006年3月8日至2008年3月7日)归其管辖。虽然故宫文化中心提出了证据证明在签订合同时位育斋不属于自己管辖,但是这份证据是由其上级单位作出,与当事人有利害关系,因此这份证据的证明力有待讨论。退一步说,即使不考虑故宫文化中心提出证据的证明力,依据合同约定"故宫文化中心有义务接受某公司人员关于专营配送权情况的检查,若发现故宫文化中心未经某公司许可经营其他厂家(或个人)供应的食品,则故宫文化中心双倍返还某公司当年的专营配送费",也就是说,只要在合同期间内,故宫文化中心都有接受该公司检查的义务,一旦发现没有履行专营配送方面的义务,即要承担违约责任。2006年3月至2008年3月当然在此期间内。从合同条款中,我们无法得出故宫文化中心仅仅要交付签约当时的属于自己经营管理的专营配送权这一结论。

但是,该公司在2007年3月23日与故宫位育斋食品店另行签订了配送协议,并约定了配送承包费,该协议的签订能够证明该公司对故宫内的部分经营网点不包含在协议书之内是知晓和接受的,因此这能够证明故宫文化中心并没有违约。

(2)故宫文化中心未与该公司协商,即单方停止方便面在故宫经营网点的销售是否构成违约?

根据合同约定:"该公司以故宫文化中心订单(电话通知)为准发货,货物在订单确认后48小时内送达故宫文化中心。"虽然该公司享有专营配送权,但是要以故宫文化中心订单为准组织发货,也就是说,供货数量多少的确定是故宫文化中心的合同权利,因此停止销售方便面是故宫文化中心的权利,故宫文化中心并没有违约。至于该公司与其他厂商签订的协议,由于合同的相对性,故宫文化中心不对其承担责任。再次,由于供货的多少要以故宫文化中心的订单为准,该公司在与其他厂商签订长期供货协议时应当预见到以后供货数量的不确定性,而其却没有采取适当的措施以减少这种不确定性带来的风险。因此,故宫文化中心停止方便面在故宫经营网点的销售并不构成违约。

**【相关问题探讨】**

1.双方违约的责任相抵问题。

关于一审判决中的论证:"故宫文化中心要求该公司支付违约金70万元

的反诉请求，鉴于该公司并非主观故意不付款，且故宫文化中心在合同履行过程中也存在一定的违约情形，故该法院兼顾合同的履行情况、当事人的过错程度等综合因素，根据公平原则，认定故宫文化中心的此项反诉请求理由并不充分，该院对此不予支持。"法院认定当事人构成双方违约而适用责任相抵的原则，没有支持双倍赔偿是合理的。

责任相抵原则是指按照债权人与债务人各自应负的责任确定赔偿范围的制度。我国《合同法》第一百二十条规定："当事人双方都违反合同的，应当各自承担相应的责任。"即体现了责任相抵原则。有一种观点认为，《合同法》关于双方违约的规定就是对过失相抵规则的确认，这种观点遭到许多学者的反驳。因此，借助此案例，笔者认为有必要对二者进行区分，以便在审判实践中正确适用法律。

第一，从二者的内涵来看。我国《民法通则》第一百一十三条"当事人双方都违反合同的，应当分别承担各自应负的法律责任"及《合同法》第一百二十条"当事人双方都违反合同的，应当各自承担相应的责任"是双方违约之规定，由此来看，双方违约是指，（1）发生了两个违约行为：双方当事人都违反了合同义务；（2）两个损害后果：双方都给对方造成了损害。例如，本案的故宫文化中心逾期没有交付货款，而该公司逾期没有交付专营配送费。而过失相抵，指仅发生了一个损害，即非违约方有损失，只是对于该损害的发生，非违约方也有过失。

第二，从二者适用的范围来看。双方违约仅适用于双务合同，因为只有双方当事人均有合同义务的情况下，才谈得上双方都违反合同义务的问题。而过失相抵规则可适用于双务合同，亦可适用于单务合同。

第三，从二者的责任后果看。双方违约，当事人双方应当分别承担各自应负的法律责任；而适用过失相抵规则，可减轻或免除违约当事人承担的损害赔偿责任。因此，在双方违约而各自承担责任的问题上，可用"责任相抵"来确定赔偿责任和赔偿范围，而不能适用"过失相抵"。

同时，应明确，在我国《合同法》理论上，责任相抵是一种形象的说法，不是指当事人的责任抵消，是在确定各自应负的责任基础上确定赔偿责任。责任相抵原则的构成要件是：首先，当事人双方都违反合同。责任相抵规则的适用前提是双方当事人都存在违约责任，由此都负有违约责任。这是一项客观要件，只要客观上具有违约行为，不管主观上是否存在着过错，都可以适用责任相抵规则。之所以如此，是与我国违约责任是一种严格责任相对应的。同时，这也是我国的责任相抵与大陆法系的过失相抵的基本区别所在。其次，双方各自承担相应的责任。在当事人双方都违反合同的情况下，其各自承担与其违约行为相对应的违约责任，不能相互替代。在确定各自责任范围和数额的基础上，在确定实际给付时可以折抵，这种折抵实质上是一种责任的抵消，类似于债务的抵消，当然，它不是因当事人的意思表示而产生的。

2.合同的解释问题。

原合同中约定："故宫文化中心有义务接受某公司人员关于专营配送权情况的检查，若发现故宫文化中心未经该公司许可经营其他厂家(或个人)供应的食品，则故宫文化中心双倍返还该公司当年的专营配送费。"而该公司主张"故宫文化中心应当将故宫内全部经营网点的食品、饮料的供应交付于该公司"，由此产生了对合同条款意思的歧义。而法院则根据合同解释的原理，没有支持原告的主张。

在合同解释理论上有的强调当事人的内心意思，有的强调当事人的表示意思。

意思说认为，合同的实质在于行为人的内心意思，法律行为本身不过是实现行为人意思自治的手段。行为人的意思是产生、变更和消灭权利义务的实质性要素，是法律行为的核心。意思表示解释的目的仅在于发现或探求当事人的真意。在探求时，应考虑当事人订约时的主观态度，着重考虑行为人内心的真实意思。在表示意思与内在意思不一致的情况下，法律行为应依对行为人真意的解释而成立。表示说认为，合同本质不是当事人的内在意思，而是当事人的表示意思。当事人的内心意思不必为意思表示的成立要件，而以外部表示之意思即足以认定成立，在表示意思与内心意思不一致的情况下，以外部表示为准，以保护相对人的信赖利益。笔者认为合同的本质是当事人的真意，但内在意思要通过表示意思才能为外界知晓，因此，对合同解释而言，表示主义的精髓应当是以表示意思推定为当事人的真实意思，这样才能实现交易安全。因此，表示主义和意思主义并不是截然对立的。在本案中，法院通过该公司与位育斋又单独签订了一份合同，推定而解释出专营配送权并不包括所有故宫的网点，通过外在行为推定出该公司的真实意思，正是很好地运用了合同解释的这一原理。

## 【本案的意义】

对于这个案件，最主要的争议点就是专营配送权的范围。由于故宫文化中心的性质，属于其管辖的销售网点范围会随着上级部门的调整而不断发生变化，如果当事人认识到这一点就应该更加谨慎地去达成协议，比如在签订合同时确定故宫文化中心所属销售网点的具体数量和名称，在合同中明确规定专营配送权的范围仅仅限定在合同中明确规定的网点，这样就会减少一些不必要的麻烦。同时由于在民事活动中要遵循诚实信用原则，在签订合同时故宫文化中心应当履行告知义务，使对方当事人知道其所管理的网点范围，使对方了解自己有关合同方面的情况，同时在要求停售方面时应当给予对方必要的准备时间，而在本案中故宫文化中心在这方面是存在一定的过错的。

## 【附】

# 北京市东城区人民法院
# 民事判决书

(2009)东民初字第01188号

原告(反诉被告)某公司，住所地北京市门头沟区。

法定代表人任某，总经理。

委托代理人邱某，北京市正仁律师事务所律师。

被告(反诉原告)北京故宫文化服务中心，住所地北京市东城区景山前街4号。

法定代表人仇某，副主任。

委托代理人王某，北京市中瑞律师事务所律师。

原告某公司诉被告北京故宫文化服务中心合作合同纠纷一案，本院于2009年1月15日立案受理。依法组成由法官康某担任审判长，法官陈某、人民陪审员阎某参加的合议庭审理本案。原告的委托代理人任某、邱某，被告的委托代理人王某均到庭参加了诉讼。本案现已审理终结。

原告起诉称，2005年9月26日，原、被告签订协议书一份，协议约定，根据故宫博物院经营管理工作"统一管理、统一经营"的指导原则，成立故宫配送中心，负责故宫内食品、饮料专营配送，被告把食品、饮料专营配送权委托给原告，原告向被告每年支付专营配送费35万元，被告在每月的10-15日支付原告前一个月的全部账款，被告有义务接受原告关于专营配送情况的检查，若发现被告未经原告许可经营其他厂家或个人供应的食品，则被告双倍返还原告当年的专营配送费。如一方违约，应向对方支付违约金，违约金数额为当年双倍专营配送费即70万元，协议期限为2005年12月1日至2008年11月30日。

协议签订后，原告为了保证协议的履行，即和相关食品、饮料的生产商签订相同期限的专营供货合同，并将所签合同及专营配送的食品、饮料品牌告知被告，但被告并未认真落实故宫内所有经营网点整体专营配送，在故宫内仍有经营网点销售未经原告配送的其他品牌的食品、饮料，尤其是2007年8月被告未与原告协商即单方停止方便面在故宫经营网点的销售。由于被告的上述违约行为，致使原告在协议的期间所完成的食品、饮料配送总金额仅为550余万元，而原告的成本支出高达900余万元，原告的配送项目不仅亏损巨大，而且还面临方便面厂家的巨额赔偿要求；另，被告尚欠原告配送货物货款202532元。被告的违约行为，给原告造成了巨大经济损失，故起诉要求被告支付违约金140万元(双倍两年专营配送费)，赔偿经济损失441310元，支付配送货物货款202532元，并负担诉讼费。

被告答辩称，原、被告签订协议后，被告依约将所经营网点的食品、饮料货源交由原告配送，并协调故宫博物院内其他经营网点的统一配送事宜。2007年8月8日，故宫博物院经营管理处为迎奥运、规范故宫博物院内餐饮经营秩序，通知禁止在故宫博物院内销售方便面类食品。为此，被告要求原告将原来配送的方便面调换成方便米饭，对此原告予以反对，坚持方便面的配送，并提出如不恢复方便面的销售，原告要承担方便面厂家的诉讼和赔偿费用及免除最后年度的专营配送费。被告认为，选择并指定配送食品、饮料的类别及品牌是被告依据协议书所取得的权利，被告执行上级单位的指示停止销售方便面、改售方便米饭的行为并没有违反双方协议的规定，而原告以其与他人的专卖协议为由向被告主张巨额赔偿没有依据，而其拒付最后年度配送费的行为则构成违约。基于以上理由，被告不仅不同意原告的诉讼请求，而且提起反诉，要求原告支付2007年度专营配送费35万元和违约金70万元，由原告承担反诉费。

经审理查明，2005年9月25日，原、被告签订合作协议书一份，协议约定，原、被告成立故宫配送中心，负责故宫内食品、饮料配送，原告每年支付被告专营配送费35万元，三年共计105万元，协议签署后30日内付35万元，2006年10月30日前付35万元，2007年10月30日前付35万元；原告以被告订单(电话通知)为准发货,货物在订单确认后48小时内送达被告,被告在每月的10日-15日支付原告前一个月的全部账款;被告在协议期限内每年指定茶果汁饮料、方便面、碳酸饮料三种产品各两个以上品牌,原告在被告指定的品牌内选择供应品牌,其他食品原告根据市场需要进行配送,但新进品牌要保证北京市50%以上的大卖场有销售,被告认为应调整的品牌,可随时通知原告,原告应按此调整;原告委派配送工人2-3名负责故宫内食品、饮料的配送工作,五一、国庆节期间另增加2-3人,协议签署后三个月内,原告根据被告的需求情况,派驻被告固定销售点人员不少于5人,协助被告进行销售工作,2006年9月10日前根据被告的工作安排,逐步增加到10人;原告负责协议期限内被告冷库的大修和维护,保证夏季冻水的供应;原告必须在故宫院外设立专门的库房,保证被告所需食品饮料的安全和正常供应;原告负责提供被告五一、国庆节临时售卖点的促销棚、促销桌椅,并承担制作、更换费用;被告把食品、饮料的专营配送权委托给原告;被告正在履行的食品、饮料的供应,转为原告履行;被告有义务接受原告人员关于专营配送权情况的检查,若发现被告未经原告许可经营其他厂家(或个人)供应的食品,则被告双倍返还原告当年的专营配送费;如一方违约,应向对方支付违约金,违约金数额为当年双倍专营配送费即70万元;协议解除的条件:双方协商同意,一方违约致使协议无法履行,原告停业,不可抗力,上级主管部门等原因。该协议中并没有确定被告所属销售网点的具体数量和名称。

协议签订后,原告于2005年10月20日向被告支付专营配送费35万元,于2006年11月6日向被告支付专营配送费35万元。原告开始在故宫内的养心殿、东长房、乾清门东、乾清门西、锡庆门、东大房、御茶房、御东、乾东、景运门、九卿房、扮戏楼、降雪轩、位育斋、午门售票、神武门外、遂初堂、坤宁门东的网点和隆宗门快餐、景运快餐、珍宝馆快餐销售的食品及饮料。2007年8月8日,被告的上级单位故宫博物院经营管理处发出《关于禁止在我院销售方便面食品的通知》,内容为:为树立故宫博物院的整体形象,迎接2008年奥运会,规范院内餐饮经营秩序,经研究,决定自2007年8月31日后院内禁止销售方便面食品。原告接到上述通知后,在故宫中未销售方便面,改为销售方便米粉。截至起诉,被告尚有货款189094.63元未付给原告。

庭审过程中,原告称其经济损失包括停售方便面的损失133万元,未执行整体专卖、未约束下属经营网点造成额外支出358900元,应得收益减少21万元,因合作合同中约定了违约金,故原告起诉要求被告支付违约金140万元,不足部分赔偿经济损失441310元。

上述事实，有原告提供的协议书、专营费发票、禁止销售方便面的通知、货款证明及原、被告陈述在案佐证。

本院认为：原、被告签订的合作协议书，其内容及形式不违背法律及行政法规的强制性规定，故为有效合同，签约双方应当严格履行合同约定的义务。

现原告主张被告没有将故宫内所有经营网点交给原告进行整体专营配送，因双方签订的合作协议书中并未确定被告需交付网点的具体数量和名称，在实际履行中，被告不仅将自己经营的网点交付给原告，而且将非自己经营的网点协调交付给原告，故认定被告履行了交付经营网点的义务，原告的主张不能成立。关于原告提出被告单方停止方便面在故宫经营网点的销售，因合作协议中约定上级主管部门的行为作为协议解除的条件之一，通过该约定可以看出，当时原、被告在签约时就已经考虑到了上级主管单位的作用，应当知晓在故宫博物院内从事活动应当遵守故宫博物院经营管理处的统一管理，现被告的上级主管单位故宫博物院经营管理处作出了停止销售方便面的决定，是不能认定被告违约的。对于原告要求被告支付违约金140万元和经济损失441310元一节，因原告要求被告支付违约金、赔偿损失的理由是被告停售方便面、未执行整体专卖、未约束下属经营网点等一系列违约行为，但原告主张被告违约的理由不充分，故原告的上述诉讼请求，本院不予支持。按照合作协议约定，被告应在每月的10-15日支付原告前一个月的全部账款，现被告未付原告货款189094.63元，已经构成违约，其应当立即给付原告货款189094.63元。对于被告要求原告支付2007年度专营配送费35万元的反诉请求，依据合同约定，原告应于2007年10月30日前向被告支付2007年度专营配送费35万元，现被告要求原告支付2007年度专营配送费35万元，符合合同的约定，本院予以支持；而被告要求原告支付违约金70万元的反诉请求，鉴于原告并非主观故意不付款，且被告在合同履行过程中也存在一定的违约情形，故法院兼顾合同的履行情况、当事人的过错程度等综合因素，根据公平原则，认定被告的此项反诉请求理由并不充分，本院对此不予支持。综上，依照《中华人民共和国合同法》第八条的规定，判决如下：

1.被告北京故宫文化服务中心于本判决生效后10日内向原告某公司支付货款189094.63；

2.原告某公司于本判决生效后10日内向被告北京故宫文化服务中心支付2007年度专营配送费35万元；

3.驳回原告某公司的其他诉讼请求；

4.驳回被告北京故宫文化服务中心的其他反诉请求。

如未按本判决指定的期间履行金钱给付义务，应当依照《中华人民共和国民事诉讼法》第二百三十二条之规定，加倍支付迟延履行期间的债务利息。

案件受理费30276元(含反诉费7125元)，由原告某公司负担23151元(已交纳)，由被告北京故宫文化服务中心负担7125元(已交纳)。

如不服本判决，可于判决书送达之日起15日内，向本院递交上诉状，并按对方当事人的人数提出副本，并交纳上诉案件受理费，上诉于北京市第二中级人民法院。在上诉期满后7日内未交纳上诉案件受理费的，按自动撤回上诉处理。

审判长　康某

代理审判员　陈某

人民陪审员　阎某

二〇〇九年十二月十八日

书记员　曾某

# 北京市第二中级人民法院
## 民事判决书

(2010)二中民终字第6336号

上诉人(原审原告、反诉被告)某公司，住所地北京市门头沟区。

法定代表人任某，总经理。

委托代理人任某，男，1976年1月3日出生，汉族，某公司经理。

委托代理人邱某，国浩律师集团(北京)事务所律师。

被上诉人(原审被告、反诉原告)北京故宫文化服务中心，住所地北京市东城区景山前街4号。

法定代表人仇某，副主任。

委托代理人栾某，女，汉族，故宫博物院法律处干部。

委托代理人王某，北京市中瑞律师事务所律师。

上诉人某公司因与被上诉人北京故宫文化服务中心(以下简称故宫文化中心)合作合同纠纷一案，不服北京市东城区人民法院(2009)东民初字第01188号民事判决，向本院提起上诉。

本院于2010年2月23日受理后，依法组成由法官申某担任审判长，法官姚某、郁某参加的合议庭进行了审理。本案现已审理终结。

某公司在一审中诉称：2005年9月26日，某公司、故宫文化中心签订协议书一份，协议约定，根据故宫博物院经营管理工作"统一管理、统一经营"的指导原则，成立故宫配送中心，负责故宫内食品、饮料专营配送，故宫文化中心把食品、饮料专营配送权委托给某公司，某公司向故宫文化中心每年支付专营配送费35万元，故宫文化中心在每月的10-15日支付某公司前一个月的全部账款，故宫文化中心有义务接受某公司关于专营配送情况的检查，若发现故宫文化中心未经某公司许可经营其他厂家或个人供应的食品，则故宫文化中心双倍返还某公司当年的专营配送费。如一方违约，应向对方支付违约金，违约金数额为当年双倍专营配送费即70万元，协议期限为2005年12月1日至2008年11月30日。协议签订后，某公司为了保证协议的履行，即和相关食品、饮料的生产商签订相同期限的专营供货合同，并将所签合同及专营配送的食品、饮料品牌告知故宫文化中心，但故宫文化中心并未认真落实故宫内所有经营网点整体专营配送，在故宫内仍有经营网点销售未经某公司配送的其他品牌的食品、饮料，尤其是2007年8月故宫文化中心未与某公司协商即单方停止方便面在故宫经营网点的销售。由于故宫文化中心的上述违约行为，致使某公司在协议的期间所完成的食品、饮料配送总金额仅为550余万元，而某公司的成本支出高达900余万元，某公司的配送项目不仅亏损巨大，而且还面临方便面厂家的巨额赔偿要求；另，故宫文化中心尚欠某公司配送货物货款202532元。故宫文化中心的违约行为，给某公司造成了巨大经济损失，故起诉要求故宫文化中心支付违约金140万元(双倍两年专营配送费)，赔偿经济损失441310元，支付配送货物货款202532元，并负担诉讼费。

故宫文化中心在一审中辩称：某公司、故宫文化中心签订协议后，故宫文化中心依约将所经营网点的食品、饮料货源交由某公司配送，并协调故宫博物院内其他经营网点的统一配送事宜。2007年8月8日，故宫博物院经营管理处(以下简称故宫管理处)为迎奥运、规范故宫博物院内餐饮经营秩序，通知禁止在故宫博物院内销售方便面类食品。为此，故宫文化中心要求某公司将原来配送的方便面调换成方便米饭，对此某公司予以反对，坚持方便面的配送，并提出如不恢复方便面的销售，某公司要承担方便面厂家的诉讼和赔偿费用及免除最后年度的专营配送费。故宫文化中心认为，选择并指定配送食品、饮料的类别及品牌是故宫文化中心依据协议书所取得的权利，故宫文化中心执行上级单位的指示停止销售方便面、改售方便米饭的行为并没有违反双方协议的规定，而某公司以其与他人的专卖协议为由向故宫文化中心主张巨额赔偿没有依据，而其拒付最后年度配送费的行为则构成违约。基于以上理由，故宫文化中心不仅不同意某公司的诉讼请求，而且提起反诉，要求某公司支付2007年度专营配送费35万元和违约金70万元，由某公司承担反诉费。

一审法院审理查明：2005年9月25日，某公司、故宫文化中心签订合作协议书一份，协议约定，某公司、故宫文化中心成立故宫配送中心，负责故宫内食品、饮料配送，某公司每年支付故宫文化中心专营配送费35万元，三年共计105万元，协议签署后30日内付35万元，2006年10月30日前付35万元，2007年10月30日前付35万元；某公司以故宫文化中心订单(电话通知)为准发货，货物在订单确认后48小时内送达故宫文化中心，故宫文化中心在每月的10－15日支付某公司前一个月的全部账款；故宫文化中心在协议期限内每年指定茶果汁饮料、方便面、碳酸饮料三种产品各两个以上品牌，某公司在故宫文化中心指定的品牌内选择供应品牌，其他食品某公司根据市场需要进行配送，但新进品牌要保证北京市50%以上的大卖场有销售，故宫文化中心认为应调整的品牌，可随时通知某公司，某公司应按此调整；某公司委派配送工人2－3名负责故宫内食品、饮料的配送工作，五一、国庆节期间另增加2－3人，协议签署后三个月内，某公司根据故宫文化中心的需求情况，派驻故宫文化中心固定销售点人员不少于5人，协助故宫文化中心进行销售工作，2006年9月10日前根据故宫文化中心的工作安排，逐步增加到10人；某公司负责协议期限内故宫文化中心冷库的大修和维护，保证夏季冻水的供应；某公司必须在故宫院外设立专门的库房，保证故宫文化中心所需食品饮料的安全和正常供应；某公司负责提供故宫文化中心五一、国庆节临时售卖点的促销棚、促销桌椅，并承担制作、更换费用；故宫文化中心把食品、饮料的专营配送权委托给某公司；故宫文化中心正在履行的食品、饮料的供应，转为某公司履行；故宫文化中心有义务接受某公司人员关于专营配送权情况的检查，若发现故宫文化中心未经某公司许可经营其他厂家(或个人)供应的食品，则故宫文化中心双倍返还某公司当年的专营配送费；如一方违约，应向对方支付违约金，违约金数额为当年双倍专营配送费即70万元；协议解除的条件：双方协商同意，一方违约致使协议无法履行，某公司停业，不可抗力，上级主管部门等原因。该协议中并没有确定故宫文化中心所属销售网点的具体数量和名称。协议签订后，某公司于2005年10月20日向故宫文化中心支付专营配送费35万元，于2006年11月6日向故宫文化中心支付专营配送费35万元。某公司开始在故宫内的养心殿、东长房、乾清门东、乾清门西、锡庆门、东大房、御茶房、御东、乾东、景运门、九卿房、扮戏楼、降雪轩、位育斋、午门售票、神武门外、遂初堂、坤宁门东的网点和隆宗门快餐、景运快餐、珍宝馆快餐销售食品及饮料。2007年8月8日，故宫文化中心的上级单位故宫管理处发出《关于禁止在我院销售方便面食品的通知》，内容为：为树立故宫博物院的整体形象，迎接2008年奥运会，规范院内餐饮经营秩序，经研究，决定自2007年8月31日后院内禁止销售方便面食品。某公司接到上述通知后，在故宫中未销售方便面，改为销售方便米饭。截至起诉，故宫文化中心尚有货款189094.63元未付给某公司。

一审庭审过程中，某公司称其经济损失包括停售方便面的损失133万元，未执行整体专卖、未约束下属经营网点造成额外支出358900元，应得收益减少21万元，因合作合同中约定了违约金，故某公司起诉要求故宫文化中心支付违约金140万元，不足部分赔偿经济损失441310元。

一审法院认为：某公司、故宫文化中心签订的合作协议书，其内容及形式不违背法律及行政法规的强制性规定，故为有效合同，签约双方应当严格履行合同约定的义务。现某公司主张故宫文化中心没有将故宫内所有经营网点交给某公司进行整体专营配送，因双方签订的合作协议书中并未确定故宫文化中心需交付网点的具体数量和名称，在实际履行中，故宫文化中心不仅将自己经营的网点交付给某公司，而且将非自己经营的网点协调交付给某公司，故认定故宫文化中心履行了交付经营网点的义务，某公司的主张不能成立。关于某公司提出故宫文化中心单方停止方便面在故宫经营网点的销售，因合作协议中约定上级主管部门的行为作为协议解除的条件之一，通过该约定可以看出，当时某公司、故宫文化中心在签约时就已经考虑到了上级主管单位的作用，应当知晓在故宫博物院内从事活动应当遵守故宫管理处的统一管理，现故宫文化中心的上级主管单位故宫管理处作出了停止销售方便面的决定，是不能认定故宫文化中心违约的。对于某公司要求故宫文化中心支付违约金140万元和经济损失441310元一节，因某公司要求故宫文化中心支付违约金、赔偿损失的理由是故宫文化中心停售方便面、未执行整体专卖、未约束下属经营网点等一系列违约行为，但某公司主张故宫文化中心违约的理由不充分，故某公司的上述诉讼请求，该院不予支持。按照合作协议约定，故宫文化中心应在每月的10-15日支付某公司前一个月的全部账款，现故宫文化中心未付某公司货款189094.63元，已经构成违约，其应当立即给付某公司货款189094.63元。对于故宫文化中心要求某公司支付2007年度专营配送费35万元的反诉请求，依据合同约定，某公司应于2007年10月30日前向故宫文化中心支付2007年度专营配送费35万元，现故宫文化中心要求某公司支付2007年度专营配送费35万元，符合合同的约定，该院予以支持；而故宫文化中心要求某公司支付违约金70万元的反诉请求，鉴于某公司并非主观故意不付款，且故宫文化中心在合同履行过程中也存在一定的违约情形，故该院兼顾合同的履行情况、当事人的过错程度等综合因素，根据公平原则，认定故宫文化中心的此项反诉请求理由并不充分，该院对此不予支持。综上，依照《中华人民共和国合同法》第八条的规定，判决：1.故宫文化中心于判决生效后10日内向某公司支付货款189094.63；2.某公司于判决生效后10日内向故宫文化中心支付2007年度专营配送费35万元；3.驳回某公司的其他诉讼请求；4.驳回故宫文化中心的其他反诉请求。如果未按照该判决指定的期间履行金钱给付义务，应当依照《中华人民共和国民事诉讼法》第二百二十九条之规定，加倍支付迟延履行期间的债务利息。

某公司不服一审法院的上述民事判决，向本院提起上诉，请求二审法院撤销一审判决，支持某公司的全部诉讼请求，驳回故宫文化中心全部反诉请求。其主要上诉理由是：一审判决认定事实不清，判决理由及适用法律不当，判决不公。1.一审判决认定事实不清。第一，一审判决认定故宫文化中心履行了交付经营网点的义务与事实不符。故宫文化中心应当对其履行合同义务负举证责任，本案故宫文化中心没有提供其履行交付经营网点义务的证据，其自身的陈述不能作为定案的根据。根据双方协议的约定，故宫文化中心应当将故宫内全部经营网点的食品、饮料的供应交付于某公司。正是为了这一整体价值，某公司才与故宫文化中心签订协议，向其支付专营配送费。故宫文化中心辩称只是将其管辖的经营网点交付给某公司，故宫内并不是所有的经营网点都归其管辖。但是经一审庭审质证，至少有一家故宫文化中心承认属其管辖的经营网点即位育斋就没有按照协议的约定交付给某公司专营配送。第二，故宫文化中心向一审法院提供虚假证据。故宫文化中心提供北京海平伟业商贸有限公司出具的证明及该公司营业执照，用以证明2004年3月8日至今承租故宫位育斋，自主经营。但是，从北京海平伟业商贸有限公司营业执照显示，该公司2008年5月23日才成立，不可能从2004年3月8日起开始承租经营。该证明显然内容虚假。某公司当即向一审法院提供一份故宫文化中心和北京国英鉴经贸有限公司于2006年3月8日签订的《合同书》，证明故宫文化中心将位育斋授权北京国英鉴经贸有限公司经营，该证据有力地证明位育斋属故宫文化中心管辖。面对某公司提供的证据，故宫文化中心承认2006年3月8日至2008年3月7日归其管辖。而某公司和故宫文化中心签订的《协议书》约定的专营配送期限是2005年12月1日至2008年11月30日，覆盖上述期限，故宫文化中心理应将位育斋交付某公司专营配送却没有交付。一审判决认定故宫文化中心履行了交付经营网点的义务显然与事实不符。2.故宫文化中心未执行整体专卖、未约束其经营网点执行专营配送的违约事实客观存在，有充分的证据证实，一审判决对经公证的事实不予认定，不作为定案的根据，与法不符。双方签订的协议书约定，故宫文化中心有义务接受某公司关于专营配送权情况的检查，若发现故宫文化中心未经某公司许可经营其他厂家(或个人)供应的食品，则故宫文化中心双倍返还某公司当年的专营配送费。在取得故宫文化中心的专营配送权后，某公司与食品、饮料的生产商签订有关故宫内经营网点专卖协议，如果某公司未执行专卖亦将向生产商承担违约责任。生产商北京统一饮品有限公司发现故宫范围内有十余家销售网点未执行统一产品专卖，于2006年4月21日致函某公司，要求执行专卖协议，承担赔偿责任。某公司将函件及《协调请求》发给故宫文化中心，故宫文化中心在一审中承认上述函件均已收到；2008年9月，某公司又申请公证处，对故宫文化中心经营网点未执行专卖的事实进行现场公证；某公司在一审中提交的故宫文化中心的工作人员的谈话录音证据也证实故宫文化中心未执行专卖；故宫文化中心和北京国英鉴经贸有限公司于2006年3月8日签订的《合同书》，亦证明故宫文化中心未执行整体专卖。一审判决对上述证据视而不见，特别是对公证书完全予以回避，显然与法不符。3.一审判决免除故宫文化中心的违约责任的理由不当。故宫文化中心单方面停止方便面在故宫经营网点的销售，违反《协议书》第四条第1项的约定。协议解除的条件和免除违约责任的条件是不同的法律概念，不能混同。依据协议的约定，故宫文化中心至多是享有合同解除权，但故宫文化中心并没有行使合同解除权，既然合同未解除，就仍应按合同的约定履行，如果违约就应当承担违约责任。因此，一审判决免除故宫文化中心的违约责任有悖《合同法》的基本原则。4.一审判决判令某公司向故宫文化中心支付2007年度专营配送费35万元，既与本身的判决认定相矛盾，又与法不符。《协议书》约定，故宫文化中心有义务接受某公司关于专营配送权情况的检查，若发现故宫文化中心未经某公司许可经营其他厂家(或个人)供应的食品，则故宫文化中心双倍返还某公司当年的专营配送费。因此，如果故宫文化中心未保证某公司的专营配送权，故宫文化中心是不能享有收取专营配送费的权利的。同时，2007年8月，故宫文化中心单方停止销售方便面，某公司因而享有抗辩权，有权拒付下年度的专营配送费。一审判决一方面判令某公司向故宫文化中心支付最后一年度的专营配送费，一方面又以合同解除的条件免除故宫文化中心的违约责任，其本身的判决逻辑是矛盾的。同时，也更突显了一审判决的不公正性。故宫文化中心可以只享有权利，而不必履行义务；某公司不但享受不到权利，还要继续履行依法不必履行的义务。故宫文化中心的行为已构成三项违约事实，应当按照协议的约定支付违约金，某公司没有对违约事项的违约金进行累加，只主张了140万元违约金，某公司认为任何一项违约事实成立，故宫文化中心都应当支付140万元违约金，同时还应当赔偿经济损失。某公司的诉讼请求有事实和法律依据，依法应予支持。某公司和故宫文化中心之间的合作协议，其实是某公司承担合作协议的所有风险，故宫文化中心只是单纯受益毫无风险。本案中，某公司是明显的利益受损方，故宫文化中心是获益方。综上，请求二审法院公正裁决。

故宫文化中心针对某公司的上诉理由答辩称：一审判决认定事实清楚，适用法律正确，请求予以维持。某公司的上诉理由均不能成立。故宫文化中心已将所属经营网点交付给某公司实施配送，依约履行了合同义务。位育斋不是故宫文化中心的经营网点，某公司就位育斋另行签订了协议，故宫文化中心与某公司签约时，该网点不属于故宫文化中心。故宫文化中心的义务是将所属网点交给某公司实施配送，不负有执行整体专卖的义务，某公司超越合同权利与第三方签订专卖协议属于对第三方的欺诈，因此产生的任何法律后果与故宫文化中心无关。故宫文化中心不存在单方面停止方便面在故宫经营网点进行销售的行为。故宫文化中心依约实施了专营配送，不存在承担违约责任的情形。

本院经审理查明：故宫文化中心与某公司在2005年9月26日签订本案所涉协议书，该协议的期限为2005年12月1日至2008年11月30日。某公司在一审中提交了公证书共四份，用以证明遂初堂、位育斋、故宫御茶房、坤宁门内东联房未执行专营配送。故宫文化中心在一审中还提交了如下证据：1.故宫博物院出具的情况说明一份，其上载明：故宫博物院内所有商业网点的管理，统一由故宫管理处负责；故宫博物院内一部分商业网点由故宫管理处经营，一部分交给下属单位故宫文化中心经营。2.故宫管理处出具的情况说明一份，其上载明：故宫院内位育斋、珍宝馆内遂初堂、坤宁门内东联房、故宫御茶房是我单位的经营网点，分别租给合作单位经营。3.故宫管理处出具的证明一份，其上载明：我处代表故宫博物院提供位育斋经营网点由外联单位使用，2006年3月至2008年

3月间根据故宫博物院经营网点调整计划,该经营网点交故宫文化中心使用,此后仍由我处收回,交由北京海平伟业商贸有限公司经营。4.故宫位育斋食品店(合同甲方)与某公司(合同乙方)在2007年3月23日签订的位育斋配送协议一份。其上载明:根据故宫博物院经营管理工作"统一管理、统一经营"的指导原则,由某公司负责甲方所需所有饮料、水、方便面食品的配送工作;协议期限自2007年3月1日至2008年2月28日;配送承包金额共计5万元,由某公司一次性支付甲方。

本院经审理查明的其他事实与一审法院查明的事实一致。

上述事实,有协议书、专营费发票、禁止销售方便面的通知、货款证明、公证书、情况说明、证明、位育斋配送协议及某公司、故宫文化中心陈述意见在案佐证。

本院认为,某公司、故宫文化中心签订的协议书合法有效。某公司与故宫文化中心未在协议书中确定故宫文化中心需交付网点的具体数量和名称。现某公司主张故宫文化中心没有将位育斋交给其进行专营配送,遂初堂、位育斋、故宫御茶房、坤宁门内东联房未执行专卖。因某公司未举证证明在双方签约时遂初堂、位育斋、故宫御茶房、坤宁门内东联房系故宫文化中心的下属经营网点,亦未举证证明其交付的专营配送费中包括对遂初堂、位育斋、故宫御茶房、坤宁门内东联房进行配送的费用,且某公司还在2007年3月23日与故宫位育斋食品店另行签订了配送协议,并约定了配送承包费,该协议的签订能够证明某公司对故宫内的部分经营网点不包含在协议书之内是知晓和接受的。鉴于上述原因,本院对某公司提出的上述主张不予支持。某公司与故宫文化中心在协议中将上级主管部门原因作为协议解除的条件之一。由此可知,某公司、故宫文化中心在签约时就已经考虑到了上级主管单位的作用,应当知晓在故宫博物院内从事活动应当遵守故宫管理处的统一管理,现故宫文化中心的上级主管单位故宫管理处作出了停止销售方便面的决定,该情势的发生不可归责于某公司和故宫文化中心。所以,不应由此认定故宫文化中心违约。综上,某公司的上诉理由不能成立,其上诉请求本院不予支持。一审判决认定事实清楚,适用法律正确,应予维持。依据《中华人民共和国民事诉讼法》第一百五十三条第一款第(一)项之规定,判决如下:

驳回上诉,维持原判。

一审案件受理费30276元(含一审反诉费7125元),由某公司负担23151元(已交纳),由北京故宫文化服务中心负担7125元(已交纳)。

二审案件受理费24646元，由某公司负担(已交纳)。

本判决为终审判决。

审判长　申某

代理审判员　姚某

代理审判员　郁某

二〇一〇年五月二十日

书记员　兰某

# 七　故宫博物院与梁某劳动争议案评析

## 【案情简介】

梁某于1999年6月27日到故宫博物院上班，从事保洁工作。2004年，故宫博物院成立北京故宫文化产品开发有限公司。2007年12月12日，梁某与故宫文化产品开发有限公司签订劳动合同，梁某继续从事保洁工作，劳动合同期限为2007年12月21日至2008年3月31日。劳动合同到期后，双方于2008年3月26日续签劳动合同，续签的期限为2008年3月31日至2008年4月30日。2008年4月29日，双方又续签劳动合同，续签期限为2008年4月30日至2008年6月30日。2008年7月1日，双方再次续签劳动合同，续签期限为2008年7月1日至2008年10月31日。劳动合同到期后，双方未再续签，但梁某仍在文化产品开发公司工作。2008年2月21日，梁某未再上班，其之前每月工资为814元。

2009年5月12日，梁某先是向北京市东城区劳动争议仲裁委员会申请劳动仲裁，要求恢复工作并签订无固定期限劳动合同，支付2009年3月后的工资及报销十年的保险。2009年10月22日，北京市东城区劳动争议仲裁委员会作出京东劳仲字（2009）第1568号裁决书，驳回梁某的仲裁申请事项。其不服裁决，并诉至东城区法院。

梁某在诉讼中主张，故宫文化产品开发有限公司为故宫博物院开办的公司，而且与其首次签订劳动合同系故宫博物院安排。其已经连续工作10年以上，并多次签订固定期限劳动合同，且双方的劳动关系尚未解除，要求文化产品开发公司与其签订无固定期限劳动合同，并支付其2009年3月至10月的工资6512元。

　　文化产品开发公司则以梁某的工作岗位已不存在，公司已通知梁某解除劳动关系，且梁某在公司工作的年限不符合签订无固定期限劳动合同的条件为由，不同意梁某的诉请；但同意支付原告一个月工资的代通知金，并按照梁某在故宫博物院开始工作的年限支付解除劳动关系的经济补偿金。

　　一审法院判决认为，梁某和文化产品开发公司之间的劳动关系已经从2009年2月21日起解除，故而驳回了原告梁某的诉讼请求。但是文化产品开发公司的自愿给付代通知金和经济补偿金的行为，法院并没有干涉。后梁某上诉，但在上诉期内撤诉，一审判决成为最终判决。

## 【专家点评】

　　本案争议焦点：

　　1.劳动关系的存续时间。

　　劳动关系的存续时间，在本案中就是原告梁某和故宫文化产品开发公司之间的劳动关系何时开始起算的问题。也就是梁某与原故宫博物院的劳动关系能否自动由文化产品开发公司承接，即如何判断梁某与文化产品开发公司之间的劳动关系存续期间，这也是判断能否签订无固定期限劳动合同的关键所在。

　　2.劳动关系的终止时间。

　　劳动关系的终止时间，在本案中原告梁某和文化产品开发公司之间的劳动关系是否能够自动延续成为无固定期限的合同，还是在2009年2月21日自行终止。

　　3.解除劳动关系的方式和条件。

　　4.劳动关系纠纷的解决途径和程序。

## 【相关争议探讨】

　　1.劳动关系存续时间范围的界定。

　　本案中，一个争议的焦点就是梁某认为其自1999年便服务于故宫博物院，虽然在2007年与文化产品开发公司签订了劳动合同，但是工作内容和服务对象仍然是故宫博物院，而且在事实上其与文化产品开发公司的劳动关系一直持续到2009年，所以其为故宫博物院工作的时间已满10年，符合签订无固定期限劳动合同的条件。

首先，要明确的是，在2007年与梁某签订劳动合同的用人单位是文化产品开发公司，虽然服务对象仍然是故宫博物院，而且梁某的工作内容和签订该合同之前的一样，但不能当然认为其与故宫博物院之间存在劳动关系。在其与文化产品开发公司之间签订合同之后，与其存在事实上的劳动关系的不是故宫博物院，而是文化产品开发公司。

其次，故宫博物院和文化产品开发公司作为两个独立的法人，两者之间的人事劳动关系也是独立的，文化产品开发公司自不必继承与故宫博物院存在的劳动关系的劳动合同。这一点可以从后来故宫博物院把保洁工作又委托给某保洁公司可以看出，各个独立的用人单位之间在劳动者的劳动关系上并不存在关联关系。

但是，劳动合同的继承的情形也是存在的。《劳动合同法》第三十四条规定，用人单位发生合并或者分立等情况，原劳动合同继续有效，劳动合同由承继其权利和义务的用人单位继续履行。这个时候，与合并或者分离前的用人单位签订的合同自然要由后来的用人单位承担，劳动关系的存续期间也并不中断，继续计算。

劳动关系的截止时间。《劳动合同法》第四十四条规定，劳动合同在下列情形出现时终止：（1）劳动合同期满的；（2）劳动者开始依法享受基本养老保险待遇的；（3）劳动者死亡，或者被人民法院宣告死亡或者宣告失踪的；（4）用人单位被依法宣告破产的；（5）用人单位被吊销营业执照、责令关闭、撤销或者用人单位决定提前解散的；（6）法律、行政法规规定的其他情形。

本案中，虽然梁某最后一次与文化产品开发公司签订固定期限的劳动合同到期日为2008年10月31日，此后未与梁某续订劳动合同，亦未与其订立新的劳动合同，而梁某则继续在其公司工作，双方当事人形成了事实上的劳动关系。这里我们并不同意法院"双方未终止劳动合同，且仍继续履行劳动者和用人单位的权利义务，故双方的劳动关系顺延"的观点，我们认为双方的劳动关系在合同规定的日期界至截止时就自动终止，后来的劳动关系是事实上的劳动关系，不过权利义务内容和此前相同。

案中，劳动关系的截止时间应该是2009年2月20日。该结束时间并不是因劳动合同的终止，而是因为劳动合同的解除。根据《劳动合同法》第四十条第三款的规定，"劳动合同订立时所依据的客观情况发生重大变化，致使劳动合同无法履行，经用人单位与劳动者协商，未能就变更劳动合同内容达成协议的"，用人单位可以和劳动者解除合同。

故而本案中，劳动关系截止的时间应该是2009年2月20日。由此观之，梁某与用人单位文化产品开发公司之间劳动关系存续的时间范围是2007年12月到2009年2月，离10年相差甚远。

2.无固定期限劳动合同。

劳动合同分为固定期限劳动合同、无固定期限劳动合同和以完成一定工作任务为期限的劳动合同。无固定期限劳动合同，是指用人单位与劳动者约定无确定终止时间的劳动合同。

用人单位与劳动者协商一致，可以订立无固定期限劳动合同。有下列情形之一，劳动者提出或者同意续订、订立劳动合同的，除劳动者提出订立固定期限劳动合同外，应当订立无固定期限劳动合同：（1）劳动者在该用人单位连续工作满十年的；（2）用人单位初次实行劳动合同制度或者国有企业改制重新订立劳动合同时，劳动者在该用人单位连续工作满十年且距法定退休年龄不足十年的；（3）连续订立二次固定期限劳动合同，且劳动者没有本法第三十九条和第四十条第一项、第二项规定的情形，续订劳动合同的。

用人单位自用工之日起满一年不与劳动者订立书面劳动合同的，视为用人单位与劳动者已订立无固定期限劳动合同。

3.用人单位解除与劳动者劳动合同的条件和程序。

（1）劳动合同解除的方式。

这里讨论的只是用人单位作为主动方提出劳动合同的解除，并不包括劳动者单方解除的情形。首先，用人单位可以与劳动者协商解除劳动合同。其次，在劳动者具有一定过失的情形下，用人单位可以提出解除与其之间的劳动合同。根据《劳动合同法》第三十九条的规定，这些情形包括：①在试用期间被证明不符合录用条件的；②严重违反用人单位的规章制度的；③严重失职，营私舞弊，给用人单位造成重大损害的；④劳动者同时与其他用人单位建立劳动关系，对完成本单位的工作任务造成严重影响，或者经用人单位提出，拒不改正的；⑤因本法第二十六条第一款第一项规定的情形致使劳动合同无效的；⑥被依法追究刑事责任的。再次，即使在劳动者没有过失，但满足一定情形的时候，用人单位也可以解除劳动合同，这些情形主要是指：①劳动者患病或者非因工负伤，在规定的医疗期满后不能从事原工作，也不能从事由用人单位另行安排的工作的；②劳动者不能胜任工作，经过培训或者调整工作岗位，仍不能胜任工作的；③劳动合同订立时所依据的客观情况发生重大变化，致使劳动合同无法履行，经用人单位与劳动者协商，未能就变更劳动合同内容达成协议的。在这种情形下，用人单位要提前30日以书面形式通知劳动者本人或者额外支付劳动者一个月工资。最后，在具备一定条件时，用人单位可以裁员，如依照企业破产法规定进行重整的，生产经营发生严重困难的，企业转变、重大技术革新或者经营方式调整，经变更劳动合同后，仍需裁减人员的，其他因劳动合同订立时所依据的客观经济状况发生重大变化，致使劳动劳动合同无法履行的。

但是，存在以下情形的，用人单位不得与劳动者解除合同，也不得进行裁员：①从事接触职业病危害作业的劳动者未进行离岗前职业健康检查，或者疑似职业病病人在诊断或者医学观察期间的；②在本单位患职业病或者因工负伤并被确认丧失或者部分丧失劳动能力的；③患病或者非因工负伤，在规定的医疗期内；④女职工在孕期、产期、哺乳期的；⑤在本单位连续工作满十五年，且距法定退休年龄不足五年的；⑥法律、行政法规规定的其他情形。

用人单位违反法律规定解除或者终止劳动合同，劳动者要求继续履行劳动合同的，用人单位应该继续履行；劳动者不要求继续履行劳动合同或者劳动合同已经不能继续履行的，用人单位应当支付一定的赔偿金。

（2）经济补偿。

经济补偿是在劳动合同的解除和终止时，用人单位支付给劳动者的补偿。经济补偿并不是在所有劳动合同解除和终止的情形下都需支付，其适用情形主要包括：

①劳动者单方解除劳动合同的场合，主要是因为用人单位存在过失，如：未按照劳动合同约定提供劳动保护或者劳动条件的；未及时足额支付劳动报酬的；未依法为劳动者缴纳社会保险费的；用人单位的规章制度违反法律、法规的规定，损害劳动者权益的；用人单位以欺诈、胁迫的手段或者乘人之危，使劳动者在违背真实意思的情况下订立或变更劳动合同，而致使劳动合同无效的；用人单位以暴力、威胁或者非法限制人身自由的手段强迫劳动者劳动的，或者用人单位违章指挥、强令冒险作业危及劳动者人身安全的；

②用人单位向劳动者提出解除劳动合同并与劳动者协商一致解除劳动合同的；

③用人单位在劳动者患病或者非因工负伤，在规定的医疗期满后不能从事原工作，也不能从事由用人单位另行安排的工作的，或者劳动者不能胜任工

作，经过培训或者调整工作岗位，仍不能胜任工作的以及在劳动合同订立时所依据的客观情况发生重大变化，致使劳动合同无法履行，经用人单位与劳动者协商，未能就变更劳动合同内容达成协议的情形下，提前30天通知劳动者本人或者额外支付劳动者一个月工资而解除劳动合同的；

④前述用人单位因裁员而与劳动者解除劳动合同的；

⑤除用人单位维持或者提高劳动合同约定条件续订劳动合同，劳动者不同意续订的情形外，因劳动合同期满而终止固定期限劳动合同的；

⑥用人单位被依法宣告破产的，或者被吊销营业执照、责令关闭、撤销或者用人单位决定提前解散而与劳动者终止劳动合同的。

经济补偿计算方法。经济补偿按劳动者在本单位工作的年限，每满一年支付一个月工资的标准向劳动者支付。六个月以上不满一年的，按一年计算；不满六个月的，向劳动者支付半个月工资的经济补偿。劳动者月工资高于用人单位所在直辖市、设区的市级人民政府公布的本地区上年度职工月平均工资三倍的，向其支付经济补偿的标准按职工月平均工资三倍的数额支付，向其支付经济补偿的年限最高不超过十二年。月工资按照劳动者应得工资计算，包括计时工资或者计件工资以及奖金、津贴和补贴等货币性收入。劳动者在劳动合同解除或者终止前12个月的平均工资低于当地最低工资标准的，按照当地最低工资标准计算。劳动者工作不满12个月的，按照实际工作的月数计算平均工资。

4.劳动关系纠纷的解决途径和程序。

劳动争议不同于其他争议的特殊之一在于其解决程序。发生劳动争议，劳动者可以与用人单位协商，也可以请工会或者第三方共同与用人单位协商，达成和解协议。

劳动者不愿意协商、协商不成或者达成和解协议后不履行的，可以向调解组织申请调解；不愿调解、调解不成或者达成和解协议后不履行的，可以向劳动争议仲裁委员会申请仲裁；对仲裁裁决不服的，除一些特殊情况外，都可以向人民法院提起诉讼。

可见，劳动争议的解决途径包括协商、调解、仲裁和诉讼。其中协商和调解都不是必须程序，当事人不同意的可以直接仲裁，但是不可以直接去人民法院提起诉讼，只有对仲裁的结果不服的才可以提起诉讼。

## 【本案的意义】

用人单位要与劳动者及时订立和续订劳动合同，并明确劳动合同的类型。

在用人单位单方解除劳动合同的场合，除劳动者有过失的之外，要向劳动者说明理由，并且要提前30日以书面形式通知劳动者本人或者额外支付劳动者一个月工资后才可以解除合同。

在用人单位发生经济性裁员的情况下，如果需要裁减人员二十人以上或者裁减不足二十人但占企业职工总数百分之十以上的，用人单位应提前三十日向工会或者全体职工说明情况，听取工会或者职工的意见后，裁减人员方案经向劳动行政部门报告，可以裁减人员。而且在裁减人员时，应当优先留用下列人员：与本单位订立较长期限的固定期限劳动合同的；与本单位订立无固定期限劳动合同的；家庭无其他就业人员，有需要扶养的老人或者未成年人的。用人单位裁减人员，在六个月内重新招用人员的，应当通知被裁减的人员，并在同等条件下优先招用被裁减的人员。

在与劳动者发生劳动争议的时候，既可以通过协商，也可以到调解组织进行调解，也可以仲裁或者诉讼，但是程序的选择有一定的强制性，应该注意。

## 【附】

# 北京市东城区劳动争议仲裁委员会
# 裁决书

京东劳仲字[2009]第1568号

申请人：梁某，男，住北京市东城区。

委托代理人：苏某，北京市惠诚律师事务所律师。

被申请人：北京故宫文化产品开发有限公司，住所地：北京市东城区景山前街4号。

法定代表人：仇某，董事长。

委托代理人：王某，北京市中瑞律师事务所律师。

申请人梁某与被申请人北京故宫文化产品开发有限公司(以下简称故宫开发公司)履行劳动合同等争议一案，本委立案受理后，依法由仲裁员许某独任审理。本庭公开审理时，梁某、故宫开发公司的委托代理人王某均到庭参加了仲裁活动，本案现已审理终结。

梁某诉称：本人在本单位工作十年，没有违反单位任何管理制度，工作认真。经多次协商他们不与我签订劳动合同，我多次找到单位上级主管文化部协商也没有任何结果。本人现要求：1.要求故宫开发公司恢复本人工作，继续履行合同，并签订无固定期限劳动合同；2.要求故宫开发公司支付本人2009年3月至仲裁裁决恢复工作上班为止的工资，以及十年保险予以报销。

故宫开发公司辩称：梁某在我公司工作的时间自2007年12月起至2009年2月，因此，梁某在申请书中其工作十个年头的陈述不属实。

2007年12月，我公司受托开始为故宫博物院提供保洁服务时，梁某到我公司从事保洁工作。2007年12月21日，双方签署劳动合同，劳动合同期限自2007年12月21日起至2008年3月31日止。2008年3月26日，双方签署补充协议，将劳动合同延长至2008年4月30日。2008年4月29日，再次签署补充协议，将劳动合同期限续延至2008年6月30日。2008年7月1日，再次签订劳动合同，劳动合同期限自2008年7月1日起至2008年10月31日止。

2008年11月份起，因故宫博物院将其保洁服务工作转托给某保洁公司，我公司取消了内部的全部保洁岗位。因此，提出终止与梁某劳动关系或协调其到某保洁公司工作。由于梁某不同意到某保洁公司工作，故我公司向梁某出具了《终止劳动(劳务)关系证明书》，正式通知梁某自2009年2月21日终止双方的劳动关系。

我公司与梁某的劳动关系已经依法终止，梁某请求恢复工作、继续履行劳动合同、签订无固定期限劳动合同没有事实和法律依据。

如上所述，故宫开发公司已经不再负责故宫博物院的保洁服务工作，内设的保洁服务岗位已经全部取消，在协调梁某到某保洁公司工作遭到其拒绝后，我公司对于终止其劳动关系并依法对其予以经济补偿符合法律规定，梁某的请求没有事实和法律依据。另外，梁某的继续履行劳动合同和签订无固定期限劳动合同要求本身就相互矛盾。

综上，梁某的申请没有事实和法律依据，请仲裁委员会查明事实，驳回申请人的请求。

经查：梁某原系故宫开发公司职工，双方于2007年12月21日签订《劳动合同书》，期限至2008年3月31日终止。2008年3月26日双方签订了《劳动合同补充协议》，将原合同期限延长至2008年4月30日止；2008年4月29日，双方再次签订《劳动合同补充协议》，将合同期限继续延长至2008年6月30日。原合同到期后，2008年7月1日，双方当事人又签订了一份《劳动合同书》，该合同期限至2008年10月31日止。梁某在职期间从事故宫博物院保洁岗位工作。

故宫开发公司向本委提供了由故宫博物院出具的证明，该证明证实2008年11月起，其单位的保洁工作已全面委托北京某保洁管理有限责任公司(以下简称某保洁公司)，故宫开发公司不再负责故宫博物院的保洁工作。此外，故宫开发公司亦向本委提供了某保洁公司与故宫博物院的《物业服务合同》，予以佐证上述事实。

梁某对此不予认可，其主张在故宫博物院从事河道清理保洁工作十年以上，作为用人单位应与其订立无固定期限劳动合同，对此其提供了其的《选民证》、《临时工作证》，以及部分照片予以证明。

梁某的劳动合同于2008年10月31日到期后，双方未再续延劳动合同，亦未签署新的劳动合同，其在此后继续工作。梁某工作至2009年2月21日，其被故宫开发公司告知如在规定期限内不与某保洁公司订立劳动合同，即不用来故宫开发公司工作，此后梁某就未再到故宫开发公司工作。

上述事实有开庭时当事人陈述、庭审笔录、《劳动合同书》、证明、《物业服务合同》等在案证实。

本委认为：梁某工作期间虽服务于故宫博物院，但其在2007年12月份开始才与故宫开发公司订立劳动合同，并与其建立劳动关系，故本委无法认定其在故宫开发公司工作满十年。

《中华人民共和国劳动合同法》第四十条第三款规定：劳动合同订立时所依据的客观情况发生重大变化，致使原劳动合同无法履行，经用人单位与劳动者协商，未能就变更劳动合同达成协议的，用人单位可以解除劳动合同。

故宫开发公司在与梁某的劳动合同于2008年10月31日到期后，未与梁某续订劳动合同，亦未与其订立新的劳动合同，而梁某则继续在其公司工作，双方当事人形成了事实劳动关系。

2009年2月份，故宫开发公司因不再承担故宫博物院保洁服务业务，并与梁某协商要求其到某保洁公司继续从事故宫博物院保洁工作未果的客观情况下，应当认定故宫开发公司为依据上述法律解除了与梁某的劳动关系，因此，故宫开发公司认为与梁某终止劳动关系的主张本委不予采信。故在故宫开发公司解除与梁某劳动关系时，其公司应当依法向梁某支付相应的经济补偿金。

双方当事人劳动关系即以解除，因此梁某要求恢复劳动关系、继续履行合同，以及要求订立无固定期限劳动合同，并且要求支付其2009年3月至仲裁结案恢复工作为止的工资的申请事项于法无据，本委不予支持。

梁某要求故宫开发公司报销其十年期间社会保险费的申请，不属于劳动争议仲裁受理范围，本委不予处理。

本案经调解，双方未达成协议，依据《中华人民共和国劳动争议调解仲裁法》第四十二条第四款、《中华人民共和国劳动合同法》第四十条第三款之规定，现裁决如下：

驳回梁某的申请请求事项。

如不服本裁决，可于本裁决书送达次日起15日内，向北京市东城区人民法院提起诉讼，逾期不起诉，本裁决书即发生法律效力。

仲裁员　许某

二○○九年十月二十二日

书记员　朱某

# 北京市东城区人民法院
## 民事判决书

(2009)东民初字第11171号

原告：梁某，男，汉族，无业，住本市东城区。

委托代理人：苏某，北京市惠诚律师事务所律师。

被告：北京故宫文化产品开发有限公司，住所地本市东城区景山前街4号。

法定代表人：仇某，董事长。

委托代理人：王某，北京市中瑞律师事务所律师。

委托代理人：董某，女，北京故宫文化产品开发有限公司职员，住本市朝阳区。

原告梁某与被告北京故宫文化产品开发有限公司劳动争议一案，本院于2009年11月4日立案受理。依法由审判员王某独任审判，适用简易程序公开开庭进行了审理。原告梁某及其委托代理人苏某，被告北京故宫文化产品开发有限公司的委托代理人王某、董某到庭参加了诉讼。本案现已审理终结。

原告梁某诉称：原告于1999年6月27日到故宫博物院上班，从事保洁工作。2004年，故宫博物院成立被告公司。2007年12月12日，原、被告签订劳动合同，原告继续从事保洁工作，劳动合同期限为2007年12月21日至2008年3月31

日。劳动合同到期后，原、被告于2008年3月26日续签劳动合同，续签的期限为2008年3月31日至2008年4月30日。2008年4月29日，双方又续签劳动合同，续签期限为2008年4月30日至2008年6月30日。2008年7月1日，双方再次续签劳动合同，续签期限为2008年7月1日至2008年10月31日。劳动合同到期后，双方未再续签，原告仍在被告处工作。2009年2月20日，被告口头通知原告次日起不用再上班。2009年5月12日，原告向北京市东城区劳动争议仲裁委员会申请劳动仲裁，要求恢复工作并签订无固定期劳动合同，支付2009年3月后的工资及报销十年的保险。2009年10月22日，北京市东城区劳动争议仲裁委员会作出京东劳仲字[2009]第1568号裁决书，驳回原告的仲裁申请事项。现原告不服该裁决书，起诉要求被告与原告签订无固定期限劳动合同，并支付原告2009年3月至10月的工资6512元。

被告北京故宫文化产品开发有限公司辩称：原告所述在故宫博物院工作的时间及情况属实，原、被告建立劳动关系及签订、续签劳动合同的情况亦属实。原、被告首次签订劳动合同非故宫博物院安排。2009年2月20日，被告书面通知原告终止劳动合同，但原告拒绝签收。现被告同意仲裁裁决的结果，不同意原告的诉讼请求，但同意支付原告一个月工资的代通知金，并按照原告在故宫博物院开始工作的年限支付解除劳动关系的经济补偿金。

经审理查明：原告于1999年6月27日到故宫博物院上班，从事保洁工作。2004年，故宫博物院成立被告公司。2007年12月12日，原、被告签订劳动合同，原告继续从事保洁工作，劳动合同期限为2007年12月21日至2008年3月31日。劳动合同到期后，原、被告于2008年3月26日续签劳动合同，续签的期限为2008年3月31日至2008年4月30日。2008年4月29日，双方又续签劳动合同，续签期限为2008年4月30日至2008年6月30日。2008年7月1日，双方再次续签劳动合同，续签期限为2008年7月1日至2008年10月31日。劳动合同到期后，双方未再续签，原告仍在被告处工作。2009年2月21日，原告未再上班。原告每月工资为814元。2009年5月12日，原告向北京市东城区劳动争议仲裁委员会申请劳动仲裁，要求恢复工作并签订无固定期劳动合同，支付2009年3月后的工资及报销十年的保险。2009年10月22日，北京市东城区劳动争议仲裁委员会作出京东劳仲字[2009]第1568号裁决书，驳回原告的仲裁申请事项。原告不服裁决，诉至本院。现原告主张，被告为故宫博物院开办的公司，原、被告首次签订劳动合同系故宫博物院安排。原告连续工作10年以上，并多次签订固定期限劳动合同，且双方的劳动关系尚未解除，故要求被告与原告签订无固定期限劳动合同，并支付原告2009年3月至10月的工资6512元。被告则以原告的工作岗位已不存在，被告已通知原告解除劳动关系，且原告在被告处工作的年限不符合签订无固定期限劳动合同的条件为由，不同意原告的诉请；但同意支付原告一个月工资的代通知金，并按照原告在故宫博物院开始工作的年限支付解除劳动关系的经济补偿金。

诉讼中，被告出示终止劳动关系证明书，但无原告签名。故宫博物院、北京某保洁管理有限公司(以下简称某保洁公司)出具证明，以及某保洁公司与故宫博物院的《物业服务合同》，证明被告公司不再负责故宫博物院的保洁工作。

以上事实，有当事人陈述、劳动合同书、终止劳动关系证明书、京东劳仲字[2009]第1568号裁决书、故宫博物院的证明、某保洁公司的证明、《物业服务合同》等证据在案佐证。

本院认为：2008年10月31日，劳动合同期限届满后，原、被告虽未续订劳动合同，但双方未终止劳动合同，且仍继续履行劳动者和用人单位的权利义务，故双方的劳动关系顺延。《中华人民共和国劳动合同法》第四十条规定："有下列情形之一的，用人单位提前三十日以书面形式通知劳动者本人或者额外支付劳动者一个月工资后，可以解除劳动合同：……（三）劳动合同订立时所依据的客观情况发生重大变化，致使劳动合同无法履行，经用人单位与劳动者协商，未能就变更劳动合同内容达成协议的。"因被告提供了故宫博物院及某保洁公司的证明以及《物业服务合同》，证实被告已不再负责故宫博物院的保洁工作，且被告同意向原告支付一个月工资的代通知金，故被告2009年2月20日提出解除原、被告的劳动关系，于法有据。原告要求与被告订立无固定期限劳动合同的请求，缺乏依据，本院不予支持。因劳动关系已解除，原告要求被告支付2009年3月至10月期间的工资，无事实依据，本院不予支持。被告同意向原告支付一个月工资的代通知金，并按照原告在故宫博物院开始工作的年限支付解除劳动关系的经济补偿金，本院不持异议。综上所述，依照《中华人民共和国劳动合同法》第四十条第(三)项之规定，判决如下：

1. 原告梁某与被告北京故宫文化产品开发有限公司自2009年2月21日解除劳动关系；

2. 被告北京故宫文化产品开发有限公司支付原告梁某代通知金814元(本判决生效后7日内履行)；

3. 被告北京故宫文化产品开发有限公司支付原告梁某解除劳动关系的经济补偿金8140元(本判决生效后7日内履行)；

4.驳回原告梁某的诉讼请求。

如未按本判决指定的期间履行给付金钱义务,应当按照《中华人民共和国民事诉讼法》第二百二十九条之规定,加倍支付延迟履行期间的债务利息。

案件受理费5元,由被告负担(于本判决生效后7日内交纳)。

如不服本判决,可于本判决书送达之日起15日内向本院递交上诉状,并按对方当事人的人数提出副本,交纳上诉案件受理费,上诉于北京市第二中级人民法院。在上诉期满后7日内未交纳上诉案件受理费的,按自动撤回上诉处理。

审判员　王某

二〇〇九年十二月十八日

书记员　杨某

# 北京市第二中级人民法院
# 民事裁定书

(2010)二中民终字第06410号

上诉人(原审原告)梁某,男,汉族,无业,住北京市东城区。

委托代理人苏某,北京市惠诚律师事务所律师。

被上诉人(原审被告)北京故宫文化产品开发有限公司,住所地北京市东城区景山前街4号。

法定代表人仇某,董事长。

委托代理人王某,北京市中瑞律师事务所律师。

委托代理人董某,女,北京故宫文化产品开发有限公司职员,住北京市朝阳区。

上诉人梁某因劳动争议一案,不服北京市东城区人民法院(2009)东民初字第11171号民事判决,向本院提起上诉。本院在审理本案中,上诉人梁某于2010年7月26日申请撤回上诉。

本院经审查认为,上诉人梁某申请撤回上诉,符合有关法律规定,应予准许。依照《中华人民共和国民事诉讼法》第一百五十六条之规定,本院裁定如下:

准予上诉人梁某撤回上诉,双方均按原审法院判决执行。

一审案件受理费5元,由北京故宫文化产品开发有限公司负担(于本裁定生效后7日内交至原审法院);二审案件受理费5元,由梁某负担(已交纳)。

本裁定为终审裁定。

审判长　郭某

代理审判员　郭某

代理审判员　王某

二〇一〇年七月二十六日

书记员　张某

## 八　故宫博物院与某出版社侵权纠纷案评析

### 【案情介绍】

1994年12月,故宫博物院委托紫禁城出版社出版了《故宫博物院藏清盛世瓷选粹》一书。版权页标明,主编冯先铭、耿宝昌,副主编叶佩兰,摄影胡锤、马晓旋,并有中、英文声明:版权所有,翻印必究。1994年12月第一版第一次印刷。1996年11月,故宫博物院委托商务印书馆(香港)有限公司出版了《故宫博物院藏文物珍品全集〈两宋瓷器〉》(上、下册),版权页标明:主编李辉柄,摄影胡锤、赵山、刘志岗。并在版权页有中、英文声明:版权所有,不准以任何方式,在世界任何地区,以中文或任何文字翻印、仿制或转载本书图版和文字之一部分或全部。该书1996年11月第一版第一次印刷。1998年10月,故宫博物院委托紫禁城出版社出版《故宫藏传世瓷器真赝对比历代古窑址标本图录》一书,版权页标明:故宫博物院编,摄影赵山。该书1998年10月第一版第一次印刷。上述图书所使用的文物彩色摄影图片所展示的文物分别为故宫博物院馆藏国家一、二级珍贵文物,图片均以4×5彩色反转片制作。

1999年8月,某出版社出版《中国宋元瓷器图录》一书,版权页标明:景戎华、帅茨平编,1999年8月第一版第一次印刷,定价50元。1999年9月,该出版社出版《中国清代瓷器图录》一书,版权页标明:景戎华、帅茨平编,1999年9月第一版第一次印刷,定价50元。2000年6月,该出版社第二次印刷其出版的上述两部图书。该出版社出版的上述两书中共有790幅文物彩色图片与故宫博物院出版的《故宫博物院藏清盛世瓷选粹》、《故宫博物院藏文物珍品全集〈两宋瓷器〉》(上、下册)、《故宫藏传世瓷器真赝对比历代古窑址标本图录》三部图书中的相关图片相同。

后故宫博物院以该出版社侵犯其享有的作品的使用权和获得报酬权为由，向法院提起诉讼，要求该出版社赔偿故宫博物院的经济损失。

## 【专家点评】

案件疑难点：

1.该出版社是否存在侵权行为并承担侵权责任？

被告某出版社在答辩中主张原告故宫博物院并不享有著作权。其次，被告某出版社主张自己无法审查图书的内容存在侵权，因而不存在主观上的过错，也不应承担相应的侵权责任。

2.该出版社与案外人的约定能否成为自己免除侵权责任的理由？

该出版社认为与案外人的约定可以作为其抗辩事由，据此认定自己并不存在故意，但是故宫博物院否认。

3.本案中经济损失数额的认定。

故宫博物院主张损失额应依据其制定的《文物藏品影像资料借(租)用管理暂行办法》规定，即每张4×5彩色反转片的借(租)价格为人民币800元，此系市场认可的价格，该正常使用价格是原告的合理预期收入。因此，应以人民币800元作为本案计算赔偿额的基数。但是在一审中和二审中都没有采纳这一主张。而且被告认为原告这一主张也与《著作权法》的规定不符。

## 【相关争议探讨】

1.涉案照片的著作权归属问题。

职务作品的归属。《故宫博物院藏清盛世瓷选粹》、《故宫博物院藏文物珍品全集〈两宋瓷器〉》(上、下册)、《故宫藏传世瓷器真赝对比历代古窑址标本图录》3部图书中收录的790幅文物彩色摄影作品，是原告的工作人员为完成原告的工作任务而拍摄，属于职务作品。《著作权法》第十六条第二款规定："有下列情形之一的职务作品，作者享有署名权，著作权的其他权利由法人或者其他组织享有，法人或者其他组织可以给予作者奖励：（1）主要是利用法人或者其他组织的物质技术条件创作，并由法人或者其他组织承担责任的工程设计图、产品设计图、地图、计算机软件等职务作品；（2）法律、行政法规规定或者合同约定著作权由法人或者其他组织享有的职务作品。"案中，作品除署名之外的著作权归属于故宫博物院所有当属无疑。

根据《著作权法》第十条第五项至第十七项的规定，著作权人享有作品的复制、发行、出租等13项具体或者可能的著作财产权，这些权利著作权人可以自己行使，也可以授权他人行使，而著作权人通过授权许可他人行使著作权的行为获取相应的经济报酬。使用包括自己使用和许可他人使用。侵犯作品使用权的情形多数是未经著作权人的许可擅自行使属于第十条第五项至十七项的规定。案中，该出版社的行为属于未经著作权人许可，复制、发行其作品。

2.侵权作者与出版社对著作权的共同侵权问题。

（1）关于共同侵权行为的一般原理。

出版社出版侵权作品构成侵权行为和作者抄袭、剽窃他人作品构成侵权行为是否构成共同侵权呢？

《民法通则》第一百三十条规定：二人以上共同侵权造成他人损害的，应当承担连带责任。《侵权责任法》第八条规定，二人以上共同实施侵权行为，造成他人损害的，应当承担连带责任。在对共同侵权制度的研究中，如何理解"共同"的含义至关重要，我国学者对共同侵权制度的研究主要集中在这个方面。有以下几种学说：①意思联络说。意思联络是共同侵权行为的必要条件，要使主体各自的行为统一起来，成为一个共同行为，就必须要有他们的愿望和动机，即共同的意思联络。②共同过错说，只要几个行为人之间在主观上有共同致害的意思联系，或者有共同过失，即具有共同过错，就应当作为共同侵权行为处理。共同过错就是数个行为人对其行为或结果具有共同的认识或对某种结果的发生应该共同尽到合理的注意而没有注意的情形，包括共同故意与共同过失两类。③关联共同说。该说认为共同侵权行为的构成不应以共同的意思联络为必要条件，只要数人客观上有共同的侵权行为，就应当承担共同侵权行为的民事责任。④折衷说。该说既不完全同意意思联络说，也不完全采纳关联共同说，认为应当区分不同的情况分别处理，既要考虑各行为人的主观方面，也要考虑各行为人的行为之间的客观联系。

我们认为，"共同"主要包括三层含义：其一，共同故意。上面各种学说都一致认为，数个行为人基于共同故意侵犯他人合法权益的，应当成为共同侵权行为。其二，共同过失。"共同过失"主要是指各数个行为人共同从事某种行为，基于共同的疏忽大意，造成他人损害。其三，故意行为与过失行为相结合。

具体到《著作权法》中，作者的抄袭剽窃行为和出版社的出版行为在司法实践中一般也被看做是共同侵权行为。只有抄袭行为，没有出版行为，难以构成实质侵权；没有抄袭行为，就根本没有出版行为。而且在这个具体的共同侵权行为中，双方的主观状态多为侵权作者是故意，而出版社"未尽到合理的注意义务"——即过失。当然如果出版社也存在故意，成立共同侵权更无疑问。

（2）著作权共同侵权的特殊性。

虽然可以把抄袭剽窃的作者行为和出版社的出版行为看做是共同侵权，但是我们也要注意到侵权作者的行为（抄袭、剽窃等）和出版者的复制、发行行为分别都是法律所明确规定的侵权行为。普通的共同侵权是两者的行为相互依存和相互联系，侵犯了权利人的权利，单独一方的行为不能构成对权利人的侵害。侵权作者和出版者的行为虽然也相互依存才能构成对权利人的实质损害，但抄袭行为和出版、发行行为分别是法律明确规定的侵权行为，也就是说其中一方的行为就可以单独被认定为《著作权法》所规定的侵权行为，这是因为《著作权法》规定权利范围比较细致具体的缘故。

（3）出版社侵权时过错的认定。

《最高人民法院关于审理著作权民事纠纷案件适用法律若干问题的解释》（以下简称《著作权案件适用法律的解释》）第二十条第二款规定：出版者对其出版行为的授权、稿件来源和署名、所编辑出版物的内容等未尽到合理注意义务的，依据《著作权法》第四十八条的规定，承担赔偿责任。一般而言，过错的前提是存在一个注意义务，对此注意义务的违反即为过错。合理的注意义务是指一般人在特定情况下应当达到的注意程度。根据该标准，判断被告有没有过失主要看一般人在被告所处的情况下，会怎么行为，若一般人会与被告做出同样的行为，被告就没有过失，反之，则有过失。但是尽到合理注意义务这一标准在适用的时候也有其特殊情形，其中包括专业人员的行为标准。这些专业人员有特殊技能和知识，就应当比一般人的行为标准高一些，要求行为人的行为符合自己领域内公认的活动标准。判断某一专业人员是否有过失要看其是否履行了本领域内一个合格专业人员的注意义务。

当今时代，要求出版社完全避免出版侵权作品可能过于苛刻了，因此，依法尽到合理注意义务就成为出版社规避侵权赔偿责任、减轻侵权责任的必要条件。我们认为，出版社属于特殊行业，其注意能力要高于一般社会公众。在本案中，该出版社是成立多年的专业出版社，应熟知该行业规范、业务操作程序以及相关的著作权法律知识。另外，该出版社社长为中国收藏家协会的领导，表明其更有能力尽到合理的审查义务。但是，该出版社却没有尽到应有的审查义务，给故宫博物院造成损失，应该承担相应的赔偿责任。

另外，从《著作权案件适用法律的解释》第二十条第四款规定：出版者所尽合理注意义务情况，由出版者承担举证责任。可见这里采用的是过错推定的归责方法。也就是说，在出版者被诉侵犯著作权的场合，就假定出版者没有尽到合理的注意义务，不需要原告证明，只有被告出版者证明自己尽到了合理注意义务才能免除侵权责任。

出版社是否尽到法定合理注意义务是区分出版社有无过错的标准，这种区分只对承担侵权责任有影响，而对出版社侵权行为的认定并无影响。此外，如果出版社尽到合理注意义务情形下，仍然出版发行了侵权作品，在此种情形下，会认定出版社不存在侵权的故意或过失，故不承担损害赔偿的侵权责任；但是，由于其出版发行行为导致被侵权人的著作权受到损害或现实威胁，出版社仍然构成侵权行为，故应承担停止侵害、排除妨害、返还不当得利等法律责任。如《著作权案件适用法律的解释》第二十条第三款规定："出版者尽了合理注意义务，著作权人也无证据证明出版者应当知道其出版涉及侵权的，依据民法通则第一百一十七条第一款的规定，出版者承担停止侵权、返还其侵权所得利润的民事责任。"

（4）被侵权人起诉时诉讼对象的选择。

侵权作者和出版者不一定以必要共同诉讼的形态作为共同被告。普通的共同侵权行为的行为人一般作为共同被告参加诉讼，并承担连带责任。数人的行为造成了同一损害，如果有侵权人不参加诉讼，参加诉讼的侵权人承担全部责任是不公平的。但是，对于侵权作者和出版者来说，则可以不作为必要的共同诉讼参加诉讼。其中一个原因如前所述，即侵权作者和出版社的行为能够各自构成法定的侵权行为；另外一个原因是，在计算侵权赔偿额上两者也可以分开计算。这种赔偿的计算方法为权利人单独起诉抄袭者或者出版者提供了可能。在司法实践中，权利人单独起诉抄袭者和出版者的案件大量存在。

在本案的二审上诉中，该出版社主张一审法院在审理过程中未通知必须共同进行诉讼的当事人景戎华、帅茨平参加诉讼，剥夺了景、帅二人依法享有的诉讼权利，从而导致该出版社承担不公正的判决。但是二审法院认为该出版社的两部书的作者是否参与本案诉讼，并不影响本案对该出版社是否构成侵犯上述作品相关著作权的认定。这无疑是正确的。但如果进步一说"因本案该两部书的作者是否侵犯故宫博物院790幅摄影图片的使用权、获取报酬权，与确认该出版社是否构成对故宫博物院上述作品相关著作权的侵犯，二者并无基础关系和关联性"，我们认为二审法院的这个阐述是值得商榷的。

3.该出版社与作者之间的免责事由是否可以对抗第三人。

本案中，该出版社主张其与景戎华、帅茨平两位作者之间已经签订了出版合同，合同约定：作者景戎华、帅茨平保证拥有授予该出版社的相关权利，因相关权利行使侵犯他人著作权的，由作者承担全部责任并赔偿该出版社由此造成的损失。该出版社以此作为抗辩事由，但是合同是双方当事人之间的权利义务的规范，具有相对性，效力只发生于合同的当事人之间，不能对抗合同之外善意第三人。被告出版社将出版合同作为不对原告承担侵权责任的抗辩理由缺乏法律依据，不能成立。

但是这个合同条款，却可以成为该出版社在诉讼结束之后，向两位作者追偿自身损失的合法依据。

4.故宫博物院经济损失的数额认定。

首先，该出版社关于故宫博物院无损失的主张不能成立。依据《著作权法》第四十六条第七项的规定：使用他人作品，应当支付报酬而未支付的；第四十七条第一项的规定：未经著作权人许可，复制、发行、表演、放映、广播、汇编、通过信息网络向公众传播其作品的，本法另有规定的除外。本案中该出版社以营利为目的，擅自使用故宫博物院的790幅摄影图片，出版《中国宋元瓷器图录》、《中国清代瓷器图录》两部书，侵犯了故宫博物院依法享有的使用权和获取报酬权，已给故宫博物院造成经济损失。

依据《著作权法》第四十八条第一款规定："侵犯著作权或者与著作权有关的权利的，侵权人应当按照权利人的实际损失给予赔偿；实际损失难以计算的，可以按照侵权人的违法所得给予赔偿。赔偿数额还应当包括权利人为制止侵权行为所支付的合理开支。"可见，损失的确定首先是依照被侵权人的实际损失来确定。

案中，故宫博物院根据国家相关行政主管机关的规定，制订的《文物藏品影像资料借(租)用管理暂行办法》来确定自身的经济损失并无不当。该《办法》规定：凡欲使用该院藏品影像资料者，均须按照本办法支付图片使用费和图片制作费；使用4×5彩色反转片出版、发行文物及艺术类图册，每张须支付文物版权费400元、图片制作费400元，每张共计800元。其中图片制作费为现存影像资料加印的成本费。

　　一审和二审法院都认为该出版社的行为只是造成了故宫博物院相应790幅图片的使用费损失，并不会造成图片制作费的损失。制作费是故宫博物院为那些需要使用反转片而付出的材料、工时等费用，既然该出版社出版的两部书的照片均是翻拍自故宫博物院享有著作权的三本书之中，所以它并不需要制作费。对于法院的判决理由，我们认为是妥当的。

## 【本案的意义】

　　1.收费有一定依据，并提供了与案外其他人交易的凭证，是证明自己在侵权案中所受经济损失的有力证据。故宫博物院在出版的图书中，在扉页注明版权所有、不可复制之声明是可取的。

　　2.制作并提供职务作品的权属证据是值得赞同的。为了更明确职务作品的归属，让具体的作者出具声明是一个不错的选择。

　　3.在本案中，故宫博物院仍然可以另行请求实际侵权的两位作者对损失进行赔偿。可以和对出版社的起诉一并提出，也可以在对出版社提出诉讼之外，另行起诉。

## 【附】

# 北京市第一中级人民法院
# 民事判决书

(2001)一中知初字第141号

　　原告故宫博物院，住所地北京市东城区景山前街4号。

　　法定代表人朱某，副院长。

　　委托代理人陈某，北京市华意律师事务所律师。

　　委托代理人黄某，男，汉族，故宫博物院干部，住北京市东城区。

　　被告某出版社，住所地北京市宣武区。

　　法定代表人石某，社长。

　　委托代理人叶某，北京万博律师事务所律师。

　　委托代理人龙某，男，汉族，某出版社副总编辑，住北京市朝阳区。

　　原告故宫博物院诉某出版社侵犯作品使用权、获得报酬权纠纷一案，本院于2001年4月29日受理后，依法组成合议庭，于2001年7月31日公开开庭进行了审理。原告委托代理人陈某、黄某，被告委托代理人叶某、龙某到庭参加诉讼。本案经当庭宣判现已审理终结。

原告诉称：我院系国家级博物院，为记录和传播院藏文物精品，弘扬祖国传统文化，自1994年起，组织本院专业人员制定了关于院藏瓷器文物精品的编辑出版计划。本院专业人员从院藏近35万件瓷器文物中遴选出972件(套)国家一、二级珍贵文物，其年代跨越宋、元、明、清几个朝代，一千余年。原告对这些文物进行摄影、研究、测量并编写说明文字，历时数年，形成出版稿件。这些作品均为职务作品，除署名权以外的其他著作权均为原告所有。1994年12月，原告将相关稿件交下属紫禁城出版社出版《故宫博物院藏清盛世瓷选粹》一书，又于1998年10月出版《故宫藏传世瓷器真赝对比历代古窑址标本图录》一书。1996年11月，原告委托商务印书馆(香港)有限公司出版《故宫博物院藏文物珍品全集〈两宋瓷器〉》(上、下册)。被告于1999年8月和9月，连续出版了《中国宋元瓷器图录》和《中国清代瓷器图录》，2000年6月再版两书并通过新华书店公开发行销售。被告未经原告许可，非法使用原告3部作品中的790幅文物图片，其行为严重侵犯了原告依法享有的著作权中的使用权、获得报酬权，侵权情节严重，使原告蒙受很大损失，被告理应承担民事责任。据此，请求法院判令被告：1.立即停止对原告著作权的侵害，公开消除影响，赔礼道歉。2.赔偿因侵犯原告著作权所导致的经济损失126万元以及调查费6046元，律师代理费4万元。3.承担本案全部诉讼费。

被告某出版社辩称：1999年8月至9月，我社出版《中国宋元瓷器图录》、《中国清代瓷器图录》两书，作者均为景戎华、帅茨平先生。我社在出版过程中，严格按照国家图书出版程序进行，得到该书作者拥有著作权的答复后，与该书作者及其代理人签订了出版合同。该合同第3条约定，作者应保证拥有该书的著作权，不得侵犯他人权利，如有侵权行为，作者负完全责任。由于该书责任编辑水平所限，难于博览群书，未能审查出侵权情况，且该书作者故意隐瞒真相，责编人员偏信了该书作者的承诺，造成了目前的局面。我社不存在故意侵权问题。接到起诉状后，我社立即停止了上述两书的销售。目前《中国宋元瓷器图录》共印刷8000册，已销售7682册，赠送样书60册，尚有库存258册。《中国清代瓷器图录》共印刷出版8000册，已销售7688册，赠送样书107册，尚有库存205册。两本书的定价均为每册50元。根据《著作权法》的规定，我社只就因工作疏漏，将该书作者提供的侵犯原告权利的作品出版、发行承担相应的民事责任，但这应与该书作者的侵权责任加以区分。原告所诉经济损失126万元以及调查费、律师代理费，均不能作为赔偿依据，我社不能接受。文物是中华民族的共同财富，原告享有著作权的作品是国家文物摄影作品，其权利应当得到尊重和保护，但原告作为国家文物保管单位，不应利用其享有的特殊垄断地位来无限地索取自身的利益。因此，我社只能就侵犯原告摄影作品权利的行为承担相应的民事责任。我社愿以国家有关出版稿酬的规定，即790幅作品按高级摄影作品每幅高限40元上浮50%至100%，对原告予以赔偿。

经审理查明：原告故宫博物院是在我国明、清两代皇宫的基础上建立起来的国家级博物馆，收藏有30余万件(套)国家一、二级中国古代珍贵文物。1994年12月，原告委托紫禁城出版社出版了《故宫博物院藏清盛世瓷选粹》一书，版权页主要标明：主编冯先铭、耿宝昌，副主编叶佩兰，摄影胡锤、马晓旋，版次1994年12月第一版第一次印刷，书号为ISBN7-80047-187-X／J.84。该书为大16开本，图片340幅，全部彩色印刷。1996年11月，原告委托商务印书馆(香港)有限公司出版了《故宫博物院藏文物珍品全集〈两宋瓷器〉》(上、下册)，版权页主要标明：主编李辉柄，摄影胡锤、赵山、刘志岗，1996年11月第一版第一次印刷，书号ISBN 9620752155(下册书号尾数为52163)，大16开本，内容以图片附中、英文字说明形式表现。1998年10月，原告委托紫禁城出版社出版《故宫藏传世瓷器真赝对比历代古窑址标本图录》一书，版权页主要标明：故宫博物院编，摄影赵山，书号为ISBN 7-80047-283-3／J·140，开本850×1168 1/16，彩色图片542幅，1998年10月第一版第一次印刷，印数5000册，定价420元。上述图书所使用的文物彩色摄影图片所展示的文物分别为原告馆藏国家一、二级珍贵文物，图片均以4×5彩色反转片制作。2001年3月22日，上述图书中图片的摄影者胡锤、刘志岗、赵山、马晓旋共同出具书面声明，内容为："我们是故宫博物院专职摄影人员，为出版《两宋瓷器》(上、下册)[即《故宫博物院藏文物珍品全集〈两宋瓷器〉》(上、下册)]、《清盛世瓷选粹》(即《故宫博物院藏清盛世瓷选粹》)、《故宫藏传世瓷器真赝对比历代古窑址标本图录》而拍摄的文物图片，是按照单位的工作任务、工作计划来完成的本职工作，为职务作品。我们享有署名权，这些文物图片的其他著作权归故宫博物院独家享有。特此申明。"

1999年8月，被告出版《中国宋元瓷器图录》一书，版权页主要标明：景戎华、帅茨平编著，某出版社出版发行，鑫富华彩色印刷有限公司印刷，889×1194 1/32开本，1999年8月第一版第一次印刷，定价50元，书号ISBN

7-5044-3905-3。1999年9月，被告出版《中国清代瓷器图录》一书，版权页主要标明：景戎华、帅茨平编著，某出版社出版发行，鑫富华彩色印刷有限公司印刷，889×1194 1/32开本，1999年9月第一版第一次印刷，定价50元，书号ISBN 7-5044-3920-7。上述两书中，共有788幅文物彩色摄影图片与原告出版的《故宫博物院藏清盛世瓷选粹》、《故宫博物院藏文物珍品全集〈两宋瓷器〉》（上、下册）、《故宫藏传世瓷器真赝对比历代古窑址标本图录》3部图书中的相关图片相同。2000年6月，被告第二次印刷其出版的两本图书，在使用原788幅图片之外又增加2幅文物彩色摄影图片，该2幅图片与原告的上述3部图书中的相关图片相同。被告对使用原告上述共790幅文物彩色摄影图片的事实以及该图片的权属证据不持异议。

以上事实，有原告出版的《故宫博物院藏清盛世瓷选粹》、《故宫博物院藏文物珍品全集〈两宋瓷器〉》（上、下册）、《故宫藏传世瓷器真赝对比历代古窑址标本图录》3部图书，被告出版的《中国清代瓷器图录》、《中国宋元瓷器图录》图书，2001年3月22日胡锤、刘志岗、赵山、马晓旋书面申明复印件，相关作品图片对比说明复印件以及当事人陈述笔录在案证实。

在诉讼中，原告提交国家发展计划委员会于2000年颁发，有效期为2年的《收费许可证》。许可证载有持证单位可以自定借阅文物资料收费标准等内容。原告亦提交故宫博物院1997年11月20日制订的《文物藏品影像资料借(租)用管理暂行办法》，主要规定：凡欲使用该院藏品影像资料者，均须按照本办法支付图片使用权费和图片制作费。各类彩色反转片均属本院财产，只准借(租)用，不准私自复制。借(租)用期限为3个月。使用4×5彩色反转片文物版权费每张400元，图片制作费400元。原告提交其与4家单位签订的5份文物影像资料租(借)用协议书以及收费凭证。其内容包括，1998年8月26日与北京纽恩斯科技文化有限公司签订的协议书及收费凭证，1999年7月30日与山西艺术珍品选编辑部签订的协议书及收费凭证，2000年9月20日与天津人民美术出版社签订的协议书及收费凭证，2001年3月17日与福建恒达集团公司签订的协议书及收费凭证等。上述协议书均涉及租(借)用原告4×5彩色反转片，每张费用为800元。原告提交购买《中国清代瓷器图录》、《中国宋元瓷器图录》图书购物发票和复印费支出证明，两项支出共计6046元。原告提交律师代理费付款发票一份，金额4万元。

被告在诉讼中提交1999年3月1日和1999年6月5日，其出版《中国宋元瓷器图录》、《中国清代瓷器图录》图书出版合同。两份合同均规定：作者景戎华、帅茨平保证拥有授予被告的相关权利，因相关权利的行使侵犯他人著作权的，景戎华、帅茨平承担全部责任并赔偿给被告造成的损失。合同还包括被告向景戎华、帅茨平一次性付酬12000元等内容。被告承认，《中国宋元瓷器图录》两次共印刷8000册，已销售7682册，赠送样书60册，尚有库存258册；《中国清代瓷器图录》两次共印刷出版8000册，已销售7688册，赠送样书107册，尚有库存205册。

本院认为：《故宫博物院藏清盛世瓷选粹》、《故宫博物院藏文物珍品全集〈两宋瓷器〉》（上、下册）、《故宫藏传世瓷器真赝对比历代古窑址标本图录》3部图书中收录的790幅文物彩色摄影作品，是原告的工作人员为完成原告的工作任务而拍摄，属于职务作品。该作品的作者亦表示原告对这些摄影作品享有除署名权以外的其他权利，被告对此不持异议。因此，原告依法享有上述摄影作品的使用权和获得报酬权。

被告出版《中国宋元瓷器图录》、《中国清代瓷器图录》两书，在未经原告许可的情况下，使用了原告享有使用权和获得报酬权的790幅文物彩色摄影作品，其行为侵犯了原告对该作品所享有的相关著作权。诉讼中，被告主张其行为属于过失，并非故意侵权，并以其与案外人的出版合同作为抗辩理由。然而，被告与案外人签订的出版合同所约定的免责条款仅对合同当事人产生效力，不能对抗合同之外善意第三人。被告将该出版合同作为不对原告承担侵权责任的抗辩理由缺乏法律依据，不能成立。被告作为出版单位，对其出版的作品是否存在侵权问题负有审查义务，并且被告使用的作品系原告馆藏文物的摄影作品，被告应当注意要求作品提供者提供作品的来源证明。但是，被告未尽到其应尽的合理审查义务，主观上存在过错，客观上给原告的著作权造成了侵害，应依法承担相应的侵权责任，停止侵权、公开赔礼道歉并赔偿原告因此所遭受的经济损失。原告因诉讼所支出的合理费用，也应由被告予以承担。

关于赔偿数额，应根据原告因侵权行为所遭受的经济损失予以确定。原告就790幅文物彩色摄影作品的使用所应得的合理预期收入以及有关规定所确定的倍数，应当作为认定原告经济损失的根据。原告主张其文物摄影作品合理预期收入应为每幅800元，并以其《文物藏品影像资料借(租)用管理暂行办法》规定的内容和多家单位租借使用其文物摄影作品彩色反转片合同等证据予以证明。根据国家相关行政主管机关的规定，原告有权制定借阅文物资料收费标准。原告《文物藏品影像资料借(租)用管理暂行办法》规定单幅图片的版权使用费为400元，该数额应作为认定其合理预期收入的依据。该《办法》中涉及的图片制作费不应计算在与著作权有关的合理预期收入之中。同时，根据1994年12月2日国家版权局《复函》关于按权利人合理预期收入的2至5倍确定侵权赔偿数额的规定，本院综合案件实际情况，以原告合理预期收入总额的2倍确定被告应当承担的侵权赔偿数额。原告支出的复印费、购书费以及律师代理费为原告因本案诉讼支出的合理费用，应由被告予以赔偿。但原告主张的律师代理费数额过高，本院酌情予以确定。在原告就文物照片的版权使用费有实际收费标准的情况下，应适用该标准计算原告的损失，被告关于按照国家有关出版稿酬规定计算赔偿数额的主张，不能成立。被告辩称原告以特殊的垄断地位索要赔偿，因缺乏事实和法律根据，该理由不能成立，本院不予采信。

综上所述，依照《中华人民共和国著作权法》第四十六条第二项之规定，判决如下：

1.被告某出版社自本判决生效之日起，立即停止出版、发行《中国清代瓷器图录》、《中国宋元瓷器图录》两部图书；

2.被告某出版社自本判决生效之日起30日内，在《光明日报》上刊登致歉声明，就其侵权行为向原告故宫博物院公开赔礼道歉(致歉内容须经本院审核，逾期不执行，本院将公布判决主要内容，所需费用由被告某出版社承担)；

3.被告某出版社于本判决生效之日起10日内，赔偿原告故宫博物院经济损失632000元；

4.被告某出版社于本判决生效之日起10日内，赔偿原告故宫博物院诉讼合理支出26046元；

5.驳回原告故宫博物院其他诉讼请求。

案件受理费16540元，由被告某出版社负担(于本判决生效后7日内交纳)。

如不服本判决，可在判决书送达之日起15日内，向本院递交上诉状及副本，并交纳上诉案件受理费16540元，上诉于北京市高级人民法院。

审判长　娄某
代理审判员　苏某
代理审判员　赵某
二〇〇一年七月三十一日
书记员　侯某

# 北京市高级人民法院
## 民事判决书

(2001)高知终字第90号

上诉人(原审原告)故宫博物院,住所地北京市东城区景山前街4号。

法定代表人朱某,副院长。

委托代理人张某,北京市共和律师事务所律师。

委托代理人陈某,北京市华意律师事务所律师。

上诉人(原审被告)某出版社,住所地北京市宣武区。

法定代表人石某,党委书记。

委托代理人刘某,北京市法苑律师事务所律师。

委托代理人孙某,北京市法苑律师事务所律师。

上诉人故宫博物院、某出版社因著作权侵权纠纷一案,不服北京市第一中级人民法院(2001)一中知初字第141号民事判决,向本院提起上诉。本院依法组成合议庭,公开开庭审理了本案。故宫博物院的委托代理人张某、陈某,某出版社的委托代理人刘某到庭参加诉讼。本案现已审理终结。

北京市第一中级人民法院判决认定,1994年12月、1996年11月、1998年10月,故宫博物院分别出版了《故宫博物院藏清盛世瓷选粹》、《故宫博物院藏文物珍品全集〈两宋瓷器〉》(上、下册)和《故宫藏传世瓷器真赝对比历代古窑址标本图录》三部图书。上述图书的主编分别为冯先铭、耿宝昌、李辉柄和故宫博物院,使用的文物彩色摄影图片所展示的文物均为故宫博物院国家一、二级珍贵文物。根据国家发展计划委员会向故宫博物院颁发的《收费许可证》,故宫博物院制订了《文物藏品影像资料借(租)用管理暂行办法》。该《办法》规定:凡欲使用该院藏品影像资料者,均须按照本办法支付图片使用费和图片制作费;使用4×5彩色反转片出版、发行文物及艺术类图册,每张须支付文物版权费400元、图片制作费400元,每张共计800元等。

1999年8月、9月,某出版社分别出版了《中国宋元瓷器图录》、《中国清代瓷器图录》二部图书。编者均为景戎华、帅茨平。该两部图书中共有790幅文物彩色图片与故宫博物院出版的上述三部图书中的相关图片相同。2000年6月,某出版社再次印刷其出版的上述两书。

北京市第一中级人民法院认定,《故宫博物院藏清盛世瓷选粹》、《故宫博物院藏文物珍品全集〈两宋瓷器〉》(上、下册)、《故宫藏传世瓷器真赝对比历代古窑址标本图录》三部图书中收录的790幅文物彩色摄影作品，是故宫博物院的工作人员为完成本单位的工作任务而拍摄的职务作品。故宫博物院依法享有上述摄影作品的使用权和获得报酬权。某出版社出版《中国宋元瓷器图录》、《中国清代瓷器图录》两书，在未经故宫博物院许可的情况下，使用了故宫博物院享有使用权和获得报酬权的790幅文物彩色摄影作品，其行为侵犯了故宫博物院对该作品所享有的相关著作权。某出版社主张其行为属于过失，并以其与案外人的出版合同作为抗辩理由，但其与案外人签订的出版合同所约定的免责条款仅对合同当事人产生效力，不能对抗合同之外善意第三人。某出版社将该出版合同作为不对故宫博物院承担侵权责任的抗辩理由缺乏法律依据。某出版社作为出版单位，对其出版的作品是否存在侵权问题负有审查义务，某出版社未尽到其应尽的合理审查义务，主观上存在过错，客观上给故宫博物院的著作权造成了侵害，应承担相应的侵权责任。故宫博物院因诉讼支出的合理费用，也应由某出版社予以承担。故宫博物院就790幅文物彩色摄影作品的使用所应得的合理预期收入以及有关规定所确定的倍数，应当作为认定故宫博物院经济损失的根据。故宫博物院《文物藏品影像资料借(租)用管理暂行办法》规定单幅图片的版权使用费为400元，该数额应作为其合理预期收入的依据。该《办法》中涉及的图片制作费不应计算在与著作权有关的合理预期收入中。同时，根据1994年12月2日国家版权局(1994)第64号《复函》中关于按权利人合理预期收入的2至5倍确定侵权人应当承担的侵权赔偿数额的规定，综合本案实际情况，以故宫博物院合理预期收入的2倍确定某出版社应当承担的侵权赔偿数额。某出版社关于按照国家有关出版稿酬规定计算赔偿数额的主张不能成立。综上，依据《中华人民共和国著作权法》第四十六条第二项之规定，判决：1.某出版社立即停止出版、发行《中国清代瓷器图录》、《中国宋代瓷器图录》两部书；2.某出版社在《光明日报》上刊登致歉声明；3.某出版社赔偿故宫博物院经济损失632000元；4.某出版社赔偿故宫博物院诉讼合理支出26046元；5.驳回故宫博物院其他诉讼请求。

故宫博物院、某出版社均不服原审判决，向本院提起上诉。故宫博物院的上诉理由是：1.国家发展计划委员会给上诉人颁发的《收费许可证》，明确规定借阅文物资料的价格可以自定，体现了行政管理机关对上诉人这样的文物单位的特殊性的确定。我院在以往有偿借用的基础上制定的《文物藏品影像资料借(租)用管理暂行办法》规定，每张4×5彩色反转片的借(租)价格为人民币800元，此系市场认可的价格，该正常使用价格是上诉人的合理预期收入。因此，应以人民币800元作为本案计算赔偿额的基数。2.国家允许故宫博物院有偿使用国家文物资产是为了更好地为国家文物的保护、研究等积累奖金，减轻国家负担。上诉人主张126万元的赔偿额，是为维护故宫这一具有特殊价值的国有资产的合法权益不受侵犯。故请求二审法院判令被上诉人某出版社赔偿上诉人经济损失126万元。

某出版社的上诉理由是：1.一审判决违反了法定程序。一审法院在审理过程中未通知必须共同进行诉讼的当事人景戎华、帅茨平参加诉讼，剥夺了景、帅二人依法享有的诉讼权利，从而导致某出版社承担不公正的判决；上诉人属出版单位，依据《著作权法》和《出版管理条例》的规定，上诉人对自己出版的图书并不享有著作权。《中国宋元瓷器图录》和《中国清代瓷器图录》的作者景戎华、帅茨平对该两部作品享有著作权，至于这两部图书是否侵害了被上诉人的著作权是故宫博物院与景戎华、帅茨平之间的法律问题，而上诉人与故宫博物院之间不存在直接的是否侵犯著作权的法律关系。上诉人出版《中国宋元瓷器图录》和《中国清代瓷器图录》的行为，不构成侵犯著作权。2.故宫博物院起诉的诉由和原审法院确定的案由都是著作权纠纷，故宫博物院据此主张权利以及法院据此对著作权人给予的司法保护都应当依照《著作权法》及相关的法律法规，而故宫博物院以侵犯著作权的理由主张权利，却要求以其文物资料经营权的取费标准来作为计算损失的依据。在本案中故宫博物院的文物资料经营权没有受到任何损害。原审判决混淆了侵权事实。请求二审法院将本案发回原审法院重审，追加本案利害关系人景戎华、帅茨平参加诉讼。

经审理查明，故宫博物院是在我国明、清两代皇宫的基础上建立起来的国家级博物院，收藏有30余万件(套)国家一、二级中国古代珍贵文物。1994年12月，故宫博物院委托紫禁城出版社出版了《故宫博物院藏清盛世瓷选粹》一书。版权页标明，主编冯先铭、耿宝昌，副主编叶佩兰，摄影胡锤、马晓旋，并有中、英文声明：版权所有，翻印必究。1994年12月第一版第一次印刷。1996年11月，故宫博物院委托商务印书馆(香港)有限公司出版了《故宫博物院藏文物珍品全集〈两宋瓷器〉》(上、下册)，版权页标明：主编李辉柄，摄影胡锤、赵山、刘志岗。并在版权页有中、英文声明：版权所有，不准以任何方式，在世界任何地区，以中文或任何文字翻印、仿制或转载本书图版和文字之一部分或全部。该书1996年11月第一版第一次印刷。1998年10月，故宫博物院委托紫禁城出版社出版《故宫藏传世瓷器真赝对比历代古窑址标本图录》一书，版权页标明：故宫博物院编，摄影赵山。该书1998年10月第一版第一次印刷。上述图书所使用的文物彩色摄影图片所展示的文物分别为故宫博物院馆藏国家一、二级珍贵文物，图片均以4×5彩色反转片制作。

1999年8月，某出版社出版《中国宋元瓷器图录》一书，版权页标明：景戎华、帅茨平编，某出版社出版发行，1999年8月第一版第一次印刷，定价50元。1999年9月，某出版社出版《中国清代瓷器图录》一书，版权页标明：景戎华、帅茨平编，某出版社出版发行，1999年9月第一版第一次印刷，定价50元。2000年6月，某出版社第二次印刷其出版的上述两部图书。某出版社出版的上述两书中共有790幅文物彩色图片与故宫博物院出版的《故宫博物院藏清盛世瓷选粹》、《故宫博物院藏文物珍品全集〈两宋瓷器〉》（上、下册）、《故宫藏传世瓷器真赝对比历代古窑址标本图录》三部图书中的相关图片相同。一审中，某出版社对其使用故宫博物院上述共790幅文物彩色摄影图片的事实以及该图片的权属证据不持异议。

另查明，拍摄上述图片的摄影者均系故宫博物院工作人员。2001年3月，上述工作人员共同出具书面声明称：其拍摄的文物图片是按照单位的工作任务完成的本职工作，为职务作品，其除享有署名权外，这些图片的其他著作权归故宫博物院享有。

依据国务院有关部委向故宫博物院颁发的《收费许可证》，1997年11月，故宫博物院制订了《文物藏品影像资料借(租)用管理暂行办法》，该《办法》规定：凡欲使用该院藏品影像资料者，均须按照本办法支付图片使用费和图片制作费；使用4×5彩色反转片出版、发行文物及艺术类图册，每张需支付文物版权费400元、图片制作费400元，每张共计800元。其中图片制作费为现存影像资料加印的成本费。故宫博物院提交了其在1998年8月、1999年7月、2000年9月、2001年3月分别与北京纽恩斯科技文化有限公司、山西艺术珍品选编辑部、天津人民美术出版社、福建恒达集团公司签订的协议书及收费凭证。上述协议书均表明故宫博物院借(租)4×5彩色反转片的费用为每张800元。

某出版社提交了1999年3月1日和1999年6月5日其职工于彬与景戎华、帅茨平的代理人骆宾签订的《中国清代瓷器图录》、《中国宋元瓷器图录》图书出版合同。两份合同均规定：作者景戎华、帅茨平保证拥有授予某出版社的相关权利，因相关权利的行使侵犯他人著作权的，景戎华、帅茨平承担全部责任并赔偿某出版社由此造成的损失。该出版合同未加盖某出版社的公章。一审期间，某出版社承认《中国宋元瓷器图录》两次共印刷8000册，已销售7682册，赠送样书60册，尚有库存258册；《中国清代瓷器图录》两次共印刷出版8000

册，已销售7688册，赠送样书107册，尚有库存205册。

在本院审理期间，故宫博物院提交《中国收藏家协会名册》一份，该名册记载有某出版社社长石某为该协会副会长等内容。

以上事实有故宫博物院出版的《故宫博物院藏清盛世瓷选粹》、《故宫博物院藏文物珍品全集〈两宋瓷器〉》（上、下册）、《故宫藏传世瓷器真赝对比历代古窑址标本图录》三部图书；某出版社出版的《中国宋元瓷器图图录》、《中国清代瓷器图录》二部图书；《文物藏品影像资料借(租)用管理暂行办法》以及当事人陈述、庭审笔录等证据在案佐证。

本院认为，《故宫博物院藏清盛世瓷选粹》、《故宫博物院藏文物珍品全集〈两宋瓷器〉》（上、下册）、《故宫藏传世瓷器真赝对比历代古窑址标本图录》三部图书中收录的与某出版社出版的《中国宋元瓷器图录》、《中国清代瓷器图录》有关的790幅文物彩色摄影作品系故宫博物院的工作人员为完成其工作任务的职务作品，一审法院确认故宫博物院对上述文物摄影作品享有使用权和获取报酬权的认定正确。

某出版社系成立多年的专业出版社，应熟知该行业规范、业务操作程序以及相关的著作权法律知识，且故宫博物院的三部书名明确表明"故宫博物院藏"字样，其中二部书的版权页上均有"版权所有，不得翻印"的声明。而该社的法定代表人石某系国家级综合性社团组织中国收藏家协会副会长。因此，某出版社对其出版的《中国宋元瓷器图录》、《中国清代瓷器图录》两书所涉及的摄影作品的来源应具有一定的审查能力，并负有一定的审查义务，但由于某出版社对其出版的既无图片作者，且内容均为宋、清文物珍品图片的《中国宋元瓷器图录》、《中国清代瓷器图录》两书未尽合理的注意和审查义务，致使其非法使用了故宫博物院三部图书中的790幅文物摄影图片作品，给故宫博物院享有的相关著作权造成了侵害，对此，某出版社负应承担相应侵权赔偿责任。

某出版社依据其与案外人的《图书出版社合同》，以其对出版的两部书并不享有著作权，该两部书是否侵害了故宫博物院的著作权是该书作者与故宫博物院之间的法律问题，一审法院违反法定程序，未通知该两书作者作为本案必要共同诉讼当事人参加诉讼，从而导致判决不公为由，主张将本案发回一审法院重审，追加本案利害关系人景、帅二人参加诉讼。因本案该两部书的作者是否侵犯故宫博物院790幅摄影图片的使用权、获取报酬权，与确认某出版社是否构成对故宫博物院上述作品相关著作权的侵犯，二者并无基础关系和关联性，即：某出版社的两部书的作者是否参与本案诉讼，并不影响本案对某出版社是否构成侵犯上述作品相关著作权的认定。且一审诉讼期间，某出版社对此并无主张。因此，某出版社诉称一审判决违反法定程序的理由不能成立，本院不予支持。

根据《中华人民共和国著作权法》第四十六条的有关规定，对未经著作权人许可，以营利为目的复制、发行其作品的侵权行为，应承担赔偿损失等民事责任。本案某出版社以营利为目的，擅自使用故宫博物院的790幅摄影图片，出版《中国宋元瓷器图录》、《中国清代瓷器图录》两部书，侵犯了故宫博物院依法享有的使用权和获取报酬权，已给故宫博物院造成经济损失。据此，一审法院根据故宫博物院因某出版社的侵权行为所遭受的经济损失作为计算侵权损害赔偿的依据于法有据。某出版社诉称故宫博物院无任何损失的主张因与实际情况不符，不能成立。

关于损害赔偿数额问题。故宫博物院根据国家相关行政主管机关的规定制订的《文物藏品影像资料借(租)用管理暂行办法》，不违反国家法律法规，一审法院参照此《办法》确定故宫博物院的经济损失并无不当。依据故宫博物院的《办法》，借(租)使用其文物摄影作品4×5彩色反转片每张800元中包含文物版权费、图片制作费二部分。因图片制作费系影像资料加印的成本费，某出版社使用故宫博物院的文物作品系其自己翻拍，并未使用故宫博物院的4×5彩色反转片，故图片制作费不应计入故宫博物院的实际损失。一审法院以单幅图片的版权使用费400元作为认定故宫博物院实际损失是恰当的，但以其作为预期合理收入的2倍确认侵权赔偿额没有依据。某出版社的上诉理由部分成立，应予支持。

因此，参考故宫博物院依据其《办法》的实际履行情况及综合考虑本案某出版社的侵权情况，本院确认以故宫博物院《办法》中规定的每张彩色反转片的文物版权费400元以及某出版社使用的图片数量作为因某出版社的侵权行为对其造成实际损失的确定依据。

综上，一审判决审理程序合法，适用法律正确，但认定事实部分有误，应予纠正。依据《中华人民共和国民事诉讼法》第一百五十三条第一款第(三)项之规定，判决如下：

1.维持北京市第一中级人民法院(2001)一中知初字第141号民事判决第一、二、四、五项，即：某出版社自本判决生效之日起，立即停止出版、发行《中国宋元瓷器图录》、《中国清代瓷器图录》两部图书；某出版社自本判决生效

30日内，在《光明日报》上刊登致歉声明，就其侵权行为向故宫博物院公开赔礼道歉(致歉内容须经本案合议庭审核，逾期不执行，法院将公布判决主要内容，所需费用由某出版社承担)；某出版社于本判决生效之日起10日内，赔偿故宫博物院诉讼合理支出26046元；驳回故宫博物院的其他诉讼请求。

2.撤销北京市第一中级人民法院(2001)一中知初字第141号民事判决第三项，即：某出版社于本判决生效之日起10日内，赔偿故宫博物院经济损失632000元。

3.某出版社于本判决生效之日起10日内，赔偿故宫博物院经济损失316000元。

本案一审案件受理费16540元，由某出版社负担6540元(于判决生效之日起7日内交纳)，故宫博物院负担1万元(已交纳)；二审案件受理费16540元，由某出版社负担6540元(已交纳)，故宫博物院负担1万元(已交纳)。

本判决为终审判决。

审判长　　魏某

代理审判员　张某

代理审判员　周某

二○○一年十一月二十一日

书记员　孙某

# 九　故宫博物院与某公司著作权纠纷案评析

## 【案情介绍】

1994年，某公司与故宫博物院签订《关于独家经销紫禁城导游图的合同》。合同中约定：导游图制作过程中产生的一切费用由该公司承担，故宫博物院免费提供资料和专家咨询意见。而且合同第十一条还约定：导游图版权归该公司和故宫博物院双方共有；合同签订后，该公司的法定代表人带领该公司的设计人员到故宫博物院实地进行了设计绘制，故宫博物院向该公司提供了部分故宫图片。该公司按故宫博物院提供的印模仿制了清帝二十五宝玺，其法定代表人题写了"紫禁城导游图"，并加盖了"兄弟之宝"的印章。

该公司主张该导游图的著作权归属于其单独所有，在案件审理中故宫博物院也承认在该图的创作过程中没有付出过创造性的智力劳动。后经法院判决，该作品的著作权归属于该公司享有，故宫博物院并不享有。

## 【专家点评】

争议焦点：

合作作品的认定。根据创作作品作者的人数多少不同，可将作品划分为单一作品和合作作品。单一作品，是指创作作品的作者仅为一人，当然也仅由其享有著作权。合作作品，是指两个或者两个以上主体共同创作完成的作品。共同享有和行使著作权是合作作品著作权归属与行使的一般原则。在本案中，对"紫禁城导游图"这一作品是属于单一作品还是合作作品的认定是关键。若不符合合作作品的构成要件，那么其著作权就归属于该公司独占享有无疑，若符合合作作品的构成要件，那么就由该公司和故宫博物院共同享有。

理论探讨：

合作作品是两个或两个以上的人合作创作的作品。我国《著作权法》界定合作作品的标准时是依据作者的人数为二人以上，同时它又将合作作品分成了两种不同的类型。可分割使用的合作作品是指合作创作作品的作者之一，对自己所创作的部分可以从整体作品中单独分离出来加以利用，却不会对整体作品的完整性造成影响，也不会对整体作品著作权的行使造成任何影响。不可分割的合作作品是指无法将共同作者各自创作的部分从整体合作作品中加以明确分割并能单独利用的作品。

合作作品具备以下特征：

1.合作作品的作者至少为2人或2人以上。这里所说的作者必须符合我国《著作权法》规定的主体要求，即创作作品的人应是公民、法人或其他组织。尽管《著作权法》规定，如无相反证明，在作品上署名的人推定为作者，但当有证据表明，在作品上署名的情况不真实，如可能合作作品的共同创作作者实为2人以上，而作品上只署了1个作者的姓名；也可能某作品署名为2人以上，但实际创作是1人独立完成的，这里判断作品是不是合作作品，应以实际的创作情况和作者人数为2人或2人以上为标准，而不能简单地从作品的署名上来轻易划分。最为关键的一点就是有无"相反证明"。只要能够提供参加了创作作品的智力劳动证明，无论是否已在作品上署名，也应被认定为合作作品的合作作者，依法应享有合作作品的著作权。

2.合作作品的作者应有共同创作的合意表示。即各方对合作创作具有一致的意思表示，如共同创作的约定，对作品主体及表现形式的一致设想，对创作活动的一致安排等。现实中，合作创作协议（口头或书面的）是认定合作作品的一个有力证据。不过，作品产生于创作行为，只要有共同创作行为的各方没有反对相互合作，即使没有明确的合作意思表示，也不能必然丧失合作作者的资格。实践中，没有明确约定的合作作品大量存在。

3.合作作品的作者在事实上有共同的创作行为。即合作人都亲自参加了直接产生作品的智力活动，各方都对作品的诞生作出了实质性的贡献。这是合作作品成立的核心要件。《著作权法》第十三条规定，"没有参加创作的人，不能成为合作作者"。

实质性贡献如何认定。实际上只有进行了独立的思维创作活动的人才是作者，这也是之所以成为"作品"的内在要求，作品的独创性是由作者独立构思创作完成。没有参加创作活动，或者仅仅是为创作活动提供了辅助性劳动的人，如对创作提供事实、专业咨询和理论指导，或者专为出版之需而对作品进行的纯技术性加工，因没有对作品本身的新表现形式作出贡献，都不属于合作创作。这些人即使与主创作者共同参与了合作作品的创作工作，也不等于发生了合作创作的事实，因为他们并没有进行独立的思维创作。

在司法实践中可能出现多数人具有共同的创意，但其中有的并未参加实际创作行为，或者没有明确的共同创意，但在客观上参加了具体的创作行为，并对作品做了一定的智力贡献，在此情况下如何判断合作作品的作者。我们认为，判断合作作品著作权归属的法定依据应该是行为人是否参加了作品的创作活动。无论是否具有共同的创意，只要客观上从事了作品的创作行为，就应当属于合作作品著作权主体。

有关合作作品的著作权归属与行使，我国《著作权法》第十三条规定："两人以上合作创作的作品，著作权由合作作者共同享有。没有参加创作的人，不能成为合作作者。合作作品可以分割使用的，作者对各自创作的部分可以单独享有著作权，但行使著作权时不得侵犯合作作品整体的著作权。"合作作品不可分割使用的，依我国《著作权法实施条例》第九条规定，其著作权由各合作作者共同享有，通过协商一致行使；合作作者对著作权的形式如果不能协商一致，又无正当理由的，任何一方不得阻止他方行使除转让权之外的其他权利，但是所得收益应当合理分配给所有合作作者。《著作权法实施条例》第十四条还规定，合作作者之一死亡后，其对合作作品享有的《著作权法》所规定的财产权无人继承又无人受遗赠的，由其他合作作者享有。

在本案中，故宫博物院为导游图的创作提供了部分照片，但是这些照片并不是具有独创性的智力活动，故可以认为故宫博物院并没有实质性贡献。从而紫禁城导游图实质上属于单一作品，其著作权归属于该公司所有。

另外，根据《合同法》第五十二条第（五）项的规定：合同的约定违反法律、行政法规的强制性规定的，为无效。即自始的、确定的无效。由于《著作权法》第十三条第一款第二句规定，没有参加创作的人，不能成为合作作者。该公司与故宫博物院的协议第十一条违反了《著作权法》的这一规定，应属无效。

## 【本案的意义】

订立协议时，要遵守《著作权法》的规定，在法律允许当事人自由约定权利归属和行使的范围内才能约定。同时注意，不将违反法律的强制性规定纳入到协议中，以免日后引起不必要的纠纷。但有的时候，把一些无效的条款写入合同，虽然不具有效力，却可以起到提醒当事人的作用。

## 【附】

# 北京市第二中级人民法院
# 民事判决书

（1997）二中知初字45号

原告某公司，住所地珠海某度假中心。

法定代表人邱某，总经理。

委托代理人李某，北京隆安律师事务所律师。

被告故宫博物院，住所地北京市东城区景山前街4号。

法定代表人裴某，副院长。

委托代理人洪某，北京青山律师事务所律师。

委托代理人张某，北京青山律师事务所律师。

某公司诉故宫博物院（以下简称故宫）著作权权属纠纷一案，本院受理后，依法组成合议庭，公开开庭进行了审理。原告某公司法定代表人邱某、委托代理人李某，被告故宫委托代理人洪某、张某，到庭参加诉讼。本案现已审理完结。

原告某公司诉称：1994年11月30日，我公司与故宫签订了《关于独家经销紫禁城导游图的合同》。按合同约定由原告独家制作并销售紫禁城导游图。由于缺乏对著作权的了解，该合同中第十一条约定版权双方共有，后被告故宫因故拒绝原告某公司在故宫销售导游图，给原告造成经济损失。鉴于被告故宫在导游图的创作中没有付出任何创造性劳动，不应享有著作权，故要求确认合同中关于版权共有的约定无效，确认某公司独家享有著作权。

被告故宫对原告的诉讼请求未作出书面答辩，但在庭审中承认故宫在该图的创作过程中没有付出智力性劳动，不坚持合同第十一条版权共有的约定，但对原告是否享有著作权提出疑义。

本院经审理查明，1994年11月30日，原告某公司与被告故宫签订《关于独家经销紫禁城导游图的合同》。该合同中约定：导游图制作过程中产生的一切费用由某公司承担，故宫免费提供资料和专家咨询意见。该合同第十一条还约定：导游图版权归某公司和故宫双方共有；合同签订后，某公司的法定代表人邱某带领该公司的设计人员到故宫实地进行了设计绘制，故宫向某公司提供了部分故宫图片。某公司按故宫提供的印模仿制了清帝二十五宝玺，其法定代表人题写了"紫禁城导游图"并加盖了"兄弟之宝"的印章。故宫承认在该图的创作过程中没有付出过创造性的智力劳动。

关于故宫提出某公司是否享有著作权的疑义，在审理过程中，故宫没有提出任何证据支持其疑义。某公司向本院提供了部分用于创作导游图的费用票据和创作人之一张某是该公司的工作人员的证据。

本院认为，依据《著作权法》的规定，著作权归创作作品的作者。由法人单位主持，按法人的意志进行创作并由法人承担责任的作品，该法人是著作权人。合作作品的著作权应归属共同创作的作者。没有付出创造性的智力劳动不能成为合作作者。被告故宫在"紫禁城导游图"的创作过程中，虽然曾提供过部分故宫的图片，但这并不属于创造性的智力劳动，依合同约定而取得合作作品的著作权是没有法律依据的。因此，某公司与故宫关于导游图版权共有的约定应认定无效。故宫虽在诉讼中对某公司是否享有著作权提出疑义，但没有依据和事实予以支持，且双方无争议的证据足以确认某公司享有该导游图的著作权。故应确认某公司独家享有"紫禁城导游图"的著作权。综上所述，依据

《中华人民共和国著作权法》第十一条、第十三条之规定，判决如下：

1.故宫博物院与某公司于1994年11月30日签订的《关于独家经销紫禁城导游图的合同》中第十一条无效；

2.作品"紫禁城导游图"的著作权归某公司享有；

3.驳回双方其他诉讼请求。

案件受理费400元，由故宫博物院负担（本判决书送达7日内交纳）。

如不服本判决，可在判决书送达之日起15日内，向本院递交上诉状，并按对方当事人的人数提出副本，上诉至北京市高级人民法院。

审判长　王某

代理审判员　吴某

人民陪审员　周某

一九九七年九月二十六日

书记员　陈某

# 十　故宫博物院与项某等三人有关故宫博物院院徽侵权纠纷案评析

## 【案情介绍】

为了传达故宫博大精深的文化内涵，促进故宫博物院的形象建设，故宫博物院决定于2005年庆祝故宫博物院建院80周年之际采用新的院徽标识。2004年5月，故宫博物院向社会发布了《故宫博物院院徽标识设计征集启事》，公开征集院徽标识设计方案。根据该启事，应征作品应为新创作、未发表的作品；主题突出、时代感与历史感兼具，具有亲和力；构图新颖，达到"见标识即知故宫"的效果等要求；被故宫博物院选定的院徽标识设计作品，著作权全部归故宫博物院所有。为保证应征作品的不被泄露，2004年5月10日，参加故宫博物院院徽标识设计征集活动的工作人员签订了针对应征作品的保密保证书。

到投稿截止日2004年9月30日，共收到来自全国各地及海外的应征设计方案2788件。其中，项某、朱某、洪某三人均向故宫博物院邮寄了自己的应征作品。他们三人作品的特征分别如下：

朱某在设计说明中载明：标识以篆体汉字"宫"为基本元素，直接切入主题。在形式上将"宫"下面的两个封闭的"口"转化为开放的"G"形，一方面，寓意昔日宫禁森严的皇家禁地如今已是世人皆可出入的世界遗产；另一方面，两个"G"则正好是"故宫"的拼音的首字字母，标识以中国传统的红绿两色为标准色。红色代表故宫的固有色调，具有较强的历史感，绿色则时刻提醒游客注意环境保护。该作品为篆体"宫"字形，宝盖两点下垂至与下"G"相平，"宫"字两个"口"分别以"G"形为表达形式，整个院徽标识采用红色、绿色色调。

项某在其投稿的文字说明中载明：该作品设计源于对"宫"字原始意义的图形解读，饰以故宫特有颜色红墙金顶，为表现故宫建筑的恢宏和馆藏的博大，特用宽大的屋顶来表现其所包容之广大。该作品主要内容为"宫"字形，"宫"字一点及两个"口"分别以屋顶为表现形式，两"口"之间有图案相连接。整个院徽标识采用红色、黄绿色调。

洪某在设计说明中载明：标志用故宫的"宫"字的篆书变形为基础，用篆书来表现中华民族文明历史的源远流长，并点明故宫博物院的特质。标志的顶端用具象的故宫建筑物剪影，是为了让人能一眼识别其特征，而建筑物剪影和宫字构成了一个紫禁城俯视图的意象。该作品采用篆书"宫"字形，宝盖两点下垂与下"口"相平，两"口"之间有连线，"宫"字一点以建筑物剪影表现。

2005年1月25日至2月15日，故宫博物院网站上公示了六幅入围作品，但并不包括上述三人的涉案应征作品。2005年3月，根据评审委员会意见，故宫博物院曾约请专业公司对入围的1号和4号作品进行修改完善，但是由于评审委员会对最后的修改方案未取得一致意见，因此故宫博物院最终于2005年5月决定此次院徽征集活动中选方案为空缺。北京理想创意艺术设计有限公司（以下简称理想公司）对上述入围作品提出过修改建议。

2005年5月23日，故宫博物院(甲方)与理想公司(乙方)签订委托创作合同。根据该合同，甲方委托乙方就故宫的院徽标识及VI进行创作、设计和制作，乙方同意按照合同约定向甲方提供约定的创作设计制作服务；甲方要求乙方的创作设计主题突出、历史感与时代感兼具、整体形象富有艺术性；构图新颖、简洁、醒目、端庄大方，具有较强的视觉感染力，达到"见标识即知故宫"的效果；个性化、寓意贴切；通用性强，适合在多种场合和载体上使用；符合《著作权法》的相关规定，不侵犯他人的著作权；甲方有权审查确认乙方提交的设计方案，支持乙方工作进度，于乙方提交设计方案后及时确认并通知乙方设计方案是否满意。诉讼中，理想公司的证人万某、毕某认可在创作设计院徽的过程中，理想公司曾经与故宫博物院进行过沟通。

根据上述合同，理想公司为故宫博物院设计完成了院徽标识。该标识为篆书"宫"字形，"宫"字宝盖两点向下垂直与下"口"相平，除点划外，宝盖框架以外粗内细线条表现，"宫"字一点采用"海水江牙"和"玉璧"图形。整个院徽标识采用红色色调。故宫博物院认可上述院徽标识，已经实际投入使用。

当故宫博物院在2005年7月18日正式向社会公开发表了院徽标识并正式启用之后，朱某等三人将自己的设计稿与故宫博物院最终采用的标识进行对比，认为二者在设计理念、设计框架和设计风格甚至色系上都基本一致，认为两件作品的主体部分存在实质性的相似。在与故宫博物院沟通未果的情况下，于2005年10月9日向北京市第二中级人民法院提起诉讼，要求故宫博物院停止使用其所发布的正式院徽标识，并要求两被告对其进行赔礼道歉，赔偿人民币6万元。

经对比，三个原告的作品与故宫院徽的标识的相同点和不同点分别如下：

朱某的作品与故宫博物院院徽标识均采用了篆书的"宫"字字形，将宝盖两点垂直向下与下"口"相平；不同之处在于朱某的涉案作品中对"宫"字中两"口"均采用"G"形设计，故宫的院徽标识则用"海水江牙"和"玉璧"表现"宫"字点划，两"口"均匀上下排列，以外粗内细的组合线条表现篆书"宫"字宝盖框架。同时，二者采用了不同色调表现上述图案。

项某的作品与故宫博物院院徽标识均采用了篆书的"宫"字字形，将宝盖两点垂直向下与下"口"相平；不同之处在于平某的涉案作品中对于"宫"字中的一点和两"口"均采用含有线条图案的"口"形设计，两"口"之间采用不规则图案连接，故宫的院徽标识则用"海水江牙"和"玉璧"表现"宫"字点划，两"口"内无线条图案且无图案连接，以外粗内细的组合线条表现篆书"宫"字宝盖边框。同时，二者采用了不同的色调来表现上述图案。

洪某的作品与故宫博物院院徽标识均采用了篆书的"宫"字字形，将宝盖两点垂直向下与下"口"相平；不同之处在于司某的涉案作品对于"宫"字中一点采用故宫建筑物剪影的形式表现，两"口"之间有连线，故宫的院徽标识则采用"海水江牙"和"玉璧"图形表现"宫"字一点，两"口"均匀上下排列，以外粗内细的组合线条表现篆书"宫"字宝盖边框，二者采用不相近似的颜色表现上述图案。

三原告在各自的诉讼中均诉称，故宫博物院接触了原告在先创作完成的作品，而且参与了理想公司的创作过程，因此被告的创作不具有独立性；而其被告采用的院徽与原告设计的方案在实质上相似，都取意于汉字的"宫"，因此被告抄袭了原告的作品，侵犯了原告的署名权、复制权和修改权。

故宫博物院在答辩状中详细解释了本次院徽征集的过程，并且说明，故宫博物院在公开征集院徽的活动中和以后委托理想公司进行设计的合同中，始终把著作权的保护作为一项重要内容，而体现在启事和合同条款中。早在院徽公开征集活动开始之时，就要求参与此项工作的人员签署了保密保证书。北京理想公司的委托设计方案提交后，故宫博物院又组织专人对向社会征集的全部以"宫"字为基础的设计方案进行了认真对比、复核，确认没有抄袭的问题，才最终选定。因此，故宫博物院已经尽到了注意义务。此外，故宫博物院在答辩状中还指出，《著作权法》保护的对象并不包括创作思想和创意，而只保护作品的具体表现形式。原告所称的设计理念、设计框架和设计风格，都是指的创作思想的范畴，而不涉及作品的表达形式。以汉字"宫"字作为院徽的标识设计基础图案，在不涉及具体设计图案、线条、色彩，即表达方式时，原告对用"宫"字做设计方案这一构思没有独占的权利。而当对原告的设计方案和故宫博物院最终采纳的院徽标识进行对比，则可以发现故宫博物院的院徽标识具有自己的独创性，并未侵犯原告的著作权。

法院在受理案件后对案件事实进行了审查。在对原告的涉案作品与被告理想公司设计的院徽标识进行对比之后发现，虽然二者在整体结构上均采用了篆书"宫"字形的设计元素，但是在"宫"字一点、两"口"、宝盖框架、颜色的表达形式均存在明显的差异，而且"宫"字的篆书字形属于共知公用的素材元素，因此法院认为二者不相近似。

鉴于被告理想公司的院徽设计与原告的涉案作品不相近似，且现有证据不能证明被告理想公司接触了原告的涉案作品，因此原告指控被告故宫博物院、理想公司的涉案行为侵犯其署名权、复制权和修改权并要求两被告承担停止侵权、赔礼道歉及赔偿经济损失的法律责任，缺乏事实和法律依据，法院不予支持，判决驳回原告的诉讼请求。朱某、洪某二人在法定期限内没有上诉，故一审判决生效。项某在法定期限内提出上诉，但是在二审过程中，项某并没有提供新的证据证明故宫博物院院徽侵权，因此最终二审法院判决驳回上诉，维持原判。

## 【专家点评】

被告故宫博物院和理想公司创作的作品是否具有独创性，是否抄袭和剽窃了原告的作品，即是否与原告的作品在实质上相似是解决案件的关键所在。双方的举证范围和争议也是据此而展开的。

一般证明两件美术作品是否具有实质相似性，要看二者之间是否存在实质上的差异，差异可以是整体性的，也可以局部性的，但无论如何差异的要素必须是重要的，而且是一个普通人能够识别出来的，注意这里用来判断的标准并不是专家的辨别能力。假如上述一原告的作品与故宫博物院院徽标识在轮廓结构上都一样，只是色彩不一样，那么除非证明被告理想公司的设计在先或者同时设计且没有接触原告的作品，才能认定没有侵权。

相关争议探讨：

1.本案的争议及其解决。

针对原告关于被告理想公司在创作过程中接触了原告的涉案作品这一诉讼主张，故宫博物院辩称，其在征集故宫博物院院徽方案的时候采取了严格保密措施，并没有对任何其他创作方泄露投稿者的设计方案。理想公司主张自己除了对入围的六幅作品之外并没有对原告的作品有所接触，而且其创作且后来被故宫博物院采用的院徽设计有自己的独创性，和三原告的作品均具有实质上的区别。

主要体现在：第一，院徽标识中所采用的"宫"字形属于汉字中的公知领域，原告无权排斥他人使用，使用相同的汉字书写结构不是作品的实质特征，不能作为侵权的依据；在诉讼中，三原告也把作品的思想创意的内容描述出来，但是并非是著作权保护的内容。

第二，在"宫"字一点、"宫"两"口"、宝盖框架、颜色方面的表达形式均存在明显差异。比如原告朱某的作品为篆体"宫"字形，宝盖两点下垂至与下"G"相平，"宫"字两个"口"分别以"G"形为表达形式，整个院徽标识采用红色、绿色色调。而被告理想公司设计的院徽标识为篆书"宫"字形，"宫"字宝盖两点向下垂直与下"口"相平，除点划外，两"口"均匀上下排列，宝盖框架以外粗内细线条表现，"宫"字一点采用"海水江牙"和"玉璧"图形，而且整个院徽标识采用红色色调。

第三，在诉讼中原告也没有明确的证据证明理想公司接触了原告的作品，法院对原告的这一主张也不予支持。因此，被告理想公司的创作符合《著作权法》规定的独创性要件，和原告的作品不存在实质上的相似，因而并没有侵犯原告的著作权。

2.作品独创性的概念和认定。

美术作品是指以线条、色彩或者其他方式构成的具有审美价值的平面或立体型艺术制品，如绘画、书法、雕塑等等。这里所称的美术作品，是纯美术作品，而非以实用价值为主的应用美术作品。法律对美术作品的著作权保护，主要体现在对作者独创性的表现方法。美术作品的表达性要素包括明暗、色彩、点、线、面的组合与分配，其物质性要素包括画布、颜料、石块等。美术作品的作者正是利用画布、颜料、石块等物质性材料，通过特定的艺术能力、技巧来达成明暗、色彩、点、线、面的组合与分配，从而实现创作者的思想、情感的艺术表达。

（1）"独创性"的含义。

作品作为著作权的客体，必须具有独创性，否则它就不受著作权保护。《著作权法实施条例》第二条规定："著作权法所称作品，是指文学、艺术和科学领域内具有独创性并能以某种有形形式复制的智力成果。"《著作权法》之所以强调作品的独创性，其目的是为了保护具有独创性的作品权利人的合法权益，禁止他人剽窃、假冒。同时，一个作品具有独创性也就排除了其与其他作品在实质上具有相似性。

独创性，又称原创性或创造性，是作品取得著作权保护的首要条件。它是指作品是作者自己选择、取舍、安排、设计的结果，既不是依已有的形式复制而来的，也不是依照既定的程序、程式、手法进行推理和运算而来的，更不是抄袭、剽窃而来的。

独创性作为《著作权法》中的一个重要概念，各国由于著作权保护的着眼点有别，在独创性的界定与判断上存在不同的认识。在法国、德国等国家，强调作品中反映的作者人格精神，认为作品的创作是作者运用创造力从事的智力创造活动，独创性被规定为创造性。只有具有创造性，反映了作者思想、感情和认识的智力成果，才是著作权保护的、具有独创性的作品。独创性既包括量的规定，也包括质的规定。即不仅要求作品应由作者独立创作出来，而且应当体现出作者的个性达到一定的高度，从而将一般的智力活动成果排除在著作权的保护之外。与此相反，英、美等国家则奉行著作权"个人财产论"，认为著作权保护的目的是激励人们对文化产品的生产与投资，以促进新作品的产生和传播，作品的独创性被赋予很宽松的解释：只要是作者独立完成的，就具有独创性，构成创作。仅凭技巧甚至一般劳动直接形成的事实作品、功能性作品与具有较高创造水平的文学、艺术作品一样，都被认为是作者创造的具有独创性的作品。

我国《著作权法实施条例》第二条规定了独创性是作为作品基本的要件之一。但到目前为止，现行立法中尚未对独创性的含义作出任何明确的规定。而在司法实践中，因为独创性这一概念的不明确导致法官过度的自由裁量权，在独创性的认定上具有任意性和盲目性。我们认为，作品独创性至少应该具备以下两个要素：

①独立性，是指作品必须是作者独立创作出来的。独创性首先是指作品必须是作者个人通过自己的独立构思，运用自己的技能技巧，发挥自己的聪明才智独立完成的劳动成果，而不是从他人那里剽窃、抄袭过来的。这一要求表明，只有以自己独立的劳动创作的作品才能取得相应的著作权。如果是剽窃、抄袭而来，要承担相应的侵犯著作权的法律责任。

②创造性。创作作为人类精神生产的主要形式，是一种观念性的活动，具有鲜明的个体特征，即作品富有个性。具体地说，作者创作是作者将思想或感情通过外在形式传达给他人的行为，是作者将素材、主题进行构思、分析、整理、加工，并按照自己意志通过一定媒体得以表达的过程，通过自己的独立构思，运用自己的技巧、技能和方法，直接产生了反映自己个性特点的作品。可以说，作品是作者人格的自然延伸，作者与其创作的作品之间存在着其他任何人都不具备的特定人格关系。这一特点，使不同作者创作的作品富于个性化，使作品表现出独有的区别于他人作品的特征，体现了作品的独创性。个性描述的是能够在结果上反映出的智力创造活动的最基本的特征，没有个性的智力成果不具备创造性。作品独创性要求它和已有作品在表现形式上存在着差异性，没有这种差异性，作品就没有个性的烙印，作品独创性也无从说起。以此看出，独创性的出现存在一个前提条件，即作者在作品创作当中存在着表达个性、发挥个人特色的余地。如果个性创造的余地根本不存在，那么第三人对该智力成果的使用谈不上侵犯著作权。在案中，理想公司对篆书汉字"宫"造型的适用，属于对公知领域的运用，而非是对原告创作作品的抄袭。

创造性的最低限度是作品表现形式的独创性。表现形式是指作品采取的可以使人感觉感知的形式。任何一个作品都是思想和表达形式的统一体，作品的创作主要是针对作品思想内容的创作，作品的个性自然要反映到其思想内容上。不过，著作权保护的并不是作品的思想，而是作品的思想表现形式。当作品表现形式具有创造性时，如其中的思想甚至内容也具有创造性，那就更应当受到著作权保护。一部作品尽管其思想内容与其他作品相同，但只要其表现形式富有独创性，就可受到著作权保护。因为作品思想内容的独创性是创造性中的更高层次，但《著作权法》中的创造性只要求在作品的表现形式方面，并不要求作品思想内容方面的独创。因而，作品表现形式上的创造性是受著作权保护的最低标准。其实，前面阐述的作品的个性首先外在地体现于作品表现形式上。如果连这个标准也达不到，那它就与独创性无缘。例如，剽窃、抄袭作品，侵权者在作品表现形式上谈不上任何贡献，也就不具有独创性，不享有著作权的保护。

在理解创造性的时候要注意以下几点：第一，作品创造性不以新颖性为前提，它不要求作品表现的思想主题新颖别致、绝无仅有。尽管一部作品与另一部在前作品相同或相似，只要该作品是作者独立创作完成的，仍然不会破坏作品的创造性。第二，作品的创造性不具有排他性。不同的人在同一时间各自创造出相同或相似的作品，仍然可以各自取得独立的著作权。第三，作品创造性要求智力成果与已有作品相比在表现形式上存在差异性，而不论它是否为已有知识的再现。这一特征实际上是通过作品的个性体现出来，著作权保护对智力创造成果的个性要求正体现人类对社会文化生活多样性追求。

（2）独创性在司法实践中的认定。

对涉及著作权权属争议时，如抄袭、部分复制、模仿，往往需要对作品是否具有独创性进行评判。通过"看被诉人为侵权人的作品中是否以非独创性的方式包含了原作品中的独创性成果"的方法来判断。在存在剽窃、抄袭的嫌疑时，可从以下几方面衡量：第一，排除"独立完成"的可能性：剽窃、抄袭行为发生时，被剽窃、抄袭作品已经存在；剽窃、抄袭者能够通过一定的途径接触到原作。第二，排除作品"创造性"的可能：主要看被控作品与原作是否具有形式上的雷同性，并且可由被告举证证明其作品是如何通过独创性创作而来。

判定涉诉作品是否侵权的一般方法是"实质性相似加接触"。在判断"独创性"的时候，可以经过以下几个步骤：首先要把原、被告作品中，属于不受保护的思想本身，从思想的表达中删除出去。如果只是创作或设计思想本身相同，是不构成侵权的。因为作品中被著作权法所保护的对象，是作品的独特表现形式，而非作者的思想情感内容。作者创作作品的创意，无论多么有价值，也仅停留在主观意识阶段，没有客观的表达形式来使他人感知，不具有可复制性，因而无法传播，也不存在抄袭、剽窃的风险，对它们在著作权意义上的侵权无从发生，故谈不上保护。其次，把原、被告作品中，虽然相同的，但又都是属于公有领域中的内容删除出去，即使这些内容不再是思想本身，而是思想的表达。因为公有领域的内容，必须留给大众自由使用，其本身是不受《著作权法》保护，是无著作权可言的。最后，在经过"抽象"和"过滤"之后，再将被告与原告的作品剩下的部分进行对比，如被告作品中仍旧有实质性内容与原告作品相同，才有可能认定为侵犯著作权，当然此时还需进一步论证被告在创作作品的过程中是否接触过原告的作品，原、被告作品的相似是否属于创作上的巧合等等。

## 【本案的意义】

1.故宫博物院的保密书证据。三名原告均主张被告理想公司接触了原告的作品，但后来都因为没有提出相关的佐证，而承担举证不能的责任。在案件中，故宫博物院让其员工签订保密书的行为是可取的，证明了自己在保密方面采取了行为，在没有其他证据推翻的情况下，是可以证明理想公司没有接触三位原告的作品。

由此我们知道，在民事诉讼中，除一些特殊的归责原则之外，在一般诉讼中，在证据方面都是实行"谁主张、谁举证"的证据规则。如果不能提出佐证自己主张的证据，则该主张就不能成立。

2.本案中，故宫博物院和理想公司可以在委托创作合同中约定如果涉及侵犯别人的权利由理想公司承担一切损失。虽然该约定不能作为对第三人的免责条件，但是万一侵犯了第三人的著作权时，即使自己承担了民事责任之后，仍可以按照这个约定向理想公司索赔。

3.在以后类似的征选作品的过程中，可以适当让有公证力的第三人参与主持和评选工作，如有关征集到的作品可以让权威部门做一次公证，虽然也要一定的费用，但会很好地维护自己的权益。

【附】

# 北京市第二中级人民法院
# 民事判决书

(2005)二中民初字第13302号

原告项某,男,汉族,陕西某广告装饰印务有限公司总设计师,住陕西省西安市未央区。

委托代理人罗某,男,汉族,1969年9月28日出生,陕西某广告装饰印务有限公司法律顾问,住陕西省西安市雁塔区。

被告故宫博物院,住所地北京市东城区景山前街4号。

法定代表人郑某,院长。

委托代理人陈某,北京市华意律师事务所律师。

委托代理人张某,北京市大地律师事务所律师。

被告北京理想创意艺术设计有限公司,住所地北京市东城区。

法定代表人邵某,总经理。

委托代理人刘某,北京市天亚律师事务所律师。

委托代理人万某,男,汉族,北京理想创意艺术设计有限公司画家,住陕西省西安市碑林区。

原告项某诉被告故宫博物院(以下简称故宫)、北京理想创意艺术设计有限公司(以下简称理想公司)侵犯著作权纠纷一案,本院于2005年9月22日受理后,依法组成合议庭,并于2005年10月31日公开开庭进行了审理。原告项某及其委托代理人罗某,被告故宫的委托代理人陈某、张某,被告理想公司的法定代表人邵某及其委托代理人刘某、万某到庭参加了诉讼。本案现已审理终结。

原告项某起诉称:根据《故宫博物院院徽标识设计征集启事》(以下简称《征集启事》),原告设计完成应征作品,并于2004年7月29日向故宫投稿。2005年1月,故宫在其网站上公示了入围的六幅作品,其中不含原告的作品。但是,此次征集活动最终以无中选方案告终。2005年7月,在故宫院徽标识启用仪式上故宫向社会公布了其委托理想公司创作完成的院徽标识。原告认为,故宫在评审应征作品的过程中接触了原告的作品,并参与了理想公司设计院徽标识的过程,鉴于该院徽标识与原告的作品均取意于"宫"字,二者的形式、内容相似,且原告作品的创作完成时间在先,故宫与理想公司的行为构成了对原告作品的抄袭，侵犯了原告的著作权，因此请求法院判令两被告停止侵权、在《光明日报》上向原告公开赔礼道歉、赔偿原告经济损失2万元并承担本案诉讼费用。

被告故宫答辩称：为庆祝故宫建院八十周年，故宫于2004年5月向社会公布了《征集启事》，公开征集院徽设计方案。在征集活动开始之前，所有参加此次活动的工作人员均签署了保密保证书。经评审，原告的应征作品未能入围。在院徽征集活动没有中选方案的情况下，2005年5月23日，故宫与理想公司签订委托创作设计院徽标识的合同。合同中明确约定理想公司应当独立创作，不得侵犯他人著作权。随后，以邵某为首的理想公司设计团队最终完成的院徽设计方案得到故宫的认可。该院徽标识为"宫"字形，加饰"文武线"，其中"宫"字的一点取材于古代朝服图案"海水江牙"和"古代玉璧"图形。该设计与原告项某的作品存在本质区别，不构成抄袭。综上，请求法院驳回原告的诉讼请求。

被告理想公司答辩称：除了征集活动中的六幅入围作品外，该公司从未接触过其他任何征集方案，故宫的院徽标识系该公司独立创作的作品；院徽标识中所采用的"宫"字形属于汉字中的公知领域，使用相同的汉字书写结构不是作品的实质特征，不能作为侵权的依据；院徽设计作品的表现形式与原告项某的作品存在本质区别。综上，请求法院驳回原告的诉讼请求。

在本案审理期间，原告项某向本院提交了如下证据材料：

1.《征集启事》、项某的应征作品以及邮递单，证明故宫公开征集院徽设计方案以及原告项某投稿的事实。

2.相关媒体报道，证明故宫启用的院徽标识与原告的作品相似，故宫参与了理想公司的设计过程，涉案院徽标识并非理想公司独立创作完成。

3.白某的应征作品及证言，证明院徽标识中所采用的"海水江牙托玉璧"的元素来源于白某的应征作品。

被告故宫对原告的上述证据材料发表如下质证意见：对证据1的真实性无异议，但是不能证明原告投寄应征作品的事实；证据2无原件且并非故宫发布的消息，不认可其真实性；证据3与本案无关；三份证据均不能证明原告所主张的侵权事实。

被告理想公司对原告的上述证据材料发表如下质证意见：对证据1-3的真实性无异议，但是不能证明原告所主张的侵权事实。

被告故宫向法院提交如下证据材料：

4．《征集启事》、公示作品征集意见新闻稿、公示作品彩图、征集活动结束新闻稿，证明故宫于2004年5月开始征集院徽设计方案，入围的作品中没有原告的作品，征集活动以无选中方案结束。

5．项某的应征作品，证明原告应征作品的内容。

6．委托创作合同，证明故宫委托理想公司设计院徽标识。

7．故宫院徽标识，证明故宫院徽标识内容。

8．邵某简介和作品选、理想公司主要作品大事记，证明理想公司、邵某的主要创作业绩。

9．《故宫人》报，刘某设计院徽的作品、照片及刘某的证言，证明2003年故宫内部曾经进行过院徽设计招标，员工刘某设计完成的应征作品采用了"宫"字形设计元素，该作品曾经在公开场合被使用。

10．《字体设计》、《简明篆刻正字字典》、《新编篆刻字典》，证明原告主张的"宫"字形设计元素缺乏独创性。

11．文武线的介绍资料，证明故宫院徽标识的独创性。

12．保密保证书，证明故宫对所有征集的作品采取了保密措施。

原告项某对被告故宫的上述证据材料发表如下质证意见：对证据4-8，证据9的《故宫人》报、证据10-12的真实性无异议，但是认为证据6不能证明双方实际发生了委托创作关系，证据8、证据9的《故宫人》报均与本案无关，证据10、11不能证明其主张。刘某与被告故宫之间存在利害关系，对证据9中的刘某设计院徽的作品、照片及刘某的证言的真实性不予认可。证据12不能证明被告的主张。

被告理想公司对被告故宫的上述证据材料无异议。

被告理想公司向法院提交了如下证据材料：

13．《美术字实用大全》、《新编篆刻字典》，证明篆书"宫"字的固有书法体例和结构属于公知领域，不能作为作品的实质性特征。

14．院徽标识及与原告作品的对比图，证明院徽标识的独创性以及与原告作品之间存在的显著差别。

15．故宫建筑、文物照片，证明在框架结构上采用"文武线"是院徽标识中的独特之处。

16．院徽标识与原告作品的网格坐标图，证明两幅作品在线条、结构、形状上存在明显差别，不相近似。

17．邵某简介和创作作品介绍、理想公司的介绍和业绩，证明院徽标识体现了理想公司一贯的设计风格。

18.委托创作合同，证明故宫委托理想公司设计院徽标识。

19.设计手稿、电脑设计稿、证人证言，证明理想公司从未接触过原告的作品，独立创作完成院徽标识。

原告项某对被告理想公司的上述证据材料发表如下质证意见：对证据13—18真实性无异议，但是不能证明被告的主张；证据17与本案无关；对证据19的真实性不予认可。

被告故宫对被告理想公司的上述证据材料无异议。

根据双方当事人的举证、质证意见，本院对上述证据认证如下：鉴于双方当事人对证据1、3—8、证据9的《故宫人》报、证据10—18的真实性无异议，因此本院对上述证据的真实性予以确认。鉴于原告未能提交证据2的原件，被告故宫对其真实性不予认可，且证据2仅为相关媒体报道，不能证明报道内容的真实性，因此本院对证据2的真实性和证明力均不予确认。鉴于证人刘某系故宫员工，与故宫存在利害关系，涉案照片未表明形成时间，被告故宫亦未能提交其他证据证明刘某的作品内容，且原告对此不予认可，因此本院对证据9中的刘某的设计作品、照片以及刘某的证言的真实性不予确认。虽然原告对证据19中的设计手稿和电脑设计稿的真实性提出质疑，但是其并未提出相应的反驳证据，因此本院对上述证据的真实性予以确认。鉴于证人万某、毕某和范某均为理想公司的员工，与理想公司存在利害关系，且理想公司未能提出其他证据予以佐证，因此该证言不能充分证明理想公司的主张。

虽然故宫、理想公司均认为证据1中的邮递单不能证明原告投稿内容，但是鉴于故宫认可原告项某的应征作品，且其未能就原告投稿时间提出其他反驳证据，因此本院对于该证据的证明力予以确认。鉴于证据3所涉及的事实与本案原告主张无关联，因此本院对其关联性不予确认。虽然原告提出证据6不能证明两被告之间实际存在委托关系，但是并未提出相应的证据予以证明，因此本院对该证据的证明力予以确认。鉴于证据8、证据17、证据9的《故宫人》报的内容与本案无关联，因此本院对上述证据的关联性不予确认。虽然原告提出证据12不能证明被告故宫实际采取了保密措施，但是其并未提出相应的证据，因此本院对证据12的证明力予以确认。虽然原告提出证据10、11与本案无关，但是上述证据材料与涉案作品中的篆书"宫"字字形元素有关，因此本院对上述证据材料的关联性予以确认。

根据双方当事人的举证、质证意见、法院的认证意见以及当事人的陈述，本院查明如下事实：

2004年5月，故宫发布了《征集启事》，公开征集院徽标识设计方案。根据该启事，应征作品应为新创作、未发表的作品；主题突出、时代感与历史感兼具，具有亲和力；构图新颖，达到"见标识即知故宫"的效果等要求；被故宫选定的院徽标识设计作品，著作权全部归故宫所有。2005年5月10日，参与故宫院徽标识设计征集活动的人员签订了针对应征作品的保密保证书。

2004年7月29日，项某向故宫邮寄了自己的应征作品。在其投稿的文字说明中载明，该作品设计源于对"宫"字原始意义的图形解读，饰以故宫特有颜色红墙金顶，为表现故宫建筑的恢宏和馆藏的博大，特用宽大的屋顶来表现其所包容之广大。该作品主要内容为"宫"字形，"宫"字一点及两个"口"分别以屋顶为表现形式，两"口"之间有图案相连接。整个院徽标识采用红色、黄色色调。

原告项某主张理想公司所采用"海水江牙托玉璧"图案与案外人白某的应征作品相似，被告故宫认可案外人白某曾向故宫投稿的事实。经比对，上述两幅作品不相近似。

2005年1月25日至2月15日，故宫网站上公示了六幅入围作品，其中不包括项某的涉案应征作品。2005年3月，根据评审委员会意见，故宫曾约请专业公司对入围的1号和4号作品进行修改完善，但是由于评审委员会对最后的修改方案未取得一致意见，因此故宫最终于2005年5月决定此次院徽征集活动中选方案为空缺。理想公司认可其曾经对上述入围作品提出修改建议。

2005年5月23日，故宫(甲方)与理想公司(乙方)签订委托创作合同。根据该合同，甲方委托乙方就故宫的院徽标识及VI进行创作、设计和制作，乙方同意按照合同约定向甲方提供约定的创作设计制作服务；甲方要求乙方的创作设计主题突出、历史感与时代感兼具、整体形象富有艺术性；构图新颖、简洁、醒目、端庄大方，具有较强的视觉感染力，达到"见标识即知故宫"的效果；个性化、寓意贴切；通用性强，适合在多种场合和载体上使用；符合《著作权法》的相关规定，不侵犯他人的著作权；甲方有权审查确认乙方提交的设计方案，支持乙方工作进度，于乙方提交设计方案后及时确认并通知乙方设计方案是否满意。诉讼中，理想公司的证人万某、毕某认可在创作设计院徽的过程中，理想公司曾经与故宫进行过沟通。

根据上述合同，理想公司为故宫设计完成了院徽标识。该标识为篆书"宫"字形，"宫"字宝盖两点向下垂直与下"口"相平，除点划外，宝盖框架以外粗内细线条表现，"宫"字一点采用"海水江牙"和"玉璧"图形。整个院徽标识采用红色色调。

根据《美术字实用大全》、《简明篆刻正字字典》、《新编篆刻字典》，篆书的"宫"字具有多种写法。在故宫的建筑、文物、朝服及印玺上均存在有采用粗细线条的组合形式。

经对比，项某的作品与故宫院徽标识均采用了篆书的"宫"字字形，将宝盖两点垂直向下与下"口"相平；不同之处在于项某的涉案作品中对于"宫"字中的一点和两"口"均采用含有线条图案的"口"形设计，两"口"之间采用不规则图案连接，故宫的院徽标识则用"海水江牙"和"玉璧"表现"宫"字点划，两"口"内无线条图案且无图案连接，以外粗内细的组合线条表现篆书"宫"字宝盖边框。同时，二者采用了不同的色调来表现上述图案。

本院认为：原告的涉案应征设计方案具有独创性，属于我国《著作权法》保护的美术作品。作为该作品的作者，项某对该作品所享有的著作权应受到法律保护。

在本案中，被告故宫作为征集院徽标识活动的主办方接触了原告应征的作品。在征集院徽标识活动以无中选方案结束后，被告故宫与被告理想公司签订了委托设计院徽标识的合同。根据涉案委托创作合同，理想公司接受故宫的委托为其设计院徽标识。虽然原告项某主张被告理想公司在创作过程中接触了原告的涉案作品，但其并未就此提供相应的证据。被告故宫主张其采取了保密措施，从未对外透露过原告涉案作品的内容，被告理想公司亦主张未接触到原告的作品。虽然在委托创作合同履行过程中受托人在创作过程中可能要与委托人就设计内容进行沟通，但是现有证据并不能证明受托人理想公司在设计过程中实际接触了原告的作品，且理想公司对院徽标识的设计过程进行了充分的说明，因此，本院认为原告项某的前述主张缺乏依据，本院不予支持。

将原告的涉案作品与被告理想公司设计的院徽标识作对比，虽然二者在整体结构上均采用了篆书"宫"字形的设计元素，但是在"宫"字一点、两"口"、宝盖框架、颜色等方面的表达形式均存在明显差异，而且"宫"字的篆书字形属于公知公用的素材元素，因此本院认为二者不相近似。原告还主张被告理想公司设计的院徽标识中所采用的"海水江牙托玉璧"图案与案外人白某的应征作品相似，本院认为其上述主张依据不足，不予采信。

鉴于被告理想公司设计的院徽标识与原告的涉案作品不相近似，且现有证据不能证明被告理想公司接触了原告的涉案作品，因此原告指控被告故宫、理想公司的涉案行为侵犯其著作权并要求承担停止侵权、赔礼道歉及赔偿损失的法律责任，缺乏事实和法律依据，本院不予支持。

综上，本院依据《中华人民共和国著作权法》第十一条、第四十六条第(五)项之规定判决如下：

驳回项某的诉讼请求。

案件受理费810元，由项某负担(已交纳)。

如不服本判决，可在判决书送达之日起15日内，向本院提交上诉状，并按对方当事人的人数提交副本，上诉于北京市高级人民法院。

审判长　张某

代理审判员　潘某

代理审判员　何某

二○○五年十二月二十日

书记员　历某

# 北京市高级人民法院
# 民事判决书

(2006)高民终字第575号

上诉人(原审原告)项某，男，汉族，陕西某广告装饰印务有限公司总设计师，住陕西省西安市未央区。

委托代理人罗某，男，汉族，陕西某广告装饰印务有限公司法律顾问，住陕西省西安市雁塔区。

被上诉人(原审被告)故宫博物院，住所地北京市东城区景山前街4号。

法定代表人郑某，院长。

委托代理人陈某，北京市华意律师事务所律师。

委托代理人黄某，男，汉族，故宫博物院干部，住北京市东城区。

被上诉人(原审被告，北京理想创意艺术设计有限公司，住所地北京市东城区。

法定代表人邵某，总经理。

委托代理人刘某，北京市天亚律师事务所律师。

委托代理人王某，北京市天亚律师事务所律师。

上诉人项某因侵犯著作权纠纷一案，不服北京市第二中级人民法院(2005)二中民初第13302号民事判决，向本院提出上诉。本院2006年4月10日受理本案后，依法组成合议庭，于2006年5月30日公开开庭进行了审理。上诉人项某及其委托代理人罗某，被上诉人故宫博物院(简称故宫)的委托代理人陈某、黄某，被上诉人北京理想创意艺术设计有限公司(简称理想公司)的法定代表人邵某及其委托代理人刘某、王某到庭参加了诉讼。本案现已审理终结。

北京市第二中级人民法院判决认定，2004年5月，故宫公开征集院徽标识设计方案，项某向故宫邮寄了自己的应征作品。故宫最终于2005年5月决定此次院徽征集活动中选方案为空缺。2005年5月23日，故宫与理想公司签订委托创作合同。理想公司为故宫设计完成了院徽标识。该标识为篆书"宫"字形，"宫"字宝盖两点向下垂直与下"口"相平，除点划外，宝盖框架以外粗内细线条表现，"宫"字一点采用"海水江牙"和"玉璧"图形。整个院徽标识采用红色色调。经对比，项某的作品与故宫院徽标识均采用了篆书的"宫"字字形，将宝盖两点垂直向下与下"口"相平；不同之处在于项某的涉案作品中对于"宫"字中的一点和两"口"均采用含有线条图案的"口"形设计，两"口"之间采用不规则图案连接，故宫的院徽标识则用"海水江牙"和"玉璧"表现"宫"字点划，两"口"内无线条图案且无图案连接，以外粗内细的组合线条表现篆书"宫"字宝盖边框。同时，二者采用了不同的色调来表现上述图案。

北京市第二中级人民法院认为，项某对其应征作品所享有的著作权应受到法律保护。故宫作为征集院徽标识活动的主办方接触了项某应征的作品。理想公司接受故宫的委托为其设计院徽标识。项某主张理想公司接触了其作品，缺乏依据，不予支持。将两幅作品作对比，虽然二者在整体结构上均采用了篆书"宫"字形的设计元素，但两者的表达形式存在明显差异，而且"宫"字的篆书字形属于公知公用的素材元素，因此二者不相近似。项某主张理想公司设计的院徽标识中所采用的"海水汀牙托玉璧"图案与案外人白某的应征作品相似，依据不足，不予采信。鉴于理想公司设计的院徽标识与项某的作品不相近似，且现有证据不能证明理想公司接触了项某的作品，因此项某指控故宫、理想公司的涉案行为侵犯其著作权并要求承担停止侵权、赔礼道歉及赔偿损失的法律责任，缺乏事实和法律依据，不予支持。

北京市第二中级人民法院依据《中华人民共和国著作权法》第十一条、第四十六条第(五)项之规定判决：驳回项某的诉讼请求。

项某不服原审判决，向本院提出上诉，请求撤销原审判决，依法改判支持其诉讼请求。理由是：在类似于本案标识设计中，公共元素以特殊的组合方式，应用于特殊场合即构成了独创性，"宫"字作为公共元素的文字，以特殊的变形，被赋予独特的含义，有别于"宫"字作为文字在其他场合的使用，具备了《著作权法》意义上的独创性。理想公司设计的院徽标识设计也是公共元素的"宫"字经变形组合应用于相同的场合，与项某的作品在主要元素上雷同，构成形式和内容的相似；"宫"字的一点取材于"海水江牙"和"玉璧"的图形元素，与案外人白某的应征作品相似，证明理想公司接触了故宫提供的应征作品。理想公司在接受故宫委托之前，参与了院徽征集活动入围作品的修改，并且在设计过程中与故宫有过交流和沟通，接触了项某的作品，不是其独立创作完成的。故宫、理想公司服从原审判决。

经审理查明，2004年5月，故宫向社会发布了《征集启事》，公开征集院徽标识设计方案。根据该启事，应征作品应为新创作、未发表的作品；主题突出、时代感与历史感兼具，具有亲和力；构图新颖，达到"见标识即知故宫"的效果等要求；被故宫选定的院徽标识设计作品，著作权全部归故宫所有。2004年5月10日，参与故宫院徽标识设计征集活动的人员签订了针对应征作品的《保密保证书》。

2004年7月29日，项某向故宫邮寄了自己的应征作品。在其投稿的文字说明中载明，该作品设计源于对"宫"字原始意义的图形解读，饰以故宫特有颜色红墙金顶，为表现故宫建筑的恢宏和馆藏的博大，特用宽大的屋顶来表现其所包容之广大。该作品主要内容为"宫"字形，"宫"字一点及两个"口"分别以屋顶为表现形式，两"口"之间有图案相连接。整个院徽标识采用红色、黄绿色调。

项某主张理想公司所采用"宫"字的一点为"海水江牙托玉璧"图案，与案外人白某的应征作品相似，故宫认可案外人白某曾向故宫投稿的事实。经比对，理想公司"宫"字徽标中的"海水江牙托玉璧"与白某的作品不相近似。

2005年1月25日至2月15日，故宫网站上公示了六幅入围作品，其中不包括项某的涉案应征作品。2005年3月，根据评审委员会意见，故宫曾约请专业公司对入围的1号和4号作品进行修改完善，但是由于评审委员会对最后的修改方案未取得一致意见，因此故宫最终于2005年5月决定此次院徽征集活动中选方案为空缺。理想公司对上述入围作品提出过修改建议。

2005年5月23日，故宫(甲方)与理想公司(乙方)签订委托创作合同。该合同约定，甲方委托乙方就故宫的院徽标识及VI进行创作、设计和制作，乙方同意按照合同约定向甲方提供约定的创作设计制作服务；甲方要求乙方的创作设计主题突出、历史感与时代感兼具、整体形象富有艺术性；构图新颖、简洁、醒目、端庄大方，具有较强的视觉感染力，达到"见标识即知故宫"的效果；个性化、寓意贴切；通用性强，适合在多种场合和载体上使用；符合《著作权法》的相关规定，不侵犯他人的著作权；甲方有权审查确认乙方提交的设计方案，支持乙方工作进度，于乙方提交设计方案后及时确认并通知乙方设计方案是否满意。诉讼中，理想公司的证人万某、毕某认可在创作设计院徽的过程中，理想公司曾经与故宫进行过沟通。

根据上述合同，理想公司为故宫设计完成了院徽标识。该标识为篆书"宫"字形，"宫"字宝盖两点向下垂直与下"口"相平，除点划外，宝盖框架以外粗内细线条表现，"宫"字一点采用"海水江牙"和"玉璧"图形。整个院徽标识采用红色色调。

根据《美术字实用大全》、《简明篆刻正字字典》、《新编篆刻字典》，篆书的"宫"字具有多种写法。在故宫的建筑、文物、朝服及印玺上均存在有采用粗细线条的组合形式。

将项某的作品与故宫院徽标识进行对比，两者均采用了篆书的"宫"字字形，将宝盖两点垂直向下与下"口"相平；两者不同之处在于项某的涉案作品中对于"宫"字中的一点和两"口"均采用含有线条图案的"口"形设计，两"口"之间采用不规则图案连接，故宫的院徽标识则用"海水江牙"和"玉璧"表现"宫"字点划，两"口"内无线条图案且无图案连接，以外粗内细的组合线条表现篆书"宫"字宝盖边框。同时，二者采用了不同的色调来表现上述图案。

以上事实有《征集启事》、项某的应征作品以及邮递单，公示作品征集意见新闻稿、公示作品彩图、征集活动结束新闻稿、委托创作合同、故宫院徽标识、《字体设计》、《美术字实用大全》、《简明篆刻正字字典》、《新编篆刻字典》、保密保证书及当事人陈述等证据在案证明。

本院认为，项某按照《征集启事》向故宫邮寄的应征设计方案，由线条、色彩构成，具有独创性，是受《著作权法》保护的平面美术作品。项某作为该作品的作者，其享有的著作权应受到法律保护。

项某的作品与理想公司的作品均采用汉字"宫"字作为设计的主体，来表现故宫建筑的恢宏和故宫馆藏的博大，但是这种设计理念属于思想创意的范畴，不是《著作权法》保护的客体。将"宫"字用书法、绘画等形式通过创造性劳动表现出来，才是受《著作权法》保护的内容，但是要排除属于公有领域中的设计元素。"宫"字宝盖两点向下垂直与下"宫"相平，来源于中国传统篆刻"宫"字的写法，属于公有领域的素材，项某无权排斥他人使用。将项某的作品与理想公司设计的院徽标识进行对比可以看出，除在整体结构上均采用了篆书"宫"字形的设计元素以外，两者在"宫"字一点、两"口"、宝盖框架以及图案整体色彩等方面的表达均存在明显差异，不构成相同或相似。由于双方的作品不相似，故理想公司是否接触了项某的作品，并不导致理想公司的作品构成对项某作品著作权的侵犯。

综上，项某的上诉理由缺乏事实和法律依据，不能成立，其上诉请求本院不予支持。原审判决认定事实清楚，适用法律正确，应予维持。依照《中华人民共和国民事诉讼法》第一百五十三条第一款第(一)项之规定，判决如下：

驳回上诉，维持原判。

一审案件受理费810元，由项某负担(已交纳)；二审案件受理费810元，由项某负担(已交纳)。

本判决为终审判决。

审判长　刘某

代理审判员　岑某

代理审判员　张某

二〇〇六年七月七日

书记员　耿某

# 北京市第二中级人民法院
## 民事判决书

(2005)二中民初字第13589号

原告朱某，男，汉族，安徽某大学工业设计系教师，住安徽省马鞍山市花山区。

委托代理人孙某，北京市亿嘉律师事务所律师。

委托代理人米某，北京市亿嘉律师事务所律师。

被告故宫博物院，住所地北京市东城区景山前街4号。

法定代表人郑某，院长。

委托代理人陈某，北京市华意律师事务所律师。

委托代理人张某，北京市大地律师事务所律师。

被告北京理想创意艺术设计有限公司，住所地北京市东城区。

法定代表人邵某，总经理。

委托代理人刘某，北京市天亚律师事务所律师。

委托代理人万某，男，汉族，北京理想创意艺术设计有限公司画家，住陕西省西安市碑林区。

原告朱某诉被告故宫博物院(以下简称故宫)、北京理想创意艺术设计有限公司(以下简称理想公司)侵犯著作权纠纷一案，本院于2005年9月22日受理后，依法组成合议庭，并于2005年10月31日公开开庭进行了审理。原告朱某及其委托代理人孙某，被告故宫的委托代理人陈某、张某，被告理想公司的法定代表人邵某及其委托代理人刘某、万某到庭参加了诉讼。本案现已审理终结。

原告朱某起诉称：根据《故宫博物院院徽标识设计征集启事》(以下简称《征集启事》)，原告设计完成应征作品，并向故宫投稿。但是，此次征集活动最终以无中选方案告终。2005年7月，故宫向社会公布了其委托理想公司创作完成的院徽标识。原告认为，故宫在评审应征作品的过程中接触了原告的作品，并在理想公司设计院徽标识的过程中提出过修改意见，鉴于该院徽标识与原告的作品相似，且原告作品的创作完成时间在先，故宫与理想公司的行为构成了对原告作品的抄袭，侵犯了原告的署名权、复制权和修改权，因此请求法院确认被告理想公司抄袭原告作品的事实，并判令被告故宫停止侵权、两被告在故宫网站、《光明日报》、《人民日报》、《故宫人》上向原告公开赔礼道歉、共同赔偿原告经济损失5万元并承担本案诉讼费用。

被告故宫答辩称：为庆祝故宫建院八十周年，故宫于2004年5月向社会公布了《征集启事》，公开征集院徽设计方案。在征集活动开始之前，所有参加此次活动的工作人员均签署了保密保证书。经评审，原告的应征作品未能入围。在院徽征集活动没有中选方案的情况下，2005年5月23日，故宫与理想公司签订委托创作设计院徽标识的合同。合同中明确约定理想公司应当独立创作，不得侵犯他人著作权。随后，以邵某为首的理想公司设计团队最终完成的院徽设计方案得到故宫的认可。该院徽标识为"宫"字形，加饰"文武线"，其中"宫"字的一点取材于古代朝服图案"海水江牙"和"古代玉璧"图形。该设计与原告朱某的作品存在本质区别，不构成抄袭。综上，请求法院驳回原告的诉讼请求。

被告理想公司答辩称：除了征集活动中的六幅入围作品外，该公司从未接触过其他任何征集方案，故宫的院徽标识系该公司独立创作的作品；院徽标识中所采用的"宫"字形属于汉字中的公知领域，使用相同的汉字书写结构不是作品的实质特征，不能作为侵权的依据；院徽设计作品的表现形式与原告朱某的作品存在本质区别。综上，请求法院驳回原告的诉讼请求。

在本案审理期间，原告朱某向本院提交了如下证据材料：

1.公证书及证物，证明故宫公开征集院徽设计方案，在评选过程中有六幅作品入围，故宫委托专业公司对入围的1号、4号作品进行修改完善，理想公司有可能参与了评审修改工作，接触到了原告的作品；故宫最终启用了由其在征集院徽活动结束之后委托理想公司设计的院徽标识。

2.朱某的应征作品、冯某电话录音，证明原告朱某向故宫投稿的事实。

3.《人民日报》文章，证明故宫与理想公司共同设计院徽标识。

4.白某的应征作品及其证言，证明院徽标识中所采用的"海水江牙托玉璧"图案与白某的应征作品相似，理想公司在设计过程中接触到了白某的应征作品。

5.对比图、故宫的函件，证明故宫院徽标识与原告的应征作品实质相似，故宫就原告提出的侵权问题作出了答复。

被告故宫对原告的上述证据材料发表如下质证意见：

对证据1-4、证据5中的故宫函件的真实性无异议，对证据5中的对比图的真实性不予认可；证据1不能证明理想公司参与评审，接触到原告的作品；证据1中的证物并非采用涉案的院徽标识，但是认可院徽标识已经投入使用的事实；证据3不能证明故宫与理想公司共同创作的事实；认可白某投稿事实，但是证据4与本案无关；五份证据均不能证明原告提出的被告侵权的主张。

被告理想公司对原告的上述证据材料发表如下质证意见：对证据1-3、证据5中的函件的真实性无异议，证据1中的证物与本案无关；对证据4的真实性不予认可，且与本案无关；证据5中的对比图的真实性不予认可；五份证据均不能证明原告的主张。

被告故宫向法院提交如下证据材料：

6.《征集启事》、公示作品征集意见新闻稿、公示作品彩图、征集活动结束新闻稿，证明故宫于2004年5月开始征集院徽设计方案，入围的作品中没有原告的作品，征集活动以无选中方案结束。

7.朱某的应征作品，证明原告应征作品的内容。

8.委托创作合同，证明故宫委托理想公司设计院徽标识。

9.故宫院徽标识，证明故宫院徽标识内容。

10.邵某简介和作品选、理想公司主要作品大事记，证明理想公司、邵某的主要创作业绩。

11.《故宫人》报，刘某设计院徽的作品、照片及刘某的证言，证明2003年故宫内部曾经进行过院徽设计招标，员工刘某设计完成的作品采用了"宫"字形设计元素，该作品曾经在公开场合被使用。

12.《字体设计》、《简明篆刻正字字典》、《新编篆刻字典》，证明原告主张的"宫"字形设计元素缺乏独创性。

13.文武线的介绍资料，证明故宫院徽设计的独创性。

14.保密保证书，证明故宫对所有征集的作品采取了保密措施。

原告朱某对被告故宫的上述证据材料发表如下质证意见：对证据6-9、12、13的真实性无异议；对证据10、11、14的真实性不予认可；证据8不能证明理想公司独立创作完成涉案院徽标识；证据10与本案无关；证据11的证人与被告存在利害关系且不能证明作品形成的时间；证据12、13与本案无关。

被告理想公司对被告故宫的上述证据材料无异议。

被告理想公司向法院提交了如下证据材料：

15.《美术字实用大全》、《新编篆刻字典》，证明篆书"宫"字的固有书法体例和结构属于公知领域，不能作为作品的实质性特征。

16.院徽标识及与原告作品的对比图，证明院徽标识的独创性以及与原告作品之间存在的显著差别。

17.故宫建筑、文物照片，证明在框架结构上采用"文武线"是院徽标识中的独特之处。

18.院徽标识与原告作品的网格坐标图，证明两幅作品在线条、结构、形状上存在明显差别，不相近似。

19.邵某简介和作品介绍、理想公司的介绍和业绩，证明院徽标识体现了理想公司一贯的设计风格。

20.委托创作合同，证明故宫委托理想公司设计院徽标识。

21.设计手稿、电脑设计稿、证人证言，证明理想公司从未接触过原告的作品，独立创作完成院徽标识。

原告朱某对被告理想公司的上述证据材料发表如下质证意见：对证据15、17、20的真实性无异议，但是证据15、17与本案无关，证据20不能证明理想公司独立创作完成涉案标识，但是能够证明理想公司有机会接触到原告的作品；对证据16、18均不予认可；对证据19的真实性、关联性均不予认可；由于无法确认证据来源，证人与被告存在利害关系，因此对证据21的真实性不予认可。上述证据均不能证明被告的主张。

被告故宫对被告理想公司的上述证据材料无异议。

根据双方当事人的举证、质证意见，本院对上述证据认证如下：鉴于双方当事人对1-3、证据5中的故宫函件、6-9、12、13、15、17、20的真实性无异议，因此本院对上述证据的真实性予以确认。

虽然被告理想公司对证据4的真实性提出异议，但是鉴于被告故宫已经确认白某投稿的事实，因此本院对证据4的真实性予以确认。但是由于该证据材料中所涉及的事实与本案无关联，因此本院对其关联性不予确认。虽然两被告对证据5中的对比图的真实性均不予认可，但是未能提出相反的证据，因此本院对证据5中的对比图的真实性予以确认。鉴于原告对证据10、19的真实性不予认可，两被告未能提出其他证据予以证明，且证据10、19与本案无关，因此本院对证据10、19的真实性和关联性均不予确认。鉴于证人刘某系故宫员工，与故宫存在利害关系，涉案照片未表明形成时间，被告故宫亦未能提交其他证据证明刘某的作品内容，且原告对此不予认可，因此本院对证据11中的刘某的设计作品、照片以及刘某的证言的真实性不予确认。虽然原告对证据11中的《故宫人》的报道的真实性提出异议，但是并未提出相反的证据，因此对该证据材料的真实性予以确认。鉴于其与本案无关，因此本院对其关联性不予确认。虽然原告对证据14、16、18的真实性提出异议，但是未能提出相反的证据，因此本院对上述证据的真实性予以确认。虽然原告对证据21中的设计手稿和电脑设计稿的真实性提出质疑，但是其并未提出相应的反驳证据，因此本院对上述证据的真实性予以确认。鉴于证人万某、毕某和范某均为理想公司的员工，与理想公司存在利害关系，且理想公司未能提出其他证据予以佐证，因此该证言不能充分证明理想公司的主张。

鉴于证据1中并未明确理想公司参与评审，接触到原告的作品，且两被告对此均不予认可，因此本院对于原告提出的该证据证明理想公司有可能参与评审并接触到原告作品的证明事项不予确认；虽然被告故宫否认证据1中的证物采用了涉案的院徽标识，但是其认可院徽标识已经投入使用的事实，因此本院对上述事实予以确认；鉴于证据3仅为媒体报道，其中并未明确表明故宫与理想公司共同创作设计的事实，且两被告均对上述事实予以否认，因此本院认为证据3不能证明两被告共同设计完成院徽标识的事实。虽然原告提出证据8不能证明两被告之间实际存在委托关系，但是并未提出相应的证据予以证明，因此本院对该证据的证明力予以确认。虽然原告提出证据14不能证明被告故宫实际采取了保密措施，但是其并未提出相应的证据，因此本院对证据14的证明力予以确认。虽然原告提出证据12、13、15、17与本案无关，但是上述证据材料与涉案作品中的篆书"宫"字字形元素及粗细组合线条元素有关，因此本院对上述证据材料的关联性予以确认。

根据双方当事人的举证、质证意见、法院的认证意见以及当事人的陈述，本院查明如下事实：

2004年5月，故宫发布了《征集启事》，公开征集院徽标识设计方案。根据该启事，应征作品应为新创作、未发表的作品；主题突出、时代感与历史感兼具，具有亲和力；构图新颖，达到"见标识即知故宫"的效果等要求；被故宫选定的院徽标识设计作品，著作权全部归故宫所有。2005年5月10日，参加故宫院徽标识设计征集活动的工作人员签订了针对应征作品的保密保证书。

朱某向故宫邮寄了自己的应征作品。在设计说明中载明：标识以篆体汉字"宫"为基本元素，直接切入主题。在形式上将"宫"下面的两个封闭的"口"转化为开放的"G"形，一方面，寓意昔日宫禁森严的皇家禁地如今已是世人皆可出入的世界遗产；另一方面，两个"G"则正好是"故宫"的拼音的首字字母，标识以中国传统的红绿两色为标准色。红色代表故宫的固有色调，具有较强的历史感，绿色则时刻提醒游客注意环境保护。该作品为篆体"宫"字形，宝盖两点下垂至与下"G"相平，"宫"字两个"口"分别以"G"形为表达形式，整个院徽标识采用红色、绿色色调。

原告朱某主张理想公司所采用"海水江牙托玉璧"图案与案外人白某的应征作品相似，被告故宫认可案外人白某曾向故宫投稿的事实。经比对，上述两幅作品不相近似。

2005年1月25日至2月15日，故宫网站上公示了六幅入围作品，其中不包括朱某的涉案应征作品。2005年3月，根据评审委员会意见，故宫曾约请专业公司对入围的1号和4号作品进行修改完善，但是由于评审委员会对最后的修改方案未取得一致意见，因此故宫最终于2005年5月决定此次院徽征集活动中选方案为空缺。理想公司认可其曾经对上述入围作品提出修改建议。

2005年5月23日，故宫(甲方)与理想公司(乙方)签订委托创作合同。根据该合同，甲方委托乙方就故宫的院徽标识及VI进行创作、设计和制作，乙方同意按照合同约定向甲方提供约定的创作设计制作服务；甲方要求乙方的创作设计主题突出、历史感与时代感兼具、整体形象富有艺术性；构图新颖、简洁、醒目、端庄大方，具有较强的视觉感染力，达到"见标识即知故宫"的效果；个性化、寓意贴切；通用性强，适合在多种场合和载体上使用；符合《著作权法》的相关规定，不侵犯他人的著作权；甲方有权审查确认乙方提交的设计方案，支持乙方工作进度，于乙方提交设计方案后及时确认并通知乙方设计方案是否满意。诉讼中，理想公司的证人万某、毕某认可在创作设计院徽的过程中，理想公司曾经与故宫进行过沟通。

根据上述合同，理想公司为故宫设计完成了院徽标识。该标识为篆书"宫"字形，"宫"字宝盖两点向下垂直与下"口"相平，除点划外，宝盖框架以外粗内细线条表现，"宫"字一点采用"海水江牙"和"玉璧"图形。整个院徽标识采用红色色调。故宫认可上述院徽标识已经实际投入使用。

根据《美术字实用大全》、《简明篆刻正字字典》、《新编篆刻字典》，篆书的"宫"字具有多种写法。在故宫的建筑、文物、朝服及印玺上均存在有采用粗细线条的组合形式。

经对比，朱某的作品与故宫院徽标识均采用了篆书的"宫"字字形，将宝盖两点垂直向下与下"口"相平；不同之处在于朱某的涉案作品中对"宫"字中两"口"均采用"G"形设计，故宫的院徽标识则用"海水江牙"和"玉璧"表现"宫"字点划，两"口"均匀上下排列，以外粗内细的组合线条表现篆书"宫"字宝盖框架。同时，二者采用了不同色调表现上述图案。

故宫曾于2005年7月22日致函朱某。在该函件中载明，在征集方案中有相当比例的作品以"宫"字形为基本要件，但是都进行了不同的变形创作，各有特点；故宫没有向外界(包括委托的专业设计公司)提供、透露任何一件应征方案，在另行委托设计的院徽定稿后，故宫对向社会征集的全部以"宫"字为基础创作的设计方案进行复核，确定无一雷同。故宫认为专业设计公司接受委托进行的创作是独立创作，不存在侵权问题。

本院认为：原告的涉案应征设计方案具有独创性，属于我国《著作权法》保护的美术作品。作为该作品的作者，朱某对该作品所享有的著作权应受到法律保护。

在本案中，被告故宫作为征集院徽标识活动的主办方接触了原告应征的作品。在征集院徽标识活动以无中选方案结束后，被告故宫与被告理想公司签订了委托设计院徽标识的合同。根据涉案委托创作合同，理想公司接受故宫的委托为其设计院徽标识。虽然原告朱某主张被告理想公司在创作过程中接触了原告的涉案作品，但其并未就此提供相应的证据。被告故宫主张其采取了保密措施，从未对外透露过原告涉案作品的内容，被告理想公司亦主张未接触到原告的作品。虽然在委托创作合同履行过程中受托人在创作过程中可能要与委托人就设计内容进行沟通，但是现有证据并不能证明受托人理想公司在设计过程中实际接触了原告的作品，且理想公司对院徽标识的设计过程进行了充分的说明，因此本院认为原告朱某的前述主张，缺乏依据，本院不予支持。

将原告的涉案作品与被告理想公司设计的院徽标识作对比，虽然二者在整体结构上均采用了篆书"宫"字形的设计元素，但是在"宫"字一点、两"口"、宝盖框架、颜色方面的表达形式均存在明显差异，而且"宫"字的篆书字形属于公知公用的素材元素，因此本院认为二者不相近似。原告还主张被告理想公司设计的院徽标识中所采用的"海水江牙托玉璧"图案与案外人白某的应征作品相似，本院认为其上述主张依据不足，不予采信。

鉴于被告理想公司设计的院徽标识与原告的涉案作品不相近似，且现有证据不能证明被告理想公司接触了原告的涉案作品，因此原告指控被告故宫、理想公司的涉案行为侵犯其署名权、复制权和修改权并要求两被告承担停止侵权、赔礼道歉及赔偿经济损失的法律责任，缺乏事实和法律依据，本院不予支持。

综上，本院依据《中华人民共和国著作权法》第十一条、第四十六条第(五)项之规定，判决如下：

驳回朱某的诉讼请求。

案件受理费2010元，由朱某负担(已交纳)。

如不服本判决，可在判决书送达之日起15日内，向本院提交上诉状，并按对方当事人的人数提交副本，上诉于北京市高级人民法院。

审判长　张某

代理审判员　潘某

代理审判员　何某

二〇〇五年十二月二十日

书记员　历某

# 中华人民共和国
# 北京市第二中级人民法院
# 民事判决书

(2005)二中民初字第13755号

原告洪某,男,中国香港居民,设计师,住中华人民共和国福建省厦门市。

委托代理人孙某,北京市亿嘉律师事务所律师。

委托代理人邬某,北京市亿嘉律师事务所律师。

被告故宫博物院,住所地中华人民共和国北京市东城区景山前街4号。

法定代表人郑某,院长。

委托代理人陈某,北京市华意律师事务所律师。

委托代理人张某,北京市大地律师事务所律师。

被告北京理想创意艺术设计有限公司,住所地中华人民共和国北京市东城区。

法定代表人邵某,总经理。

委托代理人刘某,北京市天亚律师事务所律师。

委托代理人万某,男,汉族,北京理想创意艺术设计有限公司画家,住中华人民共和国陕西省西安市碑林区。

原告洪某诉被告故宫博物院(以下简称故宫)、北京理想创意艺术设计有限公司(以下简称理想公司)侵犯著作权纠纷一案,本院于2005年9月22日受理后,依法组成合议庭,并于2005年10月31日公开开庭进行了审理。原告洪某的委托代理人孙某、邬某,被告故宫的委托代理人陈某、张某,被告理想公司的法定代表人邵某及其委托代理人刘某、万某到庭参加了诉讼。本案现已审理终结。

原告司某起诉称:根据《故宫博物院院徽标识设计征集启事》(以下简称《征集启事》),原告设计完成应征作品,并向故宫投稿。但是,此次征集活动最终以无中选方案告终。2005年7月,故宫向社会公布了其委托理想公司创作完成的院徽标识。原告认为,故宫在评审应征作品的过程中接触了原告的作品,并在理想公司设计院徽标识的过程中提出过修改意见,鉴于该院徽标识与原告的作品相似,且原告作品的创作完成时间在先,故宫与理想公司的行为构成了对原告作品的抄袭,侵犯了原告的署名权、复制权和修改权,因此请求法院判令被告故宫停止侵权,两被告在故宫网站、《光明日报》上向原告公开赔礼道歉，共同赔偿原告经济损失6万元并承担本案诉讼费用。

被告故宫答辩称：为庆祝故宫建院八十周年，2004年5月故宫向社会公布了《征集启事》，公开征集院徽设计方案。在征集活动开始之前，所有参加此次活动的工作人员均签署了保密保证书。经评审，原告的应征作品未能入围。在院徽征集活动没有中选方案的情况下，2005年5月23日，故宫与理想公司签订委托创作设计院徽标识的合同。合同中明确约定理想公司应当独立创作，不得侵犯他人著作权。随后，以邵某为首的理想公司设计团队最终完成的院徽设计方案得到故宫的认可。该院徽标识为"宫"字形，加饰"文武线"，其中"宫"字的一点取材于古代朝服图案"海水江牙"和"古代玉璧"图形。该设计与原告洪某的作品存在本质区别，不构成抄袭。综上，请求法院驳回原告的诉讼请求。

被告理想公司答辩称：除了征集活动中的六幅入围作品外，该公司从未接触过其他任何征集方案，故宫的院徽标识系该公司独立创作的作品；院徽标识中所采用的"宫"字形属于汉字中的公知领域，使用相同的汉字书写结构不是作品的实质特征，不能作为侵权的依据；院徽设计作品的表现形式与原告洪某的作品存在本质区别。综上，请求法院驳回原告的诉讼请求。

在本案审理期间，原告洪某向本院提交了如下证据材料：

1.公证书及证物，证明故宫公开征集院徽设计方案，在评选过程中有六幅作品入围，故宫委托专业公司对入围的1号、4号作品进行修改完善，理想公司有可能参与了评审修改工作，接触到了原告的作品；故宫最终启用了由其在征集院徽活动结束之后委托理想公司设计的院徽标识。

2.洪某的应征作品，证明原告洪某向故宫投稿的事实。

3.《人民日报》文章，证明故宫与理想公司共同设计院徽标识。

4.白某的应征作品及其证言，证明院徽标识中所采用的"海水江牙托玉璧"的图案与白某的应征作品相似，理想公司在设计过程中可能接触到了白某的应征作品。

5.对比图、公证书，证明故宫院徽标识与原告的应征作品实质相似，原告就此向故宫提出质疑。

被告故宫对原告的上述证据材料发表如下质证意见：对证据1-4、证据5中的公证书的真实性无异议，对证据5中的对比图的真实性不予认可；证据1不能证明理想公司参与评审，接触到原告的作品；证据1中的证物并非采用涉案的院徽标识，但是认可院徽标识已经投入使用的事实；证据3不能证明故宫与理想公司共同创作的事实；认可白某投稿事实，但是证据4与本案无关；五份证据均不能证明原告提出的被告侵权的主张。

被告理想公司对原告的上述证据材料发表如下质证意见：对证据1-3、证据5中的函件的真实性无异议，证据1中的证物与本案无关；对证据4的真实性不予认可，且与本案无关；证据5中的对比图的真实性不予认可；五份证据均不能证明原告的主张。

被告故宫向法院提交如下证据材料：

6.《征集启事》、公示作品征集意见新闻稿、公示作品彩图、征集活动结束新闻稿，证明故宫于2004年5月开始征集院徽设计方案，入围的作品中没有原告的作品，征集活动以无选中方案结束。

7.洪某的应征作品，证明原告应征作品的内容。

8.委托创作合同，证明故宫委托理想公司设计院徽标识。

9.故宫院徽标识，证明故宫院徽标识内容。

10.邵某简介和作品选、理想公司主要作品大事记，证明理想公司、邵某的主要创作业绩。

11.《故宫人》报，刘某设计院徽的作品、照片及刘某的证言，证明2003年故宫内部曾经进行过院徽设计招标，员工刘某设计完成的作品采用了"宫"字形设计元素，该作品曾经在公开场合被使用。

12.《字体设计》、《简明篆刻正字字典》、《新编篆刻字典》，证明原告主张的"宫"字形设计元素缺乏独创性。

13.文武线的介绍资料，证明故宫院徽设计的独创性。

14.保密保证书，证明故宫对所有征集的作品采取了保密措施。

原告洪某对被告故宫的上述证据材料发表如下质证意见：对证据6-9、12、13的真实性无异议；对证据10、11、14的真实性不予认可；证据8不能证明理想公司独立创作完成涉案院徽标识；证据10与本案无关；证据11的证人与被告存在利害关系且不能证明作品形成的时间；证据12、13与本案无关。

被告理想公司对被告故宫的上述证据材料无异议。

被告理想公司向法院提交了如下证据材料：

15.《美术字实用大全》、《新编篆刻字典》，证明篆书"宫"字的固有书法体例和结构属于公知领域，不能作为作品的实质性特征。

16.院徽标识及与原告作品的对比图，证明院徽标识的独创性以及与原告作品之间存在的显著差别。

17.故宫建筑、文物照片，证明在框架结构上采用"文武线"是院徽标识中的独特之处。

18.院徽标识与原告作品的网格坐标图，证明两幅作品在线条、结构、形状上存在明显差别，不相近似。

19.邵某简介和作品介绍、理想公司的介绍和业绩，证明院徽标识体现了理想公司一贯的设计风格。

20.委托创作合同，证明故宫委托理想公司设计院徽标识。

21.设计手稿、电脑设计稿、证人证言，证明理想公司从未接触过原告的作品，独立创作完成院徽标识。

原告洪某对被告理想公司的上述证据材料发表如下质证意见：对证据15、17、20的真实性无异议，但是证据15、17与本案无关，证据20不能证明理想公司独立创作完成涉案标识，但是能够证明理想公司有机会接触到原告的作品；对证据16、18均不予认可；无法确认证据19的真实性、关联性，均不予认可；由于无法确认证据来源，证人与被告存在利害关系，因此对证据21的真实性不予认可。上述证据均不能证明被告的主张。

被告故宫对被告理想公司的上述证据材料无异议。

根据双方当事人的举证、质证意见，本院对上述证据认证如下：鉴于双方当事人对1-3、证据5中的公证书、6-9、12、13、15、17、20的真实性无异议，因此本院对上述证据的真实性予以确认。

虽然被告理想公司对证据4的真实性提出异议，但是鉴于被告故宫已经确认白某投稿的事实，因此本院对证据4的真实性予以确认；但是由于该证据所涉及的事实与本案无关联，因此本院对其关联性不予认可。虽然两被告对证据5中的对比图的真实性均不予认可，但是未能提出相反的证据，因此本院对证据5中的对比图的真实性予以确认。鉴于原告对证据10、19的真实性不予认可，两被告未能提出其他证据予以证明，且证据10、19与本案无关，因此本院对证据10、19的真实性和关联性均不予确认。鉴于证人刘某系故宫员工，与故宫存在利害关系，涉案照片未表明形成时间，被告故宫亦未能提交其他证据证明刘某的作品内容，且原告对此不予认可，因此本院对证据11中的刘某的设计作品、照片以及刘某的证言的真实性不予确认。虽然原告对证据11中的《故宫人》的报道的真实性提出异议，但是并未提出相反的证据，因此对该证据材料的真实性予以确认。鉴于其与本案无关，因此本院对其关联性不予确认。虽然原告对证据14、16、18的真实性提出异议，但是未能提出相反的证据，因此本院对上述证据的真实性予以确认。虽然原告对证据21中的设计手稿和电脑设计稿的真实性提出质疑，但是其并未提出相应的反驳证据，因此本院对上述证据的真实性予以确认。鉴于证人万某、毕某和范某均为理想公司的员工，与理想公司存在利害关系，且理想公司未能提出其他证据予以佐证，因此该证言不能充分证明理想公司的主张。

鉴于证据1中并未明确理想公司参与评审，接触到原告的作品，且两被告对此均不予认可，因此本院对于原告提出的该证据证明理想公司有可能参与评审并接触到原告作品的证明事项不予确认。虽然被告故宫否认证据1中的证物采用了涉案的院徽标识，但是其认可院徽标识已经投入使用的事实，因此本院对上述事实予以确认。鉴于证据3仅为媒体报道，其中并未明确表明故宫与理想公司共同创作设计的事实，且两被告均对上述事实予以否认，因此本院认为证据3不能证明两被告共同设计完成院徽标识的事实。虽然原告提出证据8不能证明两被告之间实际存在委托关系，但是并未提出相应的证据予以证明，因此本院对该证据的证明力予以确认。虽然原告提出证据14不能证明被告故宫实际采取了保密措施，但是其并未提出相应的证据，因此本院对证据14的证明力予以确认。虽然原告提出证据12、13、15、17与本案无关，但是上述证据材料与涉案作品中的篆书"宫"字字形元素及粗细组合线条元素有关，因此本院对上述证据材料的关联性予以确认。

根据双方当事人的举证、质证意见，法院的认证意见以及当事人的陈述，本院查明如下事实：

2004年5月，故宫发布了《征集启事》，公开征集院徽标识设计方案。根据该启事，应征作品应为新创作、未发表的作品；主题突出、时代感与历史感兼具，具有亲和力；构图新颖，达到"见标识即知故宫"的效果等要求；被故宫选定的院徽标识设计作品，著作权全部归故宫所有。2005年5月10日，参加故宫院徽标识设计征集活动的工作人员签订了针对应征作品的保密保证书。

洪某向故宫邮寄了自己的应征作品。在设计说明中载明：标志用故宫的"宫"字的篆书变形为基础，用篆书来表现中华民族文明历史的源远流长，并点明故宫博物院的特质。标志的顶端用具象的故宫建筑物剪影，是为了让人能一眼识别其特征，而建筑物剪影和宫字构成了一个紫禁城俯视图的意象。该作品采用篆书"宫"字形，宝盖两点下垂与下"口"相平，两"口"之间有连线，"宫"字一点以建筑物剪影表现。

原告洪某主张理想公司所采用"海水江牙托玉璧"图案与案外人白某的应

征作品相似，被告故宫认可案外人白某曾向故宫投稿的事实。经对比，上述两幅作品不相近似。

2005年1月25日至2月15日，故宫网站上公示了六幅入围作品，其中不包括洪某的涉案应征作品。2005年3月，根据评审委员会意见，故宫曾约请专业公司对入围的1号和4号作品进行修改完善，但是由于评审委员会对最后的修改方案未取得一致意见，因此故宫最终于2005年5月决定此次院徽征集活动中选方案为空缺。理想公司认可其曾经对上述入围作品提出修改建议。

2005年5月23日，故宫(甲方)与理想公司(乙方)签订委托创作合同。根据该合同，甲方委托乙方就故宫的院徽标识及VI进行创作、设计和制作，乙方同意按照合同约定向甲方提供约定的创作设计制作服务；甲方要求乙方的创作设计主题突出、历史感与时代感兼具、整体形象富有艺术性；构图新颖、简洁、醒目、端庄大方，具有较强的视觉感染力，达到"见标识即知故宫"的效果；个性化、寓意贴切；通用性强，适合在多种场合和载体上使用；符合《著作权法》的相关规定，不侵犯他人的著作权；甲方有权审查确认乙方提交的设计方案，支持乙方工作进度，于乙方提交设计方案后及时确认并通知乙方设计方案是否满意。诉讼中，理想公司的证人万某、毕某认可在创作设计院徽的过程中，理想公司曾经与故宫进行过沟通。

根据上述合同，理想公司为故宫设计完成了院徽标识。该标识为篆书"宫"字形，"宫"字宝盖两点向下垂直与下"口"相平，除点划外，宝盖框架以外粗内细线条表现，"宫"字一点采用"海水江牙"和"玉璧"图形。整个院徽标识采用红色色调。故宫认可上述院徽标识，已经实际投入使用。

根据《美术字实用大全》、《简明篆刻正字字典》、《新编篆刻字典》，篆书的"宫"字具有多种写法。在故宫的建筑、文物、朝服及印玺上均存在有采用粗细线条的组合形式。

经对比，洪某的作品与故宫院徽标识均采用了篆书的"宫"字字形，将宝盖两点垂直向下与下"口"相平；不同之处在于洪某的涉案作品对于"宫"字中一点采用故宫建筑物剪影的形式表现，两"口"之间有连线，故宫的院徽标识则采用"海水江牙"和"玉璧"图形表现"宫"字一点，两"口"均匀上下排列，以外粗内细的组合线条表现篆书"宫"字宝盖边框，二者采用不相近似的颜色表现上述图案。

另，洪某曾经向故宫院徽征集活动组委会办公室、故宫的负责人致函，就院徽标识及故宫的答复提出质疑。

本院认为：原告的涉案应征设计方案具有独创性，属于我国《著作权法》保护的美术作品。作为该作品的作者，洪某对该作品所享有的著作权应受到法律保护。

在本案中，被告故宫作为征集院徽标识活动的主办方接触了原告应征的作品。在征集院徽标识活动以无中选方案结束后，被告故宫与被告理想公司签订了委托设计院徽标识的合同。根据涉案委托创作合同，理想公司接受故宫的委托为其设计院徽标识。虽然原告洪某主张被告理想公司在创作过程中接触了原告的涉案作品，但其并未就此提供相应的证据。被告故宫主张其采取了保密措施，从未对外透露过原告涉案作品的内容，被告理想公司亦主张未接触到原告的作品。虽然在委托创作合同履行过程中受托人在创作过程中可能要与委托人就设计内容进行沟通，但是现有证据并不能证明受托人理想公司在设计过程中实际接触了原告的作品，且理想公司对院徽标识的设计过程进行了充分的说明，因此本院认为原告洪某的前述主张，缺乏依据，本院不予支持。

将原告的涉案作品与被告理想公司设计的院徽标识作对比，虽然二者在整体结构上均采用了篆书"宫"字形的设计元素，但是在"宫"字一点、两"口"、宝盖框架、颜色的表达形式均存在明显差异，而且"宫"字的篆书字形属于公知公用的素材元素，因此本院认为二者不相近似。原告还主张被告理想公司设计的院徽标识中所采用的"海水江牙托玉璧"图案与案外人白某的应征作品相似，本院认为其上述主张依据不足，不予采信。

鉴于被告理想公司的院徽设计与原告的涉案作品不相近似，且现有证据不能证明被告理想公司接触了原告的涉案作品，因此原告指控被告故宫、理想公司的涉案行为侵犯其署名权、复制权和修改权，并要求两被告承担停止侵权、赔礼道歉及赔偿经济损失的法律责任，缺乏事实和法律依据，本院不予支持。

综上，本院依据《中华人民共和国著作权法》第十一条、第四十六条第(五)项之规定，判决如下：

驳回洪某的诉讼请求。

案件受理费2310元，由洪某负担(已交纳)。

如不服本判决，洪某可在判决书送达之日起30日内，故宫博物院、北京理想创意艺术设计有限公司可在判决书送达之日起15日内，向本院提交上诉状，并按对方当事人的人数提交副本，上诉于中华人民共和国北京市高级人民法院。

审判长　张某

代理审判员　潘某

代理审判员　何某

二〇〇五年十二月二十日

书记员　历某

# 十一　故宫博物院与某协会商事仲裁案评析

## 【案情介绍】

故宫博物院和台湾某协会约定自2003年2月20日至8月17日在台湾高雄市立美术馆、台中港区艺术中心、国父纪念馆举办"康雍乾盛代菁华文物展"。

2003年2月13日，故宫博物院将120件(套)院藏珍贵文物点交给该协会。2月23日，展览在台正式展出。2003年8月19日，展览结束，文物运回故宫博物院。8月22日点交时，发现并确认第62号展品(故宫文物编号141708号，国家二级文物)铜镀金三辰公晷仪三条红木雕花支架均从中间折断，木座架雕花磕伤多处，金属支架插头弯曲变形。第69号展品(故宫文物编号182815号，国家二级文物)铜镀金少年顶花篮长方乐箱跑人钟的钟碗断裂，顶花2朵伤断。此外，还有几件文物轻微损伤。开箱查验、点交时，该协会的负责人张某在场，进行了拍照、摄像，并在伤况记录上确认签字。

2003年8月26日，故宫博物院依据双方协议第七条之约定，向该协会递送了《文物损伤索赔书》。两件损伤文物共计赔偿9.4万美元。该协会对事实、款额没有异议，但一直没有予以赔偿。后故宫博物院向中国国际经济贸易仲裁委员会提出仲裁申请，请求该协会按照确认的损失额支付赔偿款。

## 【专家点评】

本案事实比较清楚，法律关系较为清晰明确，可以说是故宫博物院利用法律手段维护和救济自己权利的成功典范。

首先，制定了权利义务比较清晰的合同，即双方签订《关于赴台湾举办

"康雍乾盛代菁华文物展"协议书》。有效的合同是双方当事人真实的意思表示一致的合意，且不违反国家法律、法规和社会公共利益。合同有效的效力在于其拘束力，双方要按照合同的规定履行自己的权利和义务。如果出现了合同中约定的情形，则按照当事人的预先约定（即合同中已经规定的）的解决办法处理。

这一点体现为合同中约定关于往返运输责任的归属。不论是开始的时点还是结束的时点，都非常明确，这为后来确定安全责任的问题提供了很好的判断标准。两次时点分别是故宫博物院将展品点交给该协会之时和该协会将展品点交故宫博物院之时，在这两个时点中间的安全责任则由该协会负责，非常清晰。

其次，在展品文物受到损伤之后，双方当事人在点交之时作了十分明确的描述，并制作了相应的证据。这一做法是十分正确的。证据的保存是日后提出任何请求的基础。没有证据的支持，仲裁机构是不会支持诉讼请求的，正如仲裁机构所言，"这些证据内容清晰明确、前后呼应、互相印证，形成了一条完整的证据链，证明了本案争议的产生经过"。可见未雨绸缪、在任何有问题发生的地方留下足够的书面（确认书、照片）和电子（录像等）证据是十分重要的。

再次，在合同的标的物因一方的原因而导致损伤时，不论该标的物有无投保，均不影响另一方当事人向其请求约定的赔偿责任。因此，在本案中，即使损伤的文物在保险公司的保险范围之内，也不影响故宫博物院向该协会请求赔偿金。

最后，如何判断索赔的金额是否"合理"。由于文物展品有其特殊性，故而其价值评估也有其特殊性。一般应当考虑其年代、稀缺性等因素，其最大的特征是不确定性因素较大。同一件文物在不同的拍卖场合其出价也必然不会相同，所以文物的价值只是一个相对的估计价值而已。所以，比较好的做法是双方当事人对文物展品的价格事先约定一致，从而避免在纠纷产生后再去找专家评估，那样的话，对其价值的数额就会存在争议。在本案中，故宫博物院和该协会签订的协议中将展品目录和估价为协议书的附件是十分必要的，表明双方对文物的价值都表示认可，为以后解决纠纷提供了标准。

**【附】**

# 中国国际经济贸易仲裁委员会
# CHINA INTERNATIONAL ECONOMIC AND TRADE ARBITRATION COMMISSION

地址：中国北京朝阳区亮马桥路32号高澜大厦六层

邮编：100016

电话：(86-10)64646688

传真：(86-10)64643500，64643520

电子信箱：CIETAC@PUBLIC.BTA.NET.CN

Add：6/F, Golden Land Building, 32 Liang Ma Qiao Road, Chaoyang District, Beijing 100016, P.R. China

Tel：(86-10)64646688

Fax：(86-10)64643500，64643520

E-mail：CIETAC@PUBLIC.BTA.NET.CN

(2005)中国贸仲京字第005365号

## 函寄X20050009号文物展协议书争议仲裁案
## 裁决书

申请人：故宫博物院

仲裁代理人：陈某

被申请人：台湾某协会

随函分别寄去仲裁庭于2005年6月14日就题述仲裁案作出的(2005)中国贸仲京裁字第0195号裁决书一式一份，请查收，请其遵照执行。

2005年6月14日

附件：如文

# 中国国际经济贸易仲裁委员会
# 裁决书

申请人：故宫博物院
地址：北京市东城区景山前街4号
仲裁代理人：北京市华意律师事务所律师陈某


被申请人：台湾某协会
地址：台湾台北县三重市某路

北京

2005年6月14日

## 裁决书

(2005)中国贸仲京裁字第0195号

中国国际经济贸易仲裁委员会(以下简称"仲裁委员会")根据申请人故宫博物院(以下简称"申请人")和被申请人台湾某协会(以下简称"被申请人")于2003年2月8日签订的《关于赴台湾举办"康雍乾盛代菁华文物展"协议书》第十四条仲裁条款的约定和申请人于2004年12月29日交至仲裁委员会的仲裁申请书，受理了上述协议书项下的本争议仲裁案。本案案件编号为X20050009。

本案仲裁程序适用自2000年10月1日起施行的《中国国际经济贸易仲裁委员会仲裁规则》(以下简称仲裁规则)的规定。

2005年1月7日，仲裁委员会秘书局以特快专递方式向申请人和被申请人寄送了本案仲裁通知、仲裁规则和仲裁员名册，并同时向被申请人附寄了申请人提交的仲裁申请书及其附件。

申请人选定宋某担任本案仲裁员。由于被申请人未在仲裁规则规定的期限内选定或委托仲裁委员会主任指定仲裁员，仲裁委员会主任根据仲裁规则第二十六条的规定，为被申请人指定张某担任本案仲裁员。由于双方当事人未在仲裁规则规定的期限内共同选定或共同委托仲裁委员会主任指定首席仲裁员，仲裁委员会主任根据仲裁规则第二十四条的规定指定谷某担任本案首席仲裁员。上述三位仲裁员于2005年3月7日组成仲裁庭，共同审理本案。

经商仲裁委员会秘书局，仲裁庭决定于2005年4月21日在北京对本案进行开庭审理。2005年3月9日，仲裁委员会秘书局以特快专递方式向申请人和被申请人寄送了本案仲裁庭组成通知和开庭通知。

由于被申请人未提交任何答辩意见，为保证当事人充分陈述的权利，仲裁庭又于2005年4月11日向双方发出通知，要求双方于2005年4月15日之前提交有关证据或补充证据。但双方均未提交。

仲裁委员会秘书局于开庭当日即2005年4月21日收到被申请人理事长张某发来的落款日期为2005年4月20日的传真，称"……事务繁忙，不克前往出席仲裁庭，相关资料也因尚有许多资料犹在台湾进行法律诉讼(或在大陆将进行诉讼)，未有明显有利于北京故宫之仲裁所要求陪钱(原文如此，仲裁庭注)条件，且本会对贵会亦完全不了解，故请贵会且慢仲裁，待本会取得有利北京故宫要钱条件，再来仲裁以便合于实际需求。"根据仲裁规则第四十二条和第三十三条的规定，仲裁庭决定不接受被申请人提出的延期开庭请求，对本案进行缺席审理。

仲裁庭于2005年4月21日如期在北京开庭审理本案。申请人派仲裁代理人出席了庭审，被申请人未出席。庭审中，申请人向仲裁庭介绍了本案事实经过，就有关法律问题发表了意见，回答了仲裁庭的提问，并向仲裁庭出示了相关证据。

庭审结束后，仲裁庭委托仲裁委员会秘书局于2005年4月21日向双方特别是被申请人书面通报了本案的庭审情况，并通知双方如下：

"1.本会于2005年1月7日以特快专递的方式向双方当事人发送了仲裁通知及其附件，被申请人收到了上述通知，但是没有在仲裁规则规定的期限内提交答辩书及其证据材料。仲裁委员会秘书局于2005年4月11日同时以传真和特快专递的方式向被申请人发送了(2005)中国贸仲京字第002602号函件，要求被申请人在2005年4月15日之前提交有关证据，但是被申请人至今没有提交任何证据。在庭审中，仲裁庭征求了申请人的意见，申请人表示不再向仲裁庭提交补充证据，据此，仲裁庭决定，除非另有安排，不再接受双方当事人提交的任何补充证据。

2.除非双方当事人约定或仲裁庭认为有必要，仲裁庭将不再开庭审理本案。

3.双方当事人最后提交补充意见的期限为2005年5月10日之前，补充意见应为一式五份。逾期，除非另有安排，仲裁庭不再接受双方当事人的补充意见。双方在此期限内提交的补充意见，本会秘书局将给双方当事人进行交换。"

2005年5月11日，仲裁委员会秘书局收到了申请人提交的落款日期为2005年5月9日的"补充代理意见"，仲裁委员会秘书局及时将上述文件转交给被申请人。被申请人仍未提交任何材料。

本案仲裁程序进行中的所有仲裁文件，仲裁委员会秘书局均以特快专递方式邮寄给了被申请人，被申请人均签收无误。

本案现已审理终结。仲裁庭根据申请人提交的全部书面材料和庭审查明的事实，依据相关法律和合同规定，经合议作出本裁决。

现将本案案情、仲裁庭意见和裁决结果分述如下。

1.案情。

2003年2月8日，申请人(甲方)与被申请人(乙方)签订了《关于赴台湾举办"康雍乾盛代菁华文物展"协议书》(以下简称本案协议书)，该协议书的涉争条款规定如下：

第一条：申请人应被申请人的邀请，同意于2003年2月至2003年8月在台湾举办"康雍乾盛代菁华文物展"……

第二条：申请人向被申请人提供展品120件(套)。展品目录及估价为本协议书的附件。

第六条：申请人应于2003年2月15日前在北京故宫博物院同被申请人办理展品点交手续。展品点交和装箱时双方代表均应在场，对每件展品与现状记录及照片进行核实，并由双方代表在点交记录上签字。装箱后由双方代表签封。展品运到台湾后，双方代表应于各展场展览开幕前和闭幕后检查展品，在点交单上做记录、签字，并对发生较大变化的展品状况做出单独报告、拍照后签字。展览结束后，被申请人如需改换展品包装，须征得申请人同意。被申请人在北京故宫博物院向申请人交还展品时，应再次办理上述点交手续。被申请人在点交时所拍摄的照片、录像等只能作为点交报告的辅助资料，不可挪作他用。

第七条：被申请人负责展品自北京故宫博物院至台湾各展场的往返运输。

自申请人在北京故宫博物院将展品点交给被申请人时起直至展览结束被申请人在北京故宫博物院将展品点交给申请人时止，被申请人承担在此期间的所有安全责任。展品如有丢失或损坏严重不能修复时，被申请人应按照本协议书附件所列展品单项估价赔偿，损坏的文物归申请人所有。展品如发生局部损伤，应由申请人方专家提出合理的索赔金额，被申请人应依此予以赔偿。被申请人应在接到申请人正式索赔文件和文物损伤证明材料后2个月内向申请人支付赔偿金。被申请人应在展品起运2周前向申请人提供有关商业保险的有效文件副本。

第十一条：被申请人须负担展览相关费用如下：

展览筹备费2万美元，文物租用费6万美元，共计8万美元。于文物起运前支付申请人。

第十二条：被申请人若未按规定之期限向申请人支付上述各项费用，视为违反本协议，除应继续按规定支付外，还应支付滞纳金。滞纳金额度为：每延付一天，按应付费用的1‰支付给申请人。

本案协议书签订后，在履行期间因部分展品被损坏，双方发生争议，经协商不能解决，申请人遂提请仲裁。

申请人在仲裁申请书中称：

被申请人是1997年在台湾设立的社团法人。2002年10月26日，被申请人向申请人提出《合办〈康雍乾盛世菁华展〉申请书》。申请人出于促进海峡两岸文化交流之目的，同意被申请人的申请。经主管部门批准后，双方于2003年2月8日签署了本案协议书。

双方约定自2003年2月20日至8月17日在台湾高雄市立美术馆、台中港区艺术中心、国父纪念馆举办上述展览。

2003年2月13日，申请人将120件(套)院藏珍贵文物点交给被申请人。2月23日，展览在台正式展出。2003年8月19日，展览结束，文物运回故宫。8月22日点交时，发现并确认第62号展品(故宫文物编号141708号，国家二级文物)铜镀金三辰公晷仪三条红木雕花支架均从中间折断，木座架雕花磕伤多处，金属支架插头弯曲变形。第69号展品(故宫文物编号182815号，国家二级文物)铜镀金少年顶花篮长方乐箱跑人钟的钟碗断裂，顶花2朵伤断。此外，还有几件文物轻微损伤。开箱查验、点交时，被申请人的负责人张某在场，进行了拍照、摄像，并在伤况记录上确认签字。

2003年8月26日，申请人依据双方协议第七条之约定，向被申请人递送了《文物损伤索赔书》。两件损伤文物共计赔偿9.4万美元。被申请人对事实、款额没有异议，但一直没有予以赔偿。

本案协议书第十一条约定：被申请人应当支付展览筹备费2万美元，文物租用费6万美元，共计8万美元，于文物起运前支付申请人。

被申请人仅支付3万美元。申请人因考虑到一些具体情况，减免了2万美元。被申请人还应支付该项费用3万美元。被申请人对款额没有异议，但仍一直没有支付。

基于上述理由，申请人提出如下仲裁请求：

（1）被申请人向申请人给付文物租用费3万美元；

（2）被申请人向申请人给付第62号展品损坏赔偿费9万美元；

（3）被申请人向申请人给付第69号展品损坏赔偿费4000美元；

（4）被申请人向申请人给付代理律师费1万元人民币；

（5）被申请人承担本案仲裁费用。

为支持其主张，申请人向仲裁庭提交了以下证据：

（1）台湾"人民团体立案证书"；

（2）被申请人"康雍乾盛代菁华文物展"申请书；

（3）《关于赴台湾举办"康雍乾盛代菁华文物展"协议书》；

（4）参展文物伤况记录；

（5）两件文物的伤况照片；

（6）申请人文物损伤索赔书；

（7）文物损伤证明；

（8）申请人外事办公室给被申请人负责人催促赔偿函；

（9）被申请人函件；

（10）申请人出具《文物损伤证明》；

（11）被申请人致中保北京市宣武支公司函；

（12）中国人民财产保险股份有限公司北京宣武支公司说明；

（13）被申请人致申请人函；

（14）申请人致被申请人函；

（15）律师事务所发票。

庭审后，申请人又向仲裁庭提交了"补充代理意见"，其主要内容为：

（1）双方对仲裁管辖没有争议。

本案协议书第十四条约定：双方在执行本协议时，如发生争议和问题，由双方代表协商解决。如不能解决，则提交中国国际经济贸易仲裁委员会进行裁决。

（2）双方对展览文物的损坏事实及赔偿金额没有争议。

2003年8月19日，展览结束，文物运回故宫。8月22日双方在点交时，发现并确认第62号和第69号展品损坏，被申请人的负责人张某在场，进行了拍照、摄像，并在伤况记录上确认签字。

2003年8月26日，申请人依照双方协议约定，向被申请人发出《文物损伤索赔书》，明确表示：展览编号69，铜镀金少年顶花篮长方乐箱跑人钟估价40万美元，索赔额4000美元。展览编号62，铜镀金三辰公晷仪估价30万美元，索赔额9万美元。

2003年11月18日，被申请人负责人张某致函申请人，表示希望将文物损伤地点分开表述。2003年11月19日，申请人又向被申请人递送了两份《文物损伤证明》。

2004年1月27日，被申请人负责人张某向中国人民财产保险公司股份有限公司提出索赔申请。损伤文物清单中包括在台展出的第62号、69号两件文物，以及申请人向被申请人提出的赔偿金额，即两件文物分别赔偿9万美元和4000美元。

（3）申请人表达了充分的善意。

根据本案协议书，被申请人应于文物起运前支付给申请人8万美元，但被申请人在文物起运前只支付了3万美元。文物在台展览期间，以及文物运回以后，申请人考虑到展览的一些具体因素，先后免除了2万美元展览筹备费用。而且，申请人在仲裁申请中只主张了被申请人应给付受损的62号、69号国家二级文物的赔偿款9.4万美元、文物租用费3万美元，并未要求被申请人支付因其延迟给付文物租用费而产生的滞纳金20余万美元。

被申请人在本案仲裁程序进行中未向仲裁庭提交答辩材料。

2.仲裁庭意见。

（1）关于适用法律。

双方当事人在本案协议书第十四条中约定，"本协议书适用于中华人民共和国法律"，因此，仲裁庭确认，解决本案争议应适用中华人民共和国法律。

（2）关于本案协议书的效力。

本案协议书第十四条规定："本协议书适用于中华人民共和国法律，于双方法人代表签字后生效，有效期至双方履行完毕各条义务之日止。"仲裁庭查明，该协议书系申请人与被申请人经友好协商后共同签署，是双方当事人的真实意思表示，不违反中华人民共和国法律的强制性规定，协议书第4页落款处盖有双方当事人的印章，并有申请人的法人代表郑某和被申请人的法人代表张某的签字，亦符合协议书第十四条规定的生效条件。因此，本案协议书依法成立，真实有效，对双方均有约束力。

（3）关于本案协议书的履行和双方责任的判定。

根据申请人提交的证据，仲裁庭注意到以下双方产生争议的经过：

在申请人向被申请人提供相关展品后，本案协议书中提及的"康雍乾盛代菁华文物展"于2003年2月至8月期间在台湾举行。展览结束后，供展出用的全部文物运回北京故宫博物院，双方在按协议书规定进行查验点交时发现部分文物有损伤，双方代表故于2003年8月22日做点交记录如下：

"赴台湾'康雍乾盛代菁华文物展'回院发现新伤况如下：

一、故182815铜镀金少年顶花篮长方乐箱跑人钟钟碗断裂，顶花2朵伤断。

二、故141708铜镀金三辰仪三条红木雕花支架均从中间折断，木座及架雕花磕伤多处，金属支架插头弯曲变形……

台湾某协会：

张某（签字）

故宫博物院随展组：

付某、李某、杨某、冯某（签字）

2003年8月22日。"（申请人证据四、五）

从上述点交记录的内容看，双方当事人特别是被申请人对案涉两件文物的损伤状况是十分清楚并予以认可的。

2003年8月26日，申请人正式向被申请人发出了《关于赴台湾"康雍乾盛代菁华文物展"文物损伤索赔书》，在向被申请人明确指出62号展品铜镀金三辰公晷仪、69号展品铜镀金少年顶花篮长方乐箱跑人钟所发现的新伤况的同时，要求被申请人就62号展品赔偿9万美元，就69号展品赔偿4000美元。（申请人证据六）

2003年11月18日，被申请人的理事长张某发传真给申请人，称："寄给保险公司索赔资料，尚须损伤状况证明，盼贵院速将在台湾高雄因运输损伤两件68、69号文物，与回北京运输损伤62、70号文物，分开出具两份损伤证明，索赔额亦请分开写上，以便厘清两家运输公司责任归属……"（申请人证据九）

按被申请人上述传真的要求，申请人于2003年11月19日为62号和69号展品分别出具了《赴台湾"康雍乾盛代菁华文物展"文物损伤证明》，并寄给了被申请人。（申请人证据十）

由于被申请人为此次赴台湾展出的文物向中国人民财产保险股份有限公司北京市宣武支公司进行了投保，在申请人向被申请人提出正式索赔后，被申请人亦于2004年1月27日致函保险公司要求赔偿。其中，被申请人就62号展品向保险公司提出的索赔金额为9万美元，就69号展品提出的索赔金额为4000美元，与申请人向被申请人提出的索赔金额完全相同。为向保险公司索赔，被申请人还附上了申请人的索赔书、损伤证明、伤况照片和点交单等作为附件。但因保险公司认为此次展出文物受损的事故，不在保险单所载保险责任范围之内，保险公司未予赔偿。（申请人证据十一、十二）

从申请人提交的以上证据可以看出，62、69号展品在运回北京故宫博物院之前确实遭到了损坏，申请人已向被申请人正式提出了索赔，对这一事实被申请人也是承认的，并且还作为投保人向保险公司提出了索赔请求。尽管申请人向仲裁庭提交的证据中有的并没有出示原件，被申请人所发的一些传真（包括开庭当天仲裁庭收到的被申请人发来的传真）也没有签字盖章，但仲裁庭认为，一方面，这些证据内容清晰明确、前后呼应、互相印证，形成了一条完整的证据链，证明了本案争议的产生经过；另一方面，仲裁委员会秘书局已将本案全部材料寄给了被申请人，并要求被申请人在规定期限内提交答辩和证据，被申请人虽已签收所有文件，但对申请人的仲裁请求和证据没有提出任何反驳和异议。因此，仲裁庭对申请人提交的全部证据均予以采信，并确认这些证据所证明的上述事实。

仲裁庭注意到，本案协议书第七条规定：被申请人负责展品自北京故宫博物院至台湾各展场的往返运输。自申请人在北京故宫博物院将展品点交给被申请人时起直至展览结束被申请人在北京故宫博物院将展品点交给申请人时止，被申请人承担在此期间的所有安全责任。根据此项规定，由于申请人提供给被申请人的62、69号展品在被申请人承担安全责任期间发生了损坏，因此，被申请人应承担相应的赔偿责任。

关于文物租用费用，仲裁庭注意到，本案协议书第十一条规定，被申请人须负担展览筹备费2万美元，文物租用费6万美元，共计8万美元，于文物起运前支付申请人。申请人称，被申请人仅支付3万美元，申请人因考虑到一些具体情况，减免了2万美元，被申请人还应支付该项费用3万美元。对申请人的此项主张，被申请人在仲裁程序中未表示任何异议，而且，在被申请人的理事长张某于2004年4月9日致申请人方张副院长的传真中自己也提到"至于本会尚欠贵院借展费4万美金事"。因此，仲裁庭确认，被申请人尚欠申请人文物租用费3万美元。

（4）关于申请人的仲裁请求。

①申请人的第1项请求为要求被申请人给付文物租用费3万美元。

根据上述仲裁庭确认的被申请人欠付申请人文物租用费3万美元的事实，仲裁庭支持申请人的此项请求。

②申请人的第2、3项请求为要求被申请人给付第62号展品损坏赔偿费9万美元，给付第69号展品损坏赔偿费4000美元。

如前所述，本案协议书第七条规定：被申请人负责展品自北京故宫博物院至台湾各展场的往返运输。自申请人在北京故宫博物院将展品点交给被申请人时起直至展览结束被申请人在北京故宫博物院将展品点交给申请人时止，被申请人承担在此期间的所有安全责任。展品如有丢失或损坏严重不能修复时，被申请人应按照本协议书附件所列展品单项估价赔偿，损坏的文物归申请人所有。展品如发生局部损伤，应由申请人方专家提出合理的索赔金额，被申请人应依此予以赔偿。被申请人应在接到申请人正式索赔文件和文物损伤证明材料后2个月内向申请人支付赔偿金。被申请人应在展品起运2周前向申请人提供有关商业保险的有效文件副本。根据上述规定，如果展品发生了局部损伤，只要申请人方的专家提出了合理的索赔金额，被申请人就应该按照该金额予以赔偿。而对于何为"合理"的索赔金额，协议书中并没有作出明确规定。

本案中，在相关文物运回北京发现伤况后，申请人于2003年8月26日正式向被申请人发出《关于赴台湾"康雍乾盛代菁华文物展"文物损伤索赔书》，要求被申请人就62号展品赔偿9万美元，就69号展品赔偿4000美元。2003年11月19日，申请人又应被申请人的要求向其递送了两份《文物损伤证明》，提出了同样的索赔金额。这三份文件都加盖有申请人的印章，应视为申请人方的专家根据本案协议书第七条规定提出的索赔金额。至于该金额是否属于"合理"的范畴，仲裁庭认为，由双方签署的本案协议书的附件即为120件(套)展品的目录及估价，这说明签约时被申请人即已明知所有文物的预估价值；发现伤况后，申请人方的专家又针对62、69号展品的受损程度，向被申请人提出了明确的索赔金额，而被申请人不但未在本案仲裁程序中对该金额表示任何异议，还以同样的金额向保险公司提出了索赔，这说明被申请人对文物的受损情形和申请人的索赔金额都是认可的。因此，仲裁庭认为，申请人的索赔金额是合理的，应当予以支持，即被申请人应向申请人给付第62号展品损坏赔偿费9万美元，向申请人给付第69号展品损坏赔偿费4000美元。

③申请人的第4项请求为要求被申请人给付申请人的代理律师费人民币1万元。为此，申请人向仲裁庭提交了收取律师费的发票。鉴于被申请人为本案的违约方，申请人的前述请求也都得到了仲裁庭的支持，仲裁庭裁定，被申请人

应向申请人支付律师费人民币1万元。

④申请人的第5项请求为要求被申请人承担本案仲裁费用。由于本案争议系因被申请人违约而引起，被申请人是本案的违约方和败诉方，仲裁庭裁定，本案仲裁费全部由被申请人承担。

3.裁决。

仲裁庭经合议，一致作出裁决如下：

（1）被申请人向申请人支付文物租用费3万美元。

（2）被申请人向申请人支付第62号展品铜镀金三辰公晷仪损坏赔偿费9万美元。

（3）被申请人向申请人支付第69号展品铜镀金少年顶花篮长方乐箱跑人钟损坏赔偿费4000美元。

（4）被申请人向申请人支付人民币1万元，作为申请人聘请律师的相关费用的赔偿。

（5）本案仲裁费为人民币45980元，全部由被申请人承担。此款与申请人已向仲裁委员会预缴的仲裁预付金人民币45980元冲抵后，被申请人应向申请人支付人民币45980元，以补偿申请人代其垫付的仲裁费。

（6）上述1、2、3、4、5项被申请人应向申请人支付的款项，应于本裁决作出之日起30日内支付完毕。

本裁决为终局裁决，自作出之日起生效。

首席仲裁员　谷某

仲裁员　宋某

仲裁员　张某

二〇〇五年六月十四日于北京


# 十二　故宫博物院与某文化艺术公司合同纠纷案评析

## 【案情介绍】

2001年6月13日，某文化艺术公司与故宫博物院就在故宫午门广场举办"世界三大男高音紫禁城广场音乐会"事宜签订协议书，协议约定：故宫博物院提供其午门古建区域为演出活动场地；演出占用场地时间为2001年6月13日至同年6月24日共10天，文化艺术公司每日应支付故宫博物院午门古建租借费、古建保养费、门票经营损失费和劳务费、水电费等共计人民币20万元，10日共计人民币200万元；合同签订后12小时内文化艺术公司支付故宫博物院人民币100万元，演出结束后10个工作日内(即2001年7月6日前)支付余款人民币100万元；从正式演出的6月23日中午12时起故宫博物院关闭午门，改在东华门向游人开放。协议签订后，文化艺术公司于当日支付故宫博物院人民币100万元。后，文化艺术公司聘请的施工单位进入场地进行搭建音乐会看台、舞台和布景的施工，演出如期举行，演出结束时间为2001年6月24日，文化艺术公司因需拆运其所搭建的音乐会看台、舞台和布景，实际撤出场地的时间为2001年6月25日。文化艺术公司在诉讼开始前未按合同约定支付故宫博物院余款人民币100万元。

故宫博物院请求人民法院要求文化艺术公司支付余款100万元及延长租期1天的费用20万元，并支付至判决执行日按每日万分之四计算的逾期付款违约金。

而文化艺术公司在诉讼中辩称：其承办"三高"演唱会是北京国际奥林匹克系列活动的主要组成部分，具有公益性质，对北京申奥成功起到巨大的促进作用。故宫博物院在乘人之危的情况下使其被迫与其签订《协议书》。其不顾申奥大局，索要的场地租金从150万元增加到200万元，在协商中，更是一拖再拖，使负责舞台搭建的施工单位无法及时进入施工场地，直到6月13日傍晚，1000余名施工工人及200多辆卡车已在午门外准备就绪，但故宫博物院仍坚持如其不答应200万元巨额场租费的要求，即不允许工人进入场地施工。直到6月13日零时，施工工人与故宫博物院职工因此而情绪激动，相互对峙。其为避免发生冲突，顾全大局，于凌晨1点30分签订了盖有38个合同章的所谓《协议书》，并支付100万元，才得以进入施工现场。《协议书》内容显失公平，故宫博物院所出具的《收费许可证》不适用本收费，其收取巨额费用没有法律依据，其收费标准是乘人之危单方抬高价格，其行为显然属于乱收费。因此，该《协议书》应予撤销，请求法院驳回故宫博物院的诉讼请求。

后经一审和二审法院判决，支持了故宫博物院关于请求文化艺术公司支付场地租用费100万及利息的要求，但是原告关于延迟租期1天的费用并没有获得支持。

## 【专家点评】

案件疑难点：

1.协议书是否是在平等协商的基础之上签订，是否有效？

2.收费是否违反法律法规？

3.撤销权的行使期间和方式有哪些？

4.在6月25号撤出场地是否属于延迟租期1天？

相关争议探讨：

1.如何判断一项合同是有效的。

一项合同经当事人的合意一致而成立，但是未必是确定有效的合同。合同生效，是指合同发生法律效力，对合同当事人及第三人产生强制性的拘束力，而该拘束力是《合同法》等法律在评价当事人各方合意的表现之后，而赋予合同的效力，是国家意志的反映。

一般说来，合同的有效要件主要有以下几个：（1）行为人具有相应的民事行为能力；（2）当事人意思表示真实；（3）不违反法律或者社会公共利益；（4）合同的标的须确定和可能。一般情况下，有效的合同是合同效力的正常状态，法律赋予有效的合同具有拘束双方当事人和第三人的强制力。其中对双方当事人的拘束力，包括当事人负有全面适当履行合同义务的义务；当事人有依法律规定和合同约定产生的权利，并受法律保护。这些权利包括请求给付的权利、接受给付的权利、抗辩权、代位权、撤销权、处分债权的权利、一方违约时的救济权等；当事人一方不得擅自变更、解除合同，不得擅自转让合同权利义务；违约方依法承担违约责任。

对不同要件的违反，合同的效力的形态也是不一样的。比如对意思表示真实的违反多为可撤销、可变更的效力；而违反了法律或者社会公共利益的合同多为无效。合同效力的非正常形态主要包括以下几种：

无效合同的效力。无效合同，是指业已成立但缺乏合同的生效要件，在法律上不发生合同当事人预期的法律效果的合同。依《合同法》第五十二条的规定，无效合同有：（1）以欺诈手段订立的损害国家利益的合同；（2）以胁迫手段订立的损害国家利益的合同；（3）恶意串通，损害国家、集体或者第三人利益的合同；（4）以合法形式掩盖非法目的的合同；（5）损害社会公共利益的合同；（6）违反法律、行政法规等强制性规定的合同。无效合同为自始无效，即从成立时就不具有法律拘束力；也是确定无疑地无效，以后的任何事实都不能使之变为有效；也不需要任何人的主张或者法院、仲裁机构的确认为要件。

效力待定的合同。效力待定合同，是指合同的效力处于不确定状态，尚待享有形成权的第三人同意或者拒绝来确定效力的合同。《合同法》第四十七条、四十八条和五十一条规定了效力待定的几种情形：（1）限制民事行为能力人订立的合同；（2）无权代理所订立的合同；（3）无处分权人处分他人财产的合同。效力待定的合同一般都赋予第三人以一定权利，让其确定合同的最终效力。如《合同法》第四十七条第二款规定："相对人可以催告法定代理人在一个月内予以追认。法定代理人未作表示的，视为拒绝追认。合同被追认之前，善意相对人有撤销的权利。撤销应当以通知的方式作出。"同样的规定也见于第四十八和五十一条。

可撤销、可变更合同的效力。可撤销、可变更合同是指欠缺生效要件，一方当事人可依照自己的意思请求法院或者仲裁机构予以变更或撤销的合同。可撤销、可变更合同是意思表示不真实的合同，是一种合同相对无效的合同。可撤销合同制度体现了法律对公平交易的要求，同时又体现了意思自治原则。

根据《合同法》第五十四条的规定可以看出，可撤销、可变更合同主要包括：（1）因重大误解订立的合同；（2）显失公平的合同；（3）一方以欺诈、胁迫的手段或者乘人之危，使对方在违背真实意思的情况下订立的合同，而且该合同没有损害国家利益。因为如果以欺诈、胁迫的手段或者乘人之危所订立的合同损害了国家利益，则属无效合同。

可撤销、可变更合同一般都赋予被欺诈、被胁迫而真实意思表示未能如实表示的一方当事人以撤销权，在一定期限内可以请求人民法院或者仲裁机构予以撤销或者变更。期间届满而没有行使的，或者以一定行为或者明确表示放弃行使撤销权的，该合同的效力从期间届满或者该行为做出时就变为完整的。

2.关于乘人之危和显失公平的认定。

如上所述，一个有效的合同须具备一定的要件，根据《民法通则》第五十五条规定，"民事法律行为应当具备下列条件：（一）行为人具有相应的民事行为能力；（二）意思表示真实；（三）不违反法律或者社会公共利益。"意思表示真实是合同生效的要件，是意思自治原则的当然要求。可见，有效的合同是成立在双方意思一致的基础之上的，是指双方对合同的内容都表示接受，而且这种表示是自由、真实的，不具有重大的瑕疵或者错误。

合同双方意思表示真实，是指缔约人的表示行为应真实地反映其内心的效果意思，及其效果意思与表示行为相一致。当事人缔约的内在意思在表示于外的过程中，可能会因主观或客观、内在或外在的因素导致缔约人欲表达的意思和表示出来的意思不相一致。如果一种义务不是来自于当事人之自由的意思，它就不能对当事人产生法律上的约束力，法律应对意思瑕疵进行补救。

意思表示不真实，对合同效力的影响视具体情况而定。在一般误解等情况下，合同仍为有效。在重大误解时，合同则可以被变更或者撤销。在乘人之危只是合同显失公平的情况下，合同可被变更或者撤销。在因欺诈、胁迫而成立的合同，若损害国家利益，合同无效；若未损害国家利益，合同则可被变更或撤销。

所谓乘人之危，是指一方当事人乘对方处于危难之机，为谋取不正当利益，迫使对方作出不真实的意思表示，严重损害对方利益的行为（参见《最高人民法院关于贯彻执行〈中华人民共和国民法通则〉若干问题的意见》〔以下简称《民通意见》〕第七十条）。它是一方利用他方的危难处境而非主动实施胁迫行为，其社会危害性要小于胁迫。构成要件为：（1）他方陷于危难处境；（2）一方当事人故意利用该他方的危难处境；（3）该他方迫于自己的危难处境接受了即为苛刻的条件，不得以与利用危难处境的一方订立了合同；（4）该合同显失公平。

《民法通则》第五十八条第一款第三项规定，"下列民事行为无效：……（三）一方以欺诈、胁迫的手段或者乘人之危使对方在违背真实意思的情况下所为的……"从该规定可以看出，其将乘人之危作为民事行为无效的原因。

我国《合同法》第五十四条规定："下列合同，当事人一方有权请求人民法院或者仲裁机构变更或者撤销：（一）因重大误解订立的；（二）在订立合同时显示公平的。一方以欺诈、胁迫的手段或者乘人之危，使对方在违背真实意思的情况下订立的合同，受损害方有权请求人民法院或者仲裁机构变更或者撤销。当事人请求变更的，人民法院或者仲裁机构不得撤销。"《合同法》改为可撤销的原因，在合同系因乘人之危而成立的情况下，《合同法》的规定优先适用。

显失公平。《民通意见》第七十二条规定：一方当事人利用优势或者对方没有经验，只是双方的权利义务明显违反公平、等价有偿原则，可以认定为显失公平。理论界也据此对显示公平进行定义。我国《合同法》没有明确地规定显失公平的概念，应当认为，最高人民法院司法解释对《合同法》同样适用。

显失公平的构成要件包括：双方当事人的权利义务明显不对等；这种不对等违反公平原则，超过了法律允许的限度；受害人是在缺乏经验或紧迫的情况下订立的合同。显失公平是从结果着眼的命题，若把原因考虑进去，会有多种类型，如因欺诈形成的显失公平，因胁迫形成的显失公平，因乘人之危形成的显失公平，因重大误解形成的显失公平等。

但是，我们应该看到，我国乘人之危与显失公平的特别之处，在国外的立法上，多数将乘人之危与显失公平作为影响合同效力的一个原因，将乘人之危作为引起显失公平的起因，而显失公平则是乘人之危的后果。从法律行为的一般原理来看，这种规定比较合理，因为如果仅仅有乘人之危的举动而没有显失公平这种后果的话，法律就没有必要救济。

在我国，无论是《民法通则》还是《合同法》都是将乘人之危与显失公平作为影响法律行为（多数是指合同）的两个原因来对待的。通过对《民通意见》第七十条和七十二条的叙述可知，最高人民法院在解释什么是"乘人之危"时，也考虑到了结果的问题，既不仅考虑利用对方危难而迫使其作出不真实的意思表示，而且须"严重损害对方利益"；在认定"显失公平"时，也考虑了"一方当事人利用优势或者对方没有经验等"因素，而不仅仅是从结果来认定。所以，衡量显失公平的标准仅仅限于客观上的不公平是有失妥当的，这将与契约自由原则及《合同法》的基本制度不协调。

显失公平的客观标准。我国《合同法》并没有具体规定显失公平的标准，司法实践也没有得出一个固定的参考值，所以在很大程度上存在任意性与不可预测性。但是，在借贷合同问题上，最高人民法院曾于1991发布了《关于人民法院审理借贷案件的若干意见》，该意见的第六条规定：民间借贷的利率可以适当高于银行利息，各地人民法院可以根据本地区的实际情况具体掌握，但最高不得超过同类贷款利率的4倍。超过此限度的，超出部分的利息不予保护。但类似这种以司法解释方式直接规定显失公平标准的毕竟太少，故可认为，我国法律采用的是弹性标准。但是，法院判例实践中，应当形成"弹性标准的范围"规则，使人们有所预见并有所遵守。

3.在本案中，是否适用乘人之危或者显失公平的分析。

我们应该把关注的重点放在故宫博物院是否在收费上有不合理之处，是否有情况紧迫而导致文化艺术公司处于没有选择余地的情况以及故宫博物院有无利用对方这一处境的分析上。

首先，故宫博物院的收费是否有合理的依据。故宫博物院有合法的收费许可证，且收费是故宫博物院午门古建租借费、古建保养费、门票经营损失费和劳务费、水电费等项目的综合，这样看来并无漫天要价之嫌。而且符合北京市行政事业收费的规定，更不违反法律法规，故而是合法有效的。

其次，文化艺术公司是否处于显著不利的地位。受害人处于穷困、无经验、缺乏判断力或意志薄弱的情况下，订立的合同显然不利于自己时，才能主张法律救济。显失公平一般认为是合同一方当事人对合同的条款在事实上没有选择余地，而合同条款又过分有利于另一方。但是，我们通过案情的了解可以看出，故宫博物院并不是一个盈利机构，是事业单位，其收费也多用于自身的维护和修缮。而且其收费有明确的依据，可以说一定程度上其收费是履行其应有的职责，因此阻止文化艺术公司在没有缴纳租金就进驻搭建演出设施的做法完全是正确的，即使在凌晨要求文化艺术公司签署应该签订的合同也是正确的，是履行作为一个事业单位的职责所在，更无不合理之说。因此，文化艺术公司在租金条款上并无处于显著不利的地位，因为这并不是专门针对文化艺术公司制定的租金条款，它是预先制定的，且符合一个事业单位的性质的，并无虚高的成分，因此实际上并无显失公平的适用。

在这里之所谓造成文化艺术公司提出乘人之危和显失公平的答辩意见，主要在于其认为故宫博物院"逼迫"他们在凌晨签订协议书并要求缴纳一半的租金上，而且故宫博物院有利用其自身的独特优势的嫌疑。但是故宫博物院只要能够证明自己的收费完全是合法有据的，签订协议和缴纳租金也都是履行必要的程序就无乘人之危的嫌疑。但是文化艺术公司已经单独向社会和媒体宣布将在故宫博物院举行演出，并且进行了预售票务的活动，这样一来故宫博物院必然要与其签订协议，但是此时还没有与故宫博物院进行具体的确定的协商，而后如果故宫博物院利用自己的优势向文化艺术公司漫天要价，而一旦文化艺术公司不答应就会导致名誉扫地的境地，此时可以说文化艺术公司已经没有选择的余地而接受不合理的条款是乘人之危，但是本案中这个情况却不存在，首先，文化艺术公司既没有提出证据证明其处于危难境地，也没有受到重大不利。退一步言，如果仅仅是因为其"三高演唱会巨额赞助费不能到位，资金紧缺"为由而视为乘人之危，显然也不符合前已叙述乘人之危的构成要件。

4.在本案的一审和二审中，法院均判决故宫博物院胜诉，无疑是正确的。让我们有启发的一点就是，原审和上诉法院都在判决中说道"文化艺术公司上诉称在签订协议时存在乘人之危、显失公平的情况，但其未能就其主张提供充分证据"，因而法院对他们的主张不予采信。在民事诉讼中，一般实行"谁主张谁举证"的证据规则，也就说当事人要能够拿出充分而且合理的证据来佐证其自己主张的观点，如果证据不充分、不相关或者不能形成一个完整的证据链，则要承担举证不能的责任。这往往可能导致败诉。所以，在实务中，注重对证据的收集和保存是十分重要的。另外，证据的证明力的问题也值得注意。按照《最高人民法院关于民事诉讼证据的若干规定》第七十七条第五项的规定，"证人提供的对与其有亲属或者其他密切关系的当事人有利的证言，其证明力一般小于其他证人证言"。

5.另外，我们可以二审法院的判决书中另外一个理由"且其在合同订立后及原审法院审理过程中，并未积极行使撤销权"。撤销权在前面我们已经简单提到，是指撤销权人以其单方的意思表示使合同等法律行为溯及既往地消灭的权利。撤销权人，在因欺诈、胁迫而成立的合同中为受欺诈人、受胁迫人，在因重大误解而成立的合同中为误解人，在显失公平场合为受到重大不利之人，在乘人之危的场合为处于危难境地之人。撤销权行使的效力，是使合同自其成立时起无效。

我国现行法要求撤销权人通过诉讼方式，请求人民法院或仲裁机构予以变更或者撤销（《民法通则》第五十九条第一款，《合同法》第五十四条第二款）。而且撤销权必须在一定期间内行使，并且该期间是固定的，不适用中止、中断的规定。《合同法》第五十五条第一项规定，撤销权自撤销权人知道或应当知道撤销事由之日起开始计算。《关于民法通则的解释》规定，撤销权自民事行为成立时起算，但是《合同法》高于最高人民法院的司法解释，在合同的撤销上，《合同法》又是特别法，所以，适用于合同撤销权的除斥期间，其起算点应当是自撤销权人知道或应当知道撤销事由之日。

撤销权的消灭。根据《合同法》第五十五条的规定，其原因主要有两个：一是撤销权人在除斥期间内未形式撤销权，二是撤销权人自知道撤销事由后明确表示或者以自己的行为放弃撤销权的。

退一步来说，假如本案中文化艺术公司有撤销权，但是文化艺术公司在后来的行为中，可以说表示其放弃了撤销权，撤销权已经消灭。其不仅履行了自己的给付义务，而且接受了对方的给付，故而表明其已经用自己的行为放弃了撤销权，故而不得在后来再行撤销。

6.文化艺术公司在6月25日才撤出场地是否属于租期延迟1天。通过合同的约定我们可以看出，合同只约定了表演的时间段，并没有约定何时搬出场地。在本案中，文化艺术公司承办的"三高"演唱会结束时间未超过双方的约定，只是其需要拆运庞大的看台、舞台及演出布景方于2001年6月25日全部撤出，法院认为该日并未演出，不应视其延期，我们也同意这种观点。

176

## 【本案的意义】

1.由于故宫所处位置的唯一性和历史特殊性，被很多人认为是具有"垄断"地位的，故而在订立合同的时候容易让对方认为滥用了自身具有特殊的优势地位，本案中被告辩称的"乘人之危、显失公平"大抵也是从这个角度说的。

另外，本案中，被告辩称的另外一个理由是其承办的"三高"演唱会是北京国际奥林匹克系列活动的主要组成部分，具有公益性质，那么这个理由是否成立呢？我们认为虽然是公益性质，但是只要没有主管部门的特别批示，故宫博物院仍是按照收费的规定收费是符合自己职责的，并没有滥用独特地位之嫌，并没有漫天要价。

2.本案中，关于延期1天撤离场地并不算在租期内，可是客观上也给故宫博物院造成了一定的损失，这主要是因为合同并没有约定清楚。在以后的类似协议中不光可以约定演出的时间，也可以约定撤离的时间，如未按时撤离的应承担怎样的责任等等。

## 【附】

# 北京市东城区人民法院
# 民事判决书

(2002)东民初字第2937号

原告故宫博物院，地址：北京市东城区景山前街4号。

法定代表人朱某，副院长。

委托代理人陈某，北京华意律师事务所律师。

委托代理人黄某，男，汉族，故宫博物院干部。

被告某文化艺术公司，地址：北京市东城区。

法定代表人吕某，总经理。

委托代理人杨某，北京市华诚律师事务所律师。

委托代理人高某，女，该公司财务总监，住崇文区。

原告故宫博物院诉被告某文化艺术公司租赁合同纠纷一案，本院受理后，依法组成合议庭，公开开庭进行了审理。原告委托代理人、被告委托代理人均到庭参加了诉讼。本案现已审理终结。

原告诉称，2001年6月，原、被告双方就在故宫午门广场举办"世界三大男高音紫禁城广场音乐会"事宜，签订了协议书。协议约定：原告提供午门广场保证正常开放外的部分为演出活动的场地，演出装卸台、演出占用场地时间为2001年6月13日至6月24日，共10天，被告每天向原告支付午门古建租借费、古建保养费、门票经营损失费和劳务费、水电费等合计20万元，10天共计200万元。合同约定被告于2001年6月13日向原告支付100万元，余款应在2001年7月6日前支付。合同签订后，被告向原告支付100万元，演出如期举行。但被告未按合同约定支付余款100万元。且被告实际撤出场地的时间是2001年6月25日，根据双方约定，被告应支付延长租期一天的费用20万元。另外，双方约定未按期支付费用，应按每日万分之四支付违约金。此后，原告多次催要，被告至今未付。故起诉要求：1.要求被告支付原告100万元；2.要求被告支付延长租期一天的费用20万元；3.要求被告支付至判决执行日按每日万分之四计算的逾期付款违约金；4.要求被告支付本案诉讼费用；5.要求被告支付原告律师代理费1万元。

被告辩称，我公司承办世界三大男高音音乐会是北京国际奥林匹克系列活动的主要组成部分，具有公益性质，对北京申奥成功起到巨大的促进作用。原告在乘人之危的情况下使我公司被迫与其签订《协议书》。原告不顾申奥大局，索要的场地租金从150万元增加到200万元，在协商中，更是一拖再拖，使负责舞台搭建的施工单位无法及时进入施工场地，直到6月13日傍晚，1000余名施工工人及200多辆卡车已堆放在午门外准备就绪，但原告仍坚持如我公司不答应200万元巨额场租费的要求即不允许工人进入场地施工，直到6月13日零时，施工工人与原告职工因此而情绪激动，相互对峙，我公司为避免发生冲突，顾全大局，于当晚凌晨1点30分签订了盖有38个合同章的所谓《协议书》，并支付100万元，才得以进入施工现场。《协议书》内容显失公平，原告所出具的《收费许可证》不适用本收费，向我公司收取巨额费用没有法律依据，其收费标准是乘人之危单方抬高价格，其行为显然属于乱收费。因此，该《协议书》应予撤销，请求法院驳回原告诉讼请求。

经审理查明，2001年6月13日，原、被告双方就在故宫午门广场举办"世界三大男高音紫禁城广场音乐会"事宜，签订了《协议书》，双方约定：原告提供午门古建区域为演出活动场地；演出占用场地时间为2001年6月13日至同年6

月24日共10天，被告每日应支付原告午门古建租借费、古建保养费、门票经营损失费和劳务费、水电费等共计20万元，10日共计200万元。双方约定本合同签订后12小时内被告支付原告人民币100万元，演出结束后10个工作日内(即2001年7月6日前)支付另100万元人民币。协议签订后，被告于当日即支付原告人民币100万元。协议同时约定，在正式演出的6月23日中午12时起关闭午门，改在东华门向游人开放。协议签订后，被告方施工单位进入场地进行搭建音乐会看台、舞台和布景的施工，演出如期举行，演出结束时间是6月24日，但被告因需拆运所搭建音乐会看台、舞台和布景，实际撤出场地的时间是2001年6月25日。此后，被告至今仍未按合同约定支付原告100万元余款。以上事实，原、被告双方均无异议，本院予以确认。

围绕事实争议焦点，原告为支持其主张，向法庭提交了如下证据材料：

1.协议书。用于证明双方之间存在合同法律关系。

2.收费许可证。用以证明原告收费是合法的。

3.2001年3月至2001年6月间，《北京晨报》消息、《北京青年报》广告、《北京晚报》广告、《人民日报(海外版)》消息、《参考消息》广告、《光明日报》消息等。用以证明被告进行了演出活动，原告已履行合同义务。

4.2001年9月12日国家文物局公函。用以证明原告上级主管机关要求被告履行双方协议。

5.证人证言十份，录音带一盒及照片四张。用于证明被告延长一天租期，2001年6月25日仍借用原告场地。

6.被告营业执照。用于证明被告主体资格。

7.律师费收据。用于证明因被告的违约行为给原告造成的损失。

被告向法庭提供了如下证明材料：

1.关于在京举办世界三大男高音演唱会的请示、《北京晚报》午门放歌、2000年12月15日至2001年6月12日"三高"演唱会媒体发稿记录。用于说明"三高"演唱会时间、地点、内容于2000年12月11日已确定，媒体已做宣传并有追踪报道，至2001年6月13日原、被告双方签订协议书时，"三高"演唱会准备工作全部就绪，租用原告场地已成必然。

2.《北京青年报》"三大男高音演出开始售票"的报道。用以说明2001年4月12日，"三高"演唱会已开始售票。

3.被告呈请文件及北京奥申委批示、"三高"演唱会协调会纪要。用于说明北京市政府、北京奥申委要求对"三高"演唱会相关费用予以减免，同时还说明"三高"演唱会意义及背景重大，系公益活动。

4.被告紧急报告。用以说明"三高"演唱会巨额赞助费不能到位，资金紧缺。

5."三高"演唱会请示、公函及报告。用以说明"三高"演唱会原、被告在签订《协议书》前，原告提出150万元场租费及协商过程，被告曾向有关部门提出对150万元场租费予以减免。

6.协议书。用以说明协议书形式、签订时间等，表明原告乘人之危，被告在紧急情况下不得不签章。

7.雅尼紫禁城音乐会《合作协议书》。用以说明"三高"演唱会的协议书显失公平。

8.会议纪要、请示等文件。用以说明该活动主旨为北京申奥。

9.情况说明两份。用以说明被告委托施工单位进入场地的时间及过程。

10.关于恳请敦促故宫博物院合理收费的请示。用于说明被告就收费问题向有关领导请示。

11.经费补贴的请示。用于说明被告向北京奥申委及财政部申请补贴。

12.北京市行政事业性收费文件汇编说明等文件。用于说明原告收费无依据。

原告对被告提供的证据6予以认可，对其他证据的真实性无疑议，但认为与本案无关联性。被告对原告提供的证据1、证据2、证据3、证据4、证据5、证据6、证据7的真实性无异议，但对证据5，被告认为证人与原告有利害关系，对此不认可。

上述证据经当庭充分质证，本院认为，原、被告对对方提供的证据的真实性均无异议，本院予以确认。

本院认为，根据已查明的事实，原、被告所签订的租用场地协议书，是双方真实意思表示，且不违反相关法律规定，该协议书应视为有效。协议签订后，对双方具有约束力，原、被告应自觉履行己方义务，原告依约定如期将场地交予被告，被告亦按照协议规定支付给原告百分之五十的场地租用费，演出如期举行，但被告举办完"三高"演唱会后未按协议约定向原告履行支付场地租用费余款的义务，其行为已构成违约，理应承担相应的违约责任。现原告要求被告给付余款，理由充分，本院予以支持。有关原告提出被告延期一天撤出场地应按协议约定支付其20万元的请求，被告承办的"三高"演唱会结束时间未超过双方的约定，只是其需要拆运庞大的看台、舞台及演出布景，方于2001

年6月25日全部撤出，该日并未演出，不应视其延期，因此，对原告该项请求，本院不予支持。对于被告在抗辩意见中提出，双方所签协议系原告乘人之危其被迫所签、协议内容显失公平及原告收费无根据，对此，被告未能向法庭举出有效证据予以佐证，故本院不予采信。综上所述，根据《中华人民共和国合同法》第八条、第六十条第一款、第一百零七条之规定，判决如下：

1. 被告某文化艺术公司于本判决生效后7日内给付故宫博物院场地租用费100万元人民币，同时按中国人民银行同期贷款利率支付原告自2001年7月7日起至实际支付之日止的场地租用费余款100万元人民币的利息。

2. 驳回原告其他诉讼请求。

案件受理费16747元，由原告负担747元，被告负担16000元（原告已交纳，被告于本判决生效后7日内交纳）。

如不服本判决，可于判决书送达之日起15日内，向本院递交上诉状。并按照对方当事人的人数提出副本，并交纳上诉案件受理费16747元，上诉于北京市第二中级人民法院。在上诉期满后7日内未交纳上诉案件受理费的，按自动撤回上诉处理。

审判长　张某

代理审判员　闫某

人民陪审员　纪某

二〇〇二年九月十九日

书记员　王某

# 北京市第二中级人民法院
# 民事判决书

（2003）二中民终字第00867号

上诉人（原审被告）某文化艺术公司，住所地北京市东城区。

法定代表人吕某，总经理。

委托代理人杨某，北京市华城律师事务所律师。

被上诉人（原审原告）故宫博物院，住所地北京市东城区景山前街4号。

法定代表人郑某，院长。

委托代理人黄某，男，故宫博物院干部，住北京市东城区。

委托代理人陈某，北京市华意律师事务所律师。

上诉人某文化艺术公司因租赁合同纠纷一案，不服北京市东城区人民法院(2002)东民初字第2937号民事判决，向本院提起上诉。本院依法组成合议庭，公开开庭审理了本案，某文化艺术公司之委托代理人杨某，故宫博物院之委托代理人陈某、黄某均到庭参加了诉讼，本案现已审理终结。

2002年5月，故宫博物院起诉至原审法院称：2001年6月，我方与某文化艺术公司(以下简称文化艺术公司)就在故宫午门广场举办"世界三大男高音紫禁城广场音乐会"(以下简称"三高"演唱会)事宜，签订了协议书。协议约定：我方提供午门广场，保证正常开放外的部分为演出活动的场地，演出装卸台、演出占用场地时间为2001年6月13日至6月24日，共10天，文化艺术公司每天向我方支付午门古建租借费、古建保养费、门票经营损失费和劳务费、水电费等合计20万元，10天共计200万元，文化艺术公司于2001年6月13日向我方支付100万元，余款应在2001年7月6日前支付。合同签订后，文化艺术公司向我方支付了100万元，演出如期举行，但文化艺术公司未按合同约定支付余款100万元。文化艺术公司实际撤出场地的时间是2001年6月25日，根据双方约定，文化艺术公司应支付延长租期1天的费用20万元。另外，双方约定未按期支付费用，应按每日万分之四支付违约金。后，我方多次催要，文化艺术公司至今未付，故起诉要求文化艺术公司支付我方余款100万元及延长租期1天的费用20万元，并支付至判决执行日按每日万分之四计算的逾期付款违约金，承担本案诉讼费用及律师代理费。文化艺术公司辩称：我公司承办"三高"演唱会是北京国际奥林匹克系列活动的主要组成部分，具有公益性质，对北京申奥成功起到巨大的促进作用。故宫博物院在乘人之危的情况下使我公司被迫与其签订《协议书》。其不顾申奥大局，索要的场地租金从150万元增加到200万元，在协商中，更是一拖再拖，使负责舞台搭建的施工单位无法及时进入施工场地，直到6月13日傍晚，1000余名施工工人及200多辆卡车已在午门外准备就绪，但故宫博物院仍坚持如我公司不答应200万元巨额场租费的要求，即不允许工人进入场地施工。直到6月13日零时，施工工人与故宫博物院职工因此而情绪激动，相互对峙。我公司为避免发生冲突，顾全大局，于凌晨1点30分签订了盖有38个合同章的所谓《协议书》，并支付100万元，才得以进入施工现场。《协议书》内容显失公平，故宫博物院所出具的《收费许可证》不适用本收费，向我公司收取巨额费用没有法律依据，其收费标准是乘人之危单方抬高价格，其行为显然属于乱收费。因此，该《协议书》应予撤销，请求法院驳回故宫博物院的诉讼请求。

原审法院经审理确认，双方当事人所签订的租用场地协议书，是双方真实意思表示，且不违反相关法律规定，该协议书应视为有效。协议签订后，双方应自觉履行己方义务，故宫博物院依约定如期将场地交予文化艺术公司，文化艺术公司亦按照协议规定支付了50%的场地租用费，演出如期举行，但文化艺术公司举办完"三高"演唱会后未按协议约定向故宫博物院履行支付场地租用费余款的义务，其行为已构成违约，理应承担相应的违约责任。现故宫博物院要求文化艺术公司给付余款，理由充分，应予支持。有关故宫博物院提出文化艺术公司延期一天撤出场地应按协议约定支付其20万元的请求，文化艺术公司承办的"三高"演唱会结束时间未超过双方的约定，只是其需要拆运庞大的看台、舞台及演出布景，方于2001年6月25日才全部撤出，但该日并未演出，不应视其延期，因此，对故宫博物院该项请求不予支持。对于文化艺术公司在抗辩意见中提出，双方所签协议系故宫博物院乘人之危其被迫所签、协议内容显失公平及故宫博物院收费无根据，对此，文化艺术公司未能向法庭举出有效证据予以佐证，故不予采信。据此，原审法院于2002年9月判决：1.某文化艺术公司于判决生效后七日内给付故宫博物院场地租用费100万元人民币，同时按中国人民银行同期贷款利率支付故宫博物院自2001年7月7日起至实际支付之日止的场地租用费余款100万元人民币的利息；2.驳回故宫博物院其他诉讼请求。判决后，文化艺术公司不服，上诉至本院称：一审认定事实不清，适用法律错误；《协议书》约定的收费显然属于乱收费，协议无效；双方签订的《协议书》并非真实意思表示；《协议书》属可撤销合同，其在一审中已经行使了撤销权，故该协议应认定为无效；请求撤销原判第一项，驳回故宫博物院的诉讼请求。故宫博物院同意原判。

经审理查明，2001年6月13日，文化艺术公司与故宫博物院就在故宫午门广场举办"世界三大男高音紫禁城广场音乐会"事宜签订协议书，约定：故宫博物院提供其午门古建区域为演出活动场地；演出占用场地时间为2001年6月13日至同年6月24日共10天，文化艺术公司每日应支付故宫博物院午门古建租借费、古建保养费、门票经营损失费和劳务费、水电费等共计人民币20万元，10日共计人民币200万元；合同签订后12小时内文化艺术公司支付故宫博物院人民币100万元，演出结束后10个工作日内(即2001年7月6日前)支付余款人民币100万元；从正式演出的6月23日中午12时起故宫博物院关闭午门，改在东华门向游人开放。协议签订后，文化艺术公司于当日支付故宫博物院人民币100万元。后，文化艺术公司聘请的施工单位进入场地进行搭建音乐会看台、舞台和布景的施工，演出如期举行，演出结束时间为2001年6月24日，文化艺术公司因需拆运其所搭建的音乐会看台、舞台和布景，实际撤出场地的时间为2001年6月25日。文化艺术公司至今未按合同约定支付故宫博物院余款人民币100万元。

原审法院审理过程中，故宫博物院提供了如下证据材料：1.协议书；2.收费许可证；3.2001年3月至2001年6月间，《北京晨报》消息、《北京青年报》广告、《北京晚报》广告、《人民日报(海外版)》消息、《参考消息》广告、《光明日报》消息等；4.2001年9月12日国家文物局公函；5.证人证言10份，录音带1盒及照片4张；6.文化艺术公司营业执照；7.律师费收据。文化艺术公司提供了如下证明材料：1.关于在京举办"三高"演唱会的请示、《北京晚报》午门放歌、2000年12月15日至2001年6月12日"三高"演唱会媒体发稿记录；2.《北京青年报》"三大男高音演出开始售票"的报道；3.文化艺术公司呈请文件及北京奥申委批示、"三高"演唱会协调会纪要；4.文化艺术公司紧急报告；5."三高"演唱会请示、公函及报告。6.协议书；7.雅尼紫禁城音乐会《合作协议书》。8.会议纪要、请示等文件；9.情况说明两份；10.关于恳请敦促故宫博物院合理收费的请示；11.经费补贴的请示；12.北京市行政事业性收费文件汇编说明等文件。故宫博物院对文化艺术公司提供的证据6予以认可，对其他证据的真实性无疑义，但认为与本案无关联性。文化艺术公司对故宫博物院提供的证据1、2、3、4、5、6、7的真实性无异议，对证据5不认可。

本院审理中，双方当事人均未提供新的证据。

上述事实，有双方当事人陈述及原审法院经庭审质证之证据材料在案证明。

本院认为，依法成立的合同，对当事人具有法律约束力。当事人应当按照约定全面履行自己的义务。故宫博物院与文化艺术公司经平等协商签订合同，双方当事人意思表示真实且合同内容不违反国家法律、行政法规规定，故合同应认定为有效。双方在合同中就租赁场地的使用期限、租金标准及给付方式等条款均有明确约定，理应按照约定履行自己的义务。现故宫博物院已经按照约定提供了场地，文化艺术公司实际使用了该场地举办"三高"演唱会并已经按照约定支付了一半租金，现其以故宫博物院收费无根据为由主张合同无效、拒不支付剩余租金没有道理。文化艺术公司上诉称在签订协议时存在乘人之危、显失公平的情况，但其未能就其主张提供充分证据，且其在合同订立后及原审法院审理过程中，并未积极行使撤销权，故对其所述，本院不予采信。综上所述，原审法院判决文化艺术公司给付故宫博物院所欠场地租用费及相应利息并无不当，所作判决应予维持。依照《中华人民共和国民事诉讼法》第一百五十三条第一款第(一)项之规定，本院判决如下：

驳回上诉，维持原判。

一审案件受理费16747元，由故宫博物院负担747元(已交纳)，由某文化艺术公司负担16000元(于判决生效之日起7日内交纳)；二审案件受理费16747元，由某文化艺术公司负担(已交纳)。

本判决为终审判决。

审判长　白某

代理审判员　张某

代理审判员　高某

二〇〇三年二月二十六日

书记员　刘某

# 十三　故宫博物院与某公司建设工程施工合同纠纷案评析

## 【案情简介】

2004年，某公司和故宫博物院签署了《故宫博物院午门展厅玻璃维护结构采购与安装合同》以及《故宫博物院午门展厅玻璃维护结构采购与安装合同补充协议》，承建故宫午门展厅工程。该工程于2005年8月2日经故宫博物院、监理单位以及设计单位验收合格。

根据补充协议的规定，该工程保修期为12个月，故宫博物院支付了合同总金额95％的工程款，某公司并预留合同总金额的5％(即424420元)作为工程质量保证金，待工程保修期满后，某公司向故宫博物院提供书面的保证金支付申请，故宫博物院在收到该支付申请后10天内将质量保证金付给某公司。

该工程保修期已于2006年8月1日期满，某公司已按期向故宫博物院提供支付工程保证金申请，并应故宫博物院要求出具了等额工程款发票，但故宫博物院未按补充协议约定支付该工程保证金。故起诉要求故宫博物院支付拖欠的工程保证金和相应利息。

故宫博物院在诉讼中则认为某公司所述情况并不全面。在合同实际履行中，某公司没有按照招标提交的竞标文件规定的品牌和质量提供材料，擅自更换材料，违反了合同约定。根据合同约定，故宫博物院有权向某公司提出材料差价款的索赔要求，并有权从质量保证金中予以扣除。故宫博物院要求某公司立即退还材料款70万元，并承担全部诉讼费用。

## 【专家点评】

案件疑难点：

1.某公司实际履行中未按照招标提交的竞标文件规定的品牌和质量提供材料，该行为是否违反了合同约定？故宫博物院能否因某公司的此违约行为提出材料差价款的索赔要求，并单方面直接从质量保证金中扣除？

2.建筑工程质量保修责任和瑕疵担保责任是否相同？

3.验收合格是否免除瑕疵担保责任？

4.某公司的行为是否构成瑕疵给付？

相关争议探讨：

1.某公司作为该施工合同中承建人一方，负有主要给付义务，即在合同约定的期间内，遵循合同约定的质量标准完成该项施工。

首先，某公司通过政府采购招标程序签署了《采购与安装合同》，可见其正是凭借其竞标文件中包括原材料品牌与质量标准在内的一系列承诺才得以签署此合同，因此其竞标文件中规定的材料品牌与质量应被视为《采购与安装合同》的当然条款。某公司在实际履行中，并未按照其竞标文件中规定的品牌和质量提供材料，这种行为实际上违反了合同约定。

其次，某公司合同义务的恰当履行，不仅要求其施工在时间上符合约定，还要求施工质量符合合同约定的标准。施工最终质量与使用的原材料的质量有密切联系，某公司擅自更换材料的行为必然导致该项施工的质量不符合合同约定的标准，因此某公司该行为违反了合同约定，其履行行为属于瑕疵给付。

《合同法》第一百五十五条规定："出卖人交付的标的物不符合质量要求的，买受人可以依照本法第一百一十一条的规定要求承担违约责任。"《合同法》第一百一十一条规定："质量不符合约定的，应当按照当事人的约定承担违约责任。对违约责任没有约定或者约定不明确，依照本法第六十一条的规定仍不能确定的，受损害方根据标的的性质以及损失的大小，可以合理选择要求对方承担修理、更换、重作、退货、减少价款或者报酬等违约责任。"由此可知，承担标的物瑕疵担保责任的形式主要有承担修理、更换、重作、退货、减少价款或者报酬等。对某公司该项有瑕疵的履行，故宫博物院作为合同相对方有权利要求某公司赔偿材料差价款。

2.保修期满，施工单位的保修责任消灭，但施工单位的瑕疵担保责任不受影响。

质量保修书是根据建设行政管理部门的规定，由施工单位（某公司）在交付工程时，针对工程质量向建设单位（故宫博物院）作出承诺保证的书面文件。而其中规定的保修期，是指施工单位对保修期内出现的保修范围内的质量问题无条件实施修复的期限，并非对工程质量承担瑕疵担保责任的期限。所谓质量问题，一般是指建筑工程的质量不符合工程建设强制性标准以及合同的约定。

建筑工程质量保证和上述瑕疵担保责任并不相同，二者主要有以下两点区别：第一，建筑工程质量保修责任针对的质量问题是工程竣工验收后保修期内出现的，而瑕疵担保责任针对的质量问题是在工程交付之前即已存在的；第二，承担建筑工程质量保修责任的方式是无条件按交付时的原貌和质量标准实施修复，修复费用由责任方承担，而承担瑕疵担保责任的方式包括修理（无偿）、赔偿损失、减少报酬等。

可见，保修期届满，并不影响建设单位要求施工单位承担瑕疵担保责任。一般的买卖合同中，出卖人均负有对标的物的瑕疵担保责任，但并不负有交付后的保修责任，除非当事人另有约定。而对于房屋建筑工程，因其质量涉及公共安全利益，《建筑法》、《建筑工程质量管理条例》等法律法规对建筑工程的质量要求作出更高的规定，要求施工单位在依约交付后仍在一定期限（保修期）内承担无条件地按交付时的原貌和质量标准实施修复的责任，即保修责任。保修期是保修责任的期限，而非瑕疵担保责任的期限。保修期满，施工单位的保修责任消灭，但施工单位的瑕疵担保责任不受影响。

本案中，某公司未按竞标文件提供相应的原材料，该质量缺陷在工程交付之前即已存在，其应承担瑕疵担保责任，该瑕疵担保责任并不受保修期的影响。

3.验收合格仅是施工单位要求建设单位接收工程、支付价款的前提条件，验收合格并不免除施工单位的瑕疵担保责任。

构成物的瑕疵担保责任，必须具备以下要件：第一，标的物存有瑕疵。所谓瑕疵，是指交付的标的物不具备其通常的性质或客观上应有的特征，或者不符合合同约定的质量标准，及对产品的适应性、安全性和其他特征的要求。第二，瑕疵须于标的物的风险移转于买受人时已存在。第三，买受人善意且无重大过失，即买受人对标的物存在瑕疵的情形确实不知，并对这种不知情没有过失。如果买受人明知标的物存在瑕疵而接受，则免除出卖人的瑕疵担保责任。第四，买受人须适时履行通知义务，即买受人在知道或应当知道标的物存在瑕疵的一定期间内，负有将该情况通知出卖人的义务，超过此除斥期间，出卖人不负瑕疵担保责任。可见，出现如下两种情形之一时，出卖人的瑕疵担保责任免除：（1）买受人明知标的物存在瑕疵而接受；（2）买受人在知道或应当知道标的物存在瑕疵的一定期限内没有履行通知义务。

由于房屋建筑工程涉及公共安全利益，《建筑法》、《建筑工程质量管理条例》等法律、行政法规对施工单位的瑕疵担保责任提出了更高的要求。《建筑法》第五十八条规定："建筑施工企业对工程的施工质量负责。建筑施工企业必须按照工程设计图纸和施工技术标准施工，不得偷工减料。工程设计的修改由原设计单位负责，建筑施工企业不得擅自修改工程设计。"《建筑工程质量管理条例》第六十四条规定："违反本条例规定，施工单位在施工中偷工减料的，使用不合格的建筑材料、建筑构配件和设备的，或者有不按照工程设计图纸或者施工技术标准施工的其他行为的，责令改正，处工程合同价款2%以上4%以下的罚款；造成建设工程质量不符合规定的质量标准的，负责返工、修理，并赔偿因此造成的损失；情节严重的，责令停业整顿，降低资质等级或者吊销资质证书。"验收合格是建筑工程交付使用的前提条件，是保证房屋建筑工程质量安全的第一道防线，验收合格并不免除施工单位的瑕疵担保责任。

本案中，某公司违反了合同的约定，造成建筑工程质量不符合约定，应承担返工、修理、赔偿损失等民事责任。

4.债的抵消效果。

一方面，故宫博物院对某公司享有重做、修理或者减少价款等要求其承担瑕疵担保责任的权利；另一方面，某公司对故宫博物院享有返还保证金的债权。

本案中，故宫博物院要求某公司返还所有原材料的价款并不现实，因为在没有发生严重偏离合同约定的质量时，这种根本性的救济方式会受到一定程度的限制。所以要求某公司返还实际采用的材料和约定采用的材料之间的差额以及其他相应损失（如可能实际采用的材料使用年限没有合同约定的那种材料使用的时间长）获得法院支持的可能性较大。故宫博物院还应将剩余的保证金返还。

## 【本案的意义】

1.在此类合同中，应当明确规定施工方所提供使用的原材料品牌和质量标准。如果该原材料品牌和质量标准只存在于某公司的竞标文件中，那么合同也应该明确规定，此类标准以竞标文件规定为准。否则，该原材料品牌和质量是否有确定的标准，在合同中无法体现，在双方当事人之间也是模糊不清的，一旦发生如本案中某公司更换原材料的事实，该行为是否违约仍需要证明与辩驳。合同相关条款应该更为明确与细致，这不仅加强对给付义务履行方的约束，也使得对履行方行为是否符合合同约定有更容易、更直观的判断。

2.在验收工程时，判断应当更加周全和严密。对其他类似的受领对方给付时，要全面考察其给付的效果，从形式到内容，严格以合同约定为检验标准，对不符合合同约定的要格外的注意，及时向履行一方提出异议，对存在履行瑕疵的给付要及时提出权利请求，通常为要求给付一方依合同约定进行赔偿。在本案中，当事人本可以在发现对方更换材料之后及时向对方提出该行为的违约性并要求赔偿材料差价款，但当事人故宫博物院未在保修期内通知对方其履行存在瑕疵，也未提出索赔差价款的权利请求，使得该项权利无法得到法律有效的保护。故宫博物院还可以通过发送律师函的方式行使自己的权利。

## 【附】

# 北京市东城区人民法院
# 民事调解书

(2008)东民初字第08676号

原告(反诉被告)：某公司，住所地珠海市九洲大道西兰埔工业区。

法定代表人：叶某，董事长。

委托代理人：诸某，男，1940年7月18日出生，该公司北京办事处副总经理，住本市海淀区。

委托代理人：赵某，北京市立方律师事务所广州分所律师。

被告(反诉原告)：故宫博物院，住所地本市东城区景山前街4号。

法定代表人：郑某，院长。

委托代理人：王某，北京市中瑞律师事务所律师。

委托代理人：张某，北京市中瑞律师事务所律师。

本院于2008年10月16日立案受理了原告某公司诉被告故宫博物院建设工程施工合同纠纷一案。依法由审判员岳某独任审判，适用简易程序，公开开庭进行了审理。

原告诉称：2004年4月16日，原、被告签署了《故宫博物院午门展厅玻璃维护结构采购与安装合同》以及《故宫博物院午门展厅玻璃维护结构采购与安装合同补充协议》，承建故宫午门展厅工程。该工程于2005年8月2日经被告、监理单位以及设计单位验收合格。2006年1月25日，被告审定该工程结算价为848.84万元。根据补充协议的规定，该工程保修期为12个月，被告预留合同总金额的5%(即424420元)作为工程保修金，待工程保修期满后，原告向被告提供书面的保修金支付申请，被告在收到原告支付申请后10天内一次付清。该工程保修期已于2006年8月1日期满，原告已按期向被告提供支付工程保修金申请，并应被告要求出具了等额工程款发票。经原告多次催要，被告至今未支付该工程保修金。故起诉要求被告支付拖欠的工程保修金424420元，支付424420元工程保修金自2006年8月1日起至实际支付之日止的利息(按照中国人民银行发布的同期同类贷款利率计算)，诉讼费由被告承担。

被告辩称：原告所述情况属实，但并不全面。原告是通过政府采购招标程序签署的采购与安装合同。在合同实际履行中，原告没有按照招标提交的竞标文件规定的品牌和质量提供材料。原告擅自更换材料，违反了合同约定。根据合同约定，被告有权向原告提出材料差价款的索赔要求，并有权从质量保证金中予以扣除。被告的诸多行为，违反了合同约定，故被告不同意原告的诉讼请求，并提出反诉，要求原告立即退还被告材料款70万元，并承担全部诉讼费用。

本案在审理过程中，经本院主持调解，双方自愿达成如下协议：

被告(反诉原告)故宫博物院于2009年1月15日前退还原告(反诉被告)某公司质量保证金324420元。

案件受理费4313元，由原告负担；反诉案件受理费5400元，由被告负担(均已交纳)。

双方一致同意本调解协议的内容自双方在调解协议上签名或盖章后即具有法律效力。

上述协议，不违反法律规定，本院予以确认。

审判员　岳某

二〇〇八年十二月二十七日

书记员　陈某

# 十四　故宫博物院与某公司及徐某专利权侵权案评析

## 故宫博物院等诉某公司及徐某专利申请权转让合同纠纷案评析（一审）

### 【案情介绍】

2004年5月26日，被告某公司向国家知识产权局申请了名称为"一种中国书画仿真复制印刷技术"的发明专利(以下简称"涉案发明专利")，发明人为徐某，申请号为200410009135.0，申请公开日为2005年2月23日。

2006年5月，原告解某（原系该公司员工）、故宫博物院、张某（故宫博物院工作人员）与被告某公司及徐某（该公司经理暨法定代表人）签订《权利转移协议书》，协议约定了如下内容：1.增加解某、故宫博物院、张某为共同申请人，增加解某、张某为发明人，某公司、故宫博物院、解某、张某共同拥有涉案发明专利的权利；2.如涉案专利申请在公开前被驳回，则某公司、故宫博物院均可自由使用涉案专利技术；3.某公司负责办理增加申请人、发明人的手续并承担相应费用。

涉案协议签订后，解某、故宫博物院、张某、某公司、徐某共同委托案外人北京正理专利代理有限公司（以下简称"正理公司"）办理涉案发明专利申请人、发明人的变更手续事宜，并出具了《专利代理委托书》，具体工作由该公司的专利代理人谢某负责。

但在办理变更事宜过程中，被告某公司和徐某拒不签署相关法律文件，并通知正理公司及谢某停止办理涉案发明专利申请人、发明人的变更手续，致使涉案发明专利申请人、发明人没有变更。

2006年8月30日，涉案发明专利申请被授权，被告某公司获得涉案发明专利的专利权，被告徐某为涉案发明专利的发明人。嗣后，二被告亦没有变更专利的权利人。

原告认为二被告的行为已严重违反了《权利转移协议书》的约定，侵犯了原告的合法权益，故诉至北京市第二中级人民法院。第二中级人民法院支持了原告的诉讼请求。

## 【专家点评】

本案是一起专利申请权转让合同纠纷，原、被告就涉案发明专利的申请人、发明人和权利人的增加达成一致，签订了《权利转移协议书》，但被告某公司、徐某并未履行专利申请人、发明人的变更手续，最后专利被授权，亦未变更发明专利的权利人，违反了涉案协议的约定，引发纠纷。

本案争议的焦点是涉案合同《权利转移协议书》是否合法有效，被告某公司和徐某的行为是否构成违约并应否承担违约责任。

就此二问题点评如下：

1.涉案合同《权利转移协议书》是否合法有效？

根据上述案情，三原告解某、故宫博物院、张某与两被告某公司、徐某于2006年5月签订《权利转移协议书》，该协议中明确规定了要增加解某、故宫博物院、张某为共同申请人，增加解某、张某为发明人，某公司、故宫博物院、解某、张某共同拥有涉案发明专利的权利。由某公司负责办理增加申请人、发明人的手续并承担相应费用。合同双方的权利义务明确，没有任何模糊和产生分歧之处。

根据《民法通则》、《合同法》、《专利法》等法律的规定，合同的有效条件包括：行为人有相应的民事行为能力、意思表示真实、行为的内容不违反法律的强制性规定、行为的形式不违反法律的规定等。

本案中，被告没有证据证明合同签订过程中存在欺诈、胁迫、乘人之危等违法情形，合同的内容并不损害第三人以及公共利益，亦没有违反我国法律、法规，因此可以认定，涉案《权利转移协议书》系各方当事人真实意思表示，建立在各方当事人法律地位平等、意思自由的基础之上。据此，该合同合法、有效，各方当事人均应当依据诚实信用原则，全面履行合同义务。

2.被告是否构成违约，应否承担违约责任？

根据《合同法》第八条，依法成立的合同对当事人双方具有法律约束力，任何一方都不能擅自改变合同的约定；《合同法》第一百零七条和其他相关条文规定，不履行合同或者履行合同不符合约定、没有免责事由的，就构成违约行为。

本案合同是有效合同。有效合同包括以下效力：（1）当事人负有全面适当履行合同的义务。（2）当事人享有依法律规定和合同约定产生的权利，并受法律的保护。这些权利包括请求给付的权利、接受给付的权利、抗辩权、代位权、撤销权、处分债权的权利、一方违约时的救济权等。（3）当事人不得擅自变更、解除合同，不得擅自转让合同权利义务。（4）违约方依法承担违约责任。

根据本案《权利转移协议书》的约定，原告解某、故宫博物院、张某有权要求两被告增加其为共同申请人，原告解某、张某有权要求两被告增加其为发明人，原告故宫博物院、解某、张某有权要求成为涉案发明专利的共同权利人，被告某公司有义务办理增加申请人、发明人的手续并承担相应费用。

为履行合同，双方当事人共同给案外人正理公司出具《专利代理委托书》，委托该公司的专利代理人谢某办理涉案发明专利申请人、发明人的变更手续事宜。说明双方当事人之间的合同已开始实际履行。但在办理变更事宜过程中，被告某公司和徐某拒不签署相关法律文件，并单方通知正理公司及谢某停止办理涉案发明专利申请人、发明人的变更手续，致使涉案发明专利申请人、发明人没有变更，已违反其合同约定的义务，构成对三原告的违约。

两被告的行为已构成违约，应否向三原告承担违约责任的关键，是两被告是否有合法正当的抗辩事由。被告某公司、徐某共同辩称，签订涉案《权利转移协议书》，同意增加原告解某为权利人和发明人是为了将解某留在某公司工作，但后来解某离开某公司并自己成立公司，故二被告就停止办理变更事宜。也即二被告认为是原告解某违反他们之间的协议在先，解某对涉案专利的获权是以其答应留在某公司继续工作为前提。但并无任何证据可以证明被告某公司与原告解某之间有这样的约定，此抗辩理由难以成立，法院不予采纳事出必然。二被告对原告故宫博物院和张某权利的抗辩理由也没有证据可以佐证，同样也得不到支持。故二被告构成违约且无合法正当抗辩事由，应当对三原告承担违约责任。

根据《合同法》第一百零七条："当事人一方不履行合同义务或履行合同义务不符合约定的，应承担继续履行、采取补救措施或赔偿损失等违约责任。" 因此，原告解某、故宫博物院、张某要求被告某公司、徐某继续履行涉案《权利转移协议书》的约定，办理涉案发明专利申请人、发明人变更手续的诉讼请求，是"继续履行"的要求，符合法律规定。鉴于涉案发明专利已于

2006年8月30日获得授权，故涉案《权利转移协议书》约定的变更申请人事项应为变更权利人事项。

本案的一审法院判决两被告对涉案发明专利的权利人进行变更，即变更为某公司、解某、故宫博物院、张某；对涉案发明专利的发明人进行变更，即变更为徐某、解某、张某，于法有据，合乎情理。

## 【附】

# 北京市第二中级人民法院
# 民事判决书

(2008)二中民初字第9986号

原告解某，男，汉族，住北京市海淀区。

委托代理人段某，北京市洪范广住律师事务所律师。

委托代理人卢某，女，汉族，北京市洪范广住律师事务所实习律师，住北京市海淀区。

原告故宫博物院，住所地北京市东城区景山前街4号。

法定代表人郑某，院长。

委托代理人陈某，北京市华意律师事务所律师。

委托代理人张某，男，满族，北京市华意律师事务所实习律师，住内蒙古自治区古奈曼旗大镇。

原告张某，男，汉族，故宫博物院工作人员，住北京市东城区。

被告北京市某有限责任公司，住所地北京市大兴区。

法定代表人徐某，经理。

被告徐某，男，汉族，北京市某有限责任公司经理，住北京市朝阳区。

上列二被告之共同委托代理人孟某，男，汉族，北京市某有限责任公司职员，住北京市朝阳区。

原告解某、故宫博物院、张某诉被告北京市某有限责任公司、徐某专利申请权转让合同纠纷一案，本院于2008年5月23日受理后，依法组成合议庭，于2008年9月16日公开开庭进行了审理，原告解某的委托代理人段某，原告故宫博物院的委托代理人张某、陈某，原告张某，被告某公司、徐某的共同委托代理人孟某到庭参加诉讼。本案现已审理终结。

原告解某、故宫博物院、张某共同诉称：2006年6月，三原告与二被告签订《权利转移协议书》，主要约定针对被告某公司申请的第2004100091350号发明专利，增加三原告为共同权利人，并增加解某、张某为共同发明人，相关变更事宜及费用均由被告某公司负责。协议签订后，三原告与二被告共同委托案外人北京正理专利代理有限公司(简称正理公司)代为办理变更事宜。但在办理变更事宜过程中，二被告拒不签署相关法律文件，致使变更事宜至今不能办理。二被告的行为已违反了五方协议的约定，故诉至法院，请求判决二被告履行五方协议约定的变更义务并承担本案诉讼费。

被告某公司、徐某共同辩称：二被告签订涉案《权利转移协议书》，同意增加原告解某为权利人和发明人是为了将解某留在某公司工作，增加故宫博物院、张某为权利人及增加张某为发明人是因为其能提供涉案发明专利技术项目需要使用的古旧书画。后来解某离开某公司并自己成立公司，故二被告就停止办理变更事宜。涉案发明专利主要由徐某研发，解某仅做了些辅助工作，三原告没有对涉案发明专利作出实质贡献，依法也不应成为权利人或发明人。现被告某公司已获得涉案专利的专利权，故不同意三原告的诉讼请求。

经审理查明：某公司于2004年5月26日向国家知识产权局申请了名称为"一种中国书画仿真复制印刷技术"的发明专利，发明人为徐某，申请号为200410009135．0，申请公开日为2005年2月23日。

2006年5月，解某、故宫博物院、张某与某公司、徐某签订《权利转移协议书》，主要约定：某公司、故宫博物院、解某、张某共同拥有涉案发明专利的权利，增加解某、故宫博物院、张某为共同申请人，增加解某、张某为发明人；如涉案专利申请在公开前被驳回，则某公司、故宫博物院均可自由使用涉案专利技术；某公司负责办理增加申请人、发明人的手续并承担相应费用。

涉案协议签订后，解某、故宫博物院、张某、某公司、徐某共同给案外人正理公司出具《专利代理委托书》，委托该公司的专利代理人谢某办理涉案发明专利申请人、发明人的变更手续事宜。但因某公司、徐某通知正理公司及谢某停止办理涉案发明专利申请人、发明人的变更手续，涉案发明专利申请人、发明人没有变更。

2006年8月30日，涉案发明专利申请被授权，被告某公司获得涉案发明专利的专利权，涉案发明专利的发明人为徐某。

上述事实，有涉案发明专利文件、《权利转移协议书》、《专利代理委托书》等证据及双方当事人陈述在案佐证。

本院认为，涉案《权利转移协议书》系双方当事人真实意思表示，未违反我国法律规定，合法有效，双方当事人均应依法履行合同义务。

涉案《权利转移协议书》明确约定：1.增加故宫博物院、解某、张某为涉案发明专利的共同申请人；2.增加解某、张某为共同发明人；3.由某公司负责办理涉案专利申请人、发明人的变更手续。且双方当事人共同给案外人正理公司出具《专利代理委托书》，委托该公司的专利代理人谢某办理涉案发明专利申请人、发明人的变更手续事宜的事实也说明涉案《权利转移协议书》已开始实际履行。在此情况下，被告某公司、徐某单方停止办理涉案发明专利申请人、发明人的变更手续，已构成违约。

我国《合同法》规定，当事人一方不履行合同义务或履行合同义务不符合约定的，应承担继续履行、采取补救措施或赔偿损失等违约责任。因此，原告解某、故宫博物院、张某要求被告某公司、徐某继续履行涉案《权利转移协议书》的约定，办理涉案发明专利申请人、发明人变更手续的诉讼请求，符合法律规定，本院予以支持。鉴于涉案发明专利已于2006年8月30日获得授权，故涉案《权利转移协议书》约定的变更申请人事项应为变更权利人事项。

综上，依照《中华人民共和国合同法》第一百零七条之规定，判决如下：

1.北京市某公司、徐某于本判决生效之日起，对涉案第200410009135.0号"一种中国书画仿真复制印刷技术"的发明专利的权利人进行变更，即变更为北京市某公司、解某、故宫博物院、张某；

2.北京市某公司、徐某于本判决生效之日起，对涉案第200410009135.0号"一种中国书画仿真复制印刷技术"的发明专利的发明人进行变更，即变更为徐某、解某、张某。

案件受理费750元，由北京市某公司、徐某负担(于本判决生效后7日内交纳)。

如不服本判决，可于本判决书送达之日起15日内，向本院递交上诉状，并按对方当事人的人数提出副本，上诉于北京市高级人民法院。

审判长　张某

代理审判员　宋某

代理审判员　张某

二〇〇八年九月十九日

书记员　孙某

# 故宫博物院等诉某公司、徐某专利申请权转让合同纠纷案评析（二审）

## 【案情介绍】

故宫博物院及解某、张某等诉某公司、徐某专利申请权转让合同纠纷一案，一审法院北京市第二中级人民法院判决被告败诉。被告北京市某公司、徐某均不服一审判决，向北京市高级人民法院提起上诉。北京市高级人民法院对案件事实进行了审理，认定一审判决认定事实清楚，法律适用无误。在此基础上，还查明了一些新事实。

在二审过程中，因原告另行起诉，案情有了如下新发展。

原来，2006年7月28日，某公司未经故宫博物院、张某、解某许可，擅自将涉案专利的申请人变更为某公司和某复制技术发展有限公司。

2007年5月18日，某公司和某复制技术发展有限公司未经故宫博物院、张某、解某许可，将涉案专利的专利权人由某公司和某复制技术发展有限公司变更为某复制技术发展有限公司。

在本案的审理期间，被上诉人解某(原审原告)、故宫博物院(原审原告)、张某(原审原告)发现了上述情况后，将某公司和某复制技术发展有限公司作为被告起诉至北京市第一中级人民法院，请求认定某公司、某复制技术发展有限公司之间的专利权转让行为无效。北京市第一中级人民法院经审理认为：涉案协议能够证明故宫博物院、张某和解某为涉案专利的共同权利人，张某和解某为涉案专利的共同发明人。某公司拒绝履行涉案协议约定的义务，与某复制技术发展有限公司恶意串通，将涉案专利权转让给某复制技术发展有限公司，损害了故宫博物院、张某和解某的合法权益，认定某公司和某复制技术发展有限公司在2006年7月28日和2007年5月18日涉案专利的两次转让行为无效。某公司和某复制技术发展有限公司不服该判决，向北京市高级人民法院提出上诉，北京市高级人民法院于2010年4月29日作出"驳回上诉，维持原判"的判决。

由于本案当事人另行起诉、上诉的诉讼结果会直接影响本案的审理等原因，在另案审理结束之后，在上述基础之上，北京市高级人民法院对北京市第二中级人民法院原审的"故宫博物院等诉某公司、徐某专利申请权转让合同纠纷案"进行再审。

## 【专家点评】

在"故宫博物院等诉某公司、徐某专利申请权转让合同纠纷案"的二审当中，因为该案的一审，以及与该案密切相关的"故宫博物院等诉某公司、某复制技术发展有限公司专利权转让合同纠纷案"的一审、二审的结案，该案的案情事实已经十分清楚。

涉案《权利转移协议书》系双方当事人真实意思表示，未违反我国法律规定，合法有效，双方当事人均应依法履行合同义务。被告某公司、徐某，单方停止办理涉案发明专利申请人、发明人的变更手续，致使涉案发明专利的权利人未变更，并且某公司与某复制技术发展有限公司恶意串通，擅自将专利申请权转让给某复制技术发展有限公司，已构成违约。

《合同法》第一百零七条规定："当事人一方不履行合同义务或履行合同义务不符合约定的，应承担继续履行、采取补救措施或赔偿损失等违约责任。"某公司擅自将专利权转让给他人的行为已被北京市高级人民法院生效民事判决认定无效，故鉴于涉案专利申请已经于2006年8月30日被授权，某公司、徐某应当根据《权利转移协议书》的约定，继续履行该协议约定的义务，办理涉案发明专利权人、发明人变更手续。

北京市高级人民法院认为原审判决认定事实基本清楚，适用法律正确。依照《中华人民共和国民事诉讼法》第一百五十三条第一款第(一)项之规定，作出"驳回上诉，维持原判"的判决，完全符合案件的事实、事理、法律规定和法律理论，对当事人双方的权利义务来说，实属公平、公正。

本案是一起事实确凿、相关法律规定明确的违约案件，案情虽然有些周折，但是法律关系并不复杂。当事人之间的合同有效，双方的合同权利义务明确，某公司、徐某是义务人，应当按照合同约定履行其义务，但其不但没有依约履行，反而将约定的专利权转让他人，恶意损害故宫博物院等当事人的合同权利。故宫博物院及其他合同权利人积极请求法院认定该转让行为无效，采取的法律措施得当，在诉讼中举证有力，最终得到法院的支持。

【附】

# 北京市高级人民法院
# 民事判决书

(2008)高民终字第1381号

上诉人(原审被告)北京市某有限责任公司,住所地北京市大兴区。

法定代表人徐某,董事长。

委托代理人孟某,男,汉族,该公司职员,住北京市朝阳区。

上诉人(原审被告)徐某,男,汉族,北京市某有限责任公司经理,住北京市朝阳区。

委托代理人孟某,男,汉族,北京市某有限责任公司职员,住北京市朝阳区。

被上诉人(原审原告)解某,男,汉族,住北京市海淀区。

被上诉人(原审原告)故宫博物院,住所地北京市东城区景山前街4号。

法定代表人郑某,院长。

委托代理人陈某,北京市华意律师事务所律师。

委托代理人张某,男,满族,北京市华意律师事务所实习律师,住内蒙古自治区古奈曼旗大镇。

被上诉人(原审原告)张某,男,汉族,故宫博物院工作人员,住北京市东城区。

上诉人北京市某有限责任公司(简称某公司)、徐某专利转让合同纠纷一案,不服北京市第二中级人民法院(2008)二中民初字第9986号民事判决,向本院提出上诉。本院2008年11月21日受理本案后,依法组成合议庭,于2009年2月10日公开开庭进行了审理。上诉人某公司、徐某的委托代理人孟某,被上诉人解某,被上诉人故宫博物院的委托代理人陈某,被上诉人张某到庭参加了诉讼。因在本案诉讼期间,解某、故宫博物院、张某就某公司将涉案专利权转让给案外人的行为另行提起诉讼,鉴于另案诉讼结果直接影响本案的审理,故裁定本案中止诉讼。北京市第一中级人民法院于2009年12月10日作出(2009)一中民初字第7312号民事判决,认定某公司与案外人某复制技术发展有限公司之间的涉案专利权转让无效,本院于2010年4月29日作出(2010)高民终字第791号民事判决,维持原判。本案恢复审理,现已审理终结。

北京市第二中级人民法院认定，某公司是名称为"一种中国书画仿真复制印刷技术"发明专利(即涉案专利)的申请人，发明人为徐某。2006年5月，解某、故宫博物院、张某与某公司、徐某签订《权利转移协议书》，主要约定：某公司、故宫博物院、解某、张某共同拥有涉案发明专利的权利，增加解某、故宫博物院、张某为共同申请人，增加解某、张某为发明人。因某公司、徐某通知代理人停止办理涉案发明专利申请人、发明人的变更手续，涉案发明专利申请人、发明人没有变更。

北京市第二中级人民法院认为，涉案《权利转移协议书》合法有效，双方当事人均应依法履行合同义务。某公司、徐某单方停止办理涉案发明专利申请人、发明人的变更手续，已构成违约。解某、故宫博物院、张某要求某公司、徐某继续履行涉案《权利转移协议书》的约定，办理涉案发明专利申请人、发明人变更手续的诉讼请求，符合法律规定，应予支持。

北京市第二中级人民法院依照《中华人民共和国合同法》第一百零七条之规定，判决：1.某公司、徐某对涉案专利的权利人进行变更，即变更为某公司、解某、故宫博物院、张某；2.某公司、徐某对涉案专利的发明人进行变更，即变更为徐某、解某、张某。

某公司、徐某不服原审判决，向本院提出上诉，请求撤销原审判决，依法改判《权利转移协议书》无效。其上诉理由是：解某原系其职工，后擅自离职，故宫博物院、张某并未参加专利技术研发，不能作为发明人，《权利转移协议书》是某公司、徐某出于被迫无奈，并非自愿，应为无效。故宫博物院、解某、张某服从原审判决。

经审理查明，某公司于2004年5月26日向国家知识产权局申请了名称为"一种中国书画仿真复制印刷技术"的发明专利，发明人为徐某，申请号为200410009135.0，申请公开日为2005年2月23日。

2006年5月，解某、故宫博物院、张某与某公司、徐某签订《权利转移协议书》，主要约定：某公司、故宫博物院、解某、张某共同拥有涉案发明专利的权利，增加解某、故宫博物院、张某为共同申请人，增加解某、张某为发明人；如涉案专利申请在公开前被驳回，则某公司、故宫博物院均可自由使用涉案专利技术；某公司负责办理增加申请人、发明人的手续并承担相应费用。

涉案协议签订后，解某、故宫博物院、张某、某公司、徐某共同给案外人北京正理专利代理有限公司(简称正理公司)出具《专利代理委托书》，委托该公司的专利代理人谢某办理涉案发明专利申请人、发明人的变更手续事宜。但因某公司、徐某通知正理公司及谢某停止办理涉案发明专利申请人、发明人的变更手续，涉案发明专利申请人、发明人没有变更。

2006年7月28日，某公司未经故宫博物院、张某、解某许可，将涉案专利的申请人变更为某公司和某复制技术发展有限公司(简称某复制技术公司)。

2006年8月30日，涉案发明专利申请被授权。

2007年5月18日，某公司和某复制技术公司未经故宫博物院、张某、解某许可，将涉案专利的专利权人由某公司和某复制技术公司变更为某复制技术公司。

在本院审理本案期间，故宫博物院、解某、张某起诉至北京市第一中级人民法院，请求认定某公司、某复制技术公司之间的专利权转让行为无效，北京市第一中级人民法院经审理认为：涉案协议能够证明故宫博物院、张某和解某为涉案专利的共同权利人，张某和解某为涉案专利的共同发明人。某公司拒绝履行涉案协议约定的义务，与某复制技术公司恶意串通，将涉案专利权转让给某复制技术公司，损害了故宫博物院、张某和解某的合法权益，涉案专利在2006年7月28日和2007年5月18日的两次转让行为无效。该院依照《中华人民共和国合同法》第五十二条第(二)项之规定，于2009年12月20日作出(2009)一中民初字第7312号民事判决：1.某公司于2006年7月28日将涉案专利权变更为某公司和某复制技术公司共有的行为无效；2.某公司和某复制技术公司于2007年5月18日将涉案专利权变更为某复制技术公司所有的行为无效。某公司和某复制技术公司不服该判决，向本院提出上诉，本院于2010年4月29日作出(2010)高民终字第791号民事判决：驳回上诉，维持原判。

以上事实有涉案发明专利文件、《权利转移协议书》、《专利代理委托书》、(2009)一中民初字第7312号民事判决书、(2010)高民终字第791号民事判决书及双方当事人陈述等证据在案佐证。

本院认为，涉案《权利转移协议书》系双方当事人真实意思表示，未违反我国法律规定，合法有效，双方当事人均应依法履行合同义务。某公司、徐某虽声称《权利转移协议书》是某公司、徐某出于被迫无奈，并非自愿，但未提供证据支持其主张，本院不予采信。

涉案《权利转移协议书》明确约定：1.增加故宫博物院、解某、张某为涉案发明专利的共同申请人；2.增加解某、张某为共同发明人；3.由某公司负责办理涉案专利申请人、发明人的变更手续。且双方当事人共同给正理公司出具《专利代理委托书》，委托该公司的专利代理人谢某办理涉案发明专利申请

201

人、发明人的变更手续事宜的事实也说明涉案《权利转移协议书》已开始实际履行。在此情况下，某公司、徐某单方停止办理涉案发明专利申请人、发明人的变更手续，某公司擅自将专利申请权转让给他人，已构成违约。

我国《合同法》规定，当事人一方不履行合同义务或履行合同义务不符合约定的，应承担继续履行、采取补救措施或赔偿损失等违约责任。某公司擅自将专利权转让给他人的行为已被生效的民事判决认定无效，因此，鉴于涉案专利申请已经于2006年8月30日被授权，某公司、徐某应当根据《权利转移协议书》的约定，办理涉案发明专利权人、发明人变更手续。

综上，某公司、徐某的上诉理由缺乏事实和法律依据，其上诉请求本院不予支持。原审判决认定事实基本清楚，适用法律正确。依照《中华人民共和国民事诉讼法》第一百五十三条第一款第(一)项之规定，判决如下：

驳回上诉，维持原判。

一审案件受理费750元，由北京市某公司、徐某负担(于本判决生效后7日内交纳)。二审案件受理费750元，由北京市某公司、徐某负担(已交纳)。

本判决为终审判决。

审判长　刘某

代理审判员　岑某

代理审判员　钟某

# 故宫博物院等诉某公司、某复制技术发展有限公司专利权转让合同纠纷案评析（一审）

## 【案情介绍】

2004年5月26日，被告某公司向国家知识产权局申请了名称为"一种中国书画仿真复制印刷技术"的发明专利(以下简称"涉案发明专利")，发明人为徐某（本案第三人，兼任被告某公司和被告某复制技术公司的法定代表人），申请号为200410009135.0，申请公开日为2005年2月23日。2006年8月30日，涉案发明专利申请被授权，被告某公司获得涉案发明专利的专利权，徐某为涉案发明专利的发明人。

2006年5月，本案原告解某（原系某公司员工）、故宫博物院、张某（故宫博物院工作人员）与被告某公司、徐某经过平等协商，在真实、自愿的基础上签订了《权利转移协议书》，协议的主要内容是：自2004年起，故宫博物院与某公司合作开发中国画仿真复制印刷技术。故宫博物院委派职工张某，某公司委托员工徐某、解某负责该项目，该发明专利应由故宫博物院与某公司共同享有。因某公司于2004年5月26日单方向国家知识产权局申请发明专利，其中专利申请人为某公司，发明人为徐某，现协商达成以下条款：1.增加解某、故宫博物院、张某为共同申请人，增加解某、张某为发明人，某公司、故宫博物院、解某、张某共同拥有涉案发明专利的权利；2.某公司负责办理增加申请人、发明人的手续并承担相应费用。

涉案协议签订后，解某、故宫博物院、张某、某公司、徐某共同委托案外人北京正理专利代理有限公司（以下简称"正理公司"）办理涉案发明专利申请人、发明人的变更手续事宜，并出具了《专利代理委托书》，具体工作由该公司的专利代理人谢某负责。

但在办理变更事宜过程中，被告某公司和徐某拒不签署相关法律文件，导致涉案发明专利的权利人没有变更。直至庭审过程中，某公司和徐某未向三原告发出有关解除《权利转移协议书》的通知。

三原告认为被告某公司和徐某违反了合同义务，侵犯了其合法权益，遂于2008年5月，向北京市第二中级人民法院提起诉讼，要求某公司及徐某履行上述合同义务。北京市第二中级人民法院于2008年9月19日作出(2008)二中民初字第9986号民事判决书，认定某公司、徐某拒不履行涉案发明专利申请人、发明人的变更手续，已构成违约，判决某公司、徐某履行合同义务，将三原告变更为上述发明专利的权利人，将解某、张某变更为上述专利的发明人。

在北京市第二中级人民法院判决作出后，某公司、徐某不服该判决，上诉至北京市高级人民法院。在该案二审审理过程中，三原告发现某公司、徐某为逃避前述合同义务，将本应登记增加三原告为专利权共有人的上述发明专利，于2006年7月28日进行了第一次转让，将某复制技术发展有限公司增加为该专利的权利共有人。后于2007年5月18日进行了第二次转让，将该专利权完全转让给了某复制技术发展有限公司。现某复制技术发展有限公司为该专利在国家知识产权局登记的权利人，而某复制技术发展有限公司系某公司投资180万元、徐某投资20万元设立的公司，某公司和某复制技术发展有限公司的法定代表人均为第三人徐某。三原告认为，某公司与某复制技术发展有限公司恶意串通变更该发明专利的权利人，逃避上述合同义务，损害了三原告的合法权益，故某公司与某复制技术发展有限公司之间两次转让前述专利的合同均属无效。遂诉至北京市第一中级人民法院。原告有《权利转移协议书》、《专利代理委托书》、专利登记簿副本、工商查询资料等证据佐证。

## 【专家点评】

本案是一起专利权转让合同纠纷案，与前述故宫博物院等原告诉某公司、徐某案是关联案件。

三原告与被告某公司、第三人徐某就涉案发明专利的申请人、发明人和权利人的增加达成一致，签订了《权利转移协议书》，但某公司、徐某未按照约定办理专利权变更登记事宜。嗣后，某公司在未经三原告同意的情况下，又擅自与被告某复制技术发展有限公司恶意串通，先后两次签订合同，将涉案发明专利的权利人变更为某复制技术发展有限公司，严重违背了涉案协议的约定，侵害了三原告的合法权益，遂引发纠纷。

本案争议的焦点是三原告是否是涉案专利的权利人，两被告两次转让涉案发明专利的行为是否合法有效以及两被告的行为是否侵害了三原告的合法权益。

1.三原告是否涉案专利的权利人？

在本案中，原告解某、故宫博物院、张某与被告某公司、徐某平等自愿地签订了《权利转移协议书》，协议中明确规定：自2004年起，故宫博物院与某公司合作开发中国画仿真复制印刷技术；故宫博物院委派职工张某，某公司委托员工徐某、解某负责该项目，该发明专利应由故宫博物院与某公司共同享有。并且还约定增加解某、故宫博物院、张某为共同申请人，增加解某、张某为发明人，某公司、故宫博物院、解某、张某共同享有涉案发明专利的权利。

根据《中华人民共和国专利法》（以下简称《专利法》）第八条规定，两个以上单位或者个人合作完成的发明创造、一个单位或者个人接受其他单位或者个人委托所完成的发明创造，除另有协议的以外，申请专利的权利属于完成或者共同完成的单位或者个人；申请被批准后，申请的单位或者个人为专利权人。在该案中，原告故宫博物院与被告某公司约定合作开发涉案发明专利，且在涉案协议中双方明确约定了合作开发的涉案发明专利为双方共同享有。故原告故宫博物院应为涉案专利的权利人。

根据《专利法》第六条规定："执行本单位的任务或者主要是利用本单位

的物质技术条件所完成的发明创造为职务发明创造。职务发明创造申请专利的权利属于该单位；申请被批准后，该单位为专利权人。非职务发明创造，申请专利的权利属于发明人或者设计人；申请被批准后，该发明人或者设计人为专利权人。利用本单位的物质技术条件所完成的发明创造，单位与发明人或者设计人订有合同，对申请专利的权利和专利权的归属作出约定的，从其约定。"可见，单位员工利用本单位物质条件完成的发明的权利归属是当事人约定优先，无约定依照法律规定。故在该案中，通过涉案协议可知，原告故宫博物院委派职工张某，某公司委托员工徐某、解某负责该项目，并且还约定增加解某、故宫博物院、张某为共同申请人，增加解某、张某为发明人，某公司、故宫博物院、解某、张某共同拥有涉案发明专利的权利。故原告解某、张某也应是涉案专利的权利人。

2.两被告两次转让涉案发明专利的行为是否有效？

涉案发明专利为三原告与两被告共同所有，但在2006年7月28日，某公司未经故宫博物院、张某、解某许可，将涉案专利的申请人变更为某公司和某复制技术发展有限公司。2007年5月18日，某公司和某复制技术发展有限公司未经故宫博物院、张某、解某许可，将涉案专利的专利权人由某公司和某复制技术发展有限公司变更为某复制技术发展有限公司。且某公司和某复制技术发展有限公司的法定代表人均为徐某，对涉案协议的内容应为明知。故某公司和某复制技术发展有限公司的两次变更行为，明显属于恶意串通损害他人合法权益的行为，根据《中华人民共和国合同法》第五十二条第（二）项的规定，"恶意串通，损害国家、集体或者第三人利益"的合同应属无效。

3.两被告的行为是否侵犯了三原告的合法权益？

本案中，某公司在签订《权利转移协议书》后，未依约履行变更涉案发明专利的申请人、发明人的合同义务，反而未经其他当事人的许可，擅自将专利申请人变更为某公司和某复制技术发展有限公司共有。在涉案专利获得授权后，又将专利权人变更为某复制技术发展有限公司，两被告恶意串通的行为，造成《权利转移协议书》无法履行，损害了三原告依据该协议享有的预期利益。

综上，原告故宫博物院、解某、张某的起诉理由具有事实和法律依据，北京市第一中级人民法院判令被告某公司和某复制技术发展有限公司2006年7月28日和2007年5月18日两次转让涉案发明专利的行为无效的判决认定事实清楚，适用法律正确。

【附】

# 北京市第一中级人民法院
# 民事判决书

(2009)一中民初字第7312号

原告故宫博物院，住所地北京市东城区景山前街4号。

法定代表人郑某，院长。

委托代理人陈某，北京市华意律师事务所律师。

委托代理人栾某，女，汉族，故宫博物院职员，住北京市东城区。

原告解某，男，汉族，住北京市海淀区。

原告张某，男，汉族，住北京市东城区。

委托代理人郗某，男，住北京市海淀区。

被告北京市某公司，住所地北京市大兴区。

法定代表人徐某，经理。

委托代理人孟某，男，无业，住北京市朝阳区。

被告某复制技术发展有限公司，住北京市宣武区。

法定代表人徐某，经理。

委托代理人孟某，男，无业，住北京市朝阳区。

第三人徐某，男，汉族，北京市某公司经理，住北京市朝阳区。

委托代理人孟某，男，无业，住北京市朝阳区。

原告故宫博物院、解某、张某与被告北京市某有限责任公司(简称某公司)、北京某复制技术发展有限公司(简称某复制技术公司)专利权转让合同纠纷一案，本院于2009年5月6日受理后，依法组成合议庭，并追加徐某作为第三人参加本案诉讼。本院于2009年11月13日公开开庭进行了审理。原告故宫博物院的委托代理人陈某、栾某，解某，张某的委托代理人郗某，被告某公司、某复制技术公司以及第三人徐某的共同委托代理人孟某到庭参加了诉讼。本案现已审理终结。

原告故宫博物院、解某、张某共同诉称：2006年5月，三原告与某公司及徐某签订了《权利转移协议书》，该协议书约定增加三原告为第200410009135.0号发明专利共同申请人，增加解某、张某为前述专利的发明人，并由某公司与徐某办理具体的变更登记事宜。《权利转移协议书》签订后，某公司及徐某单方违反协议约定，拒不履行合同义务，损害了三原告的合法权益。

2008年5月，三原告向北京市第二中级人民法院提起诉讼，要求某公司及徐某履行上述合同义务。北京市第二中级人民法院于2008年9月19日作出(2008)二中民初字第9986号民事判决书，认定某公司、徐某拒不办理上述发明专利申请人、发明人的变更手续，已构成违约，判决某公司、徐某履行合同义务，将三原告变更为上述发明专利的权利人，将解某、张某变更为上述专利的发明人。

一审判决作出后，某公司、徐某不服该判决，上诉至北京市高级人民法院。在该案二审审理过程中发现某公司、徐某为逃避前述合同义务，将本应登记增加三原告为专利权共有人的上述发明专利，于2006年7月28日进行了第一次转让，将某复制技术公司增加为该专利的权利共有人。后于2007年5月18日进行了第二次转让，将该专利权完全转让给了某复制技术公司。现该专利在国家知识产权局登记的权利人为某复制技术公司，而某复制技术公司系某公司投资180万元、徐某投资20万元设立的公司。某公司与某复制技术公司恶意串通变更该发明专利的权利人，逃避上述合同义务，损害了三原告的合法权益。因此，某公司与某复制技术公司之间两次转让前述专利的合同均应认定为无效。据此，三原告请求法院判令：1.确认某公司与某复制技术公司之间关于第200410009135.0号发明专利的专利权转让合同无效(变更登记日为2006年7月28日)；2.确认某公司与某复制技术公司之间关于第200410009135.0号发明专利的专利权转让合同无效(变更登记日为2007年5月18日)。

被告某公司辩称：2006年5月，三原告与某公司、徐某签订《权利转移协议书》时，解某为某公司的员工，按月在某公司领取工资。某公司为了使解某更好地工作，签订了上述协议。协议签订后，解某即离开某公司不再上班，另行开办公司。某公司只得通知三原告解除上述协议。某公司因业务发展需要，将该专利于2006年7月变更与某复制技术公司共有，又于2007年5月变更涉案专利的权利人为某复制技术公司。该变更过程均由国家知识产权局进行了公告，三原告均未提出异议。2008年5月，三原告向北京市第二中级人民法院提出诉讼，要求履行《权利转移协议书》，某公司认为该协议无效，其内容不符合法律规定，该案目前处于北京市高级人民法院二审审理过程中。综上，某公司请求法院驳回三原告的全部诉讼请求。

被告某复制技术公司辩称：首先，某复制技术公司参加了涉案专利的研制，理应作为专利权人；其次，两被告共同研制专利，申请作为专利权人，没有恶意串通损害三原告的利益。综上，某复制技术公司请求法院驳回三原告的诉讼请求。

第三人徐某述称：解某原为某公司的员工，将其列为专利权人以及发明人的条件是其长期在某公司工作，但解某签订协议后即离开了某公司。在此情况下，由于某复制技术公司是涉案专利的研制单位，因此对专利权人进行了变更，变更过程是合法有效的。综上，请求法院驳回三原告的全部诉讼请求。

本院经审理查明：

某公司于2004年5月26日向国家知识产权局申请了名称为"一种中国书画仿真复制印刷方法"的发明专利(简称涉案专利)，发明人为徐某，申请号为200410009135.0，申请公开日为2005年2月23日。涉案专利于2006年8月30日获得授权。

2006年5月，解某、故宫博物院、张某与某公司、徐某签订《权利转移协议书》，主要约定：故宫博物院与某公司双方自2004年开始合作开发中国画仿真复制印刷技术。故宫博物院委派职工张某，某公司委托员工徐某、解某负责该项目，该发明专利应由故宫博物院与某公司共同享有。某公司于2004年5月26日单方向国家知识产权局申请发明专利，其中专利申请人为某公司，发明人为徐某。现各方就添加故宫博物院、张某、解某为此项专利共同申请人以及增加张某、解某为发明人事宜，经过平等协商，在真实、充分地表达各自意愿的基础上，达成如下协议，并由各方共同恪守。第一条，增加故宫博物院、张某、解某为涉案专利共同申请人，增加解某、张某为发明人；第二条，本合同签署后，由某公司负责在国家专利局办理增加故宫博物院、张某、解某为涉案专利共同申请人和增加张某、解某为发明人的变更登记事宜，相关费用由某公司负责。

上述合同签订后，某公司未按照约定办理专利权变更登记事宜。

2006年7月28日，涉案专利的申请人变更为某公司和某复制技术公司共有。

2007年5月18日，涉案专利的专利权人变更为某复制技术公司。

另查，某公司和某复制技术公司的法定代表人均为第三人徐某。

庭审过程中，三原告称没有收到过某公司发出的有关解除《权利转移协议书》的通知。

上述事实，有《权利转移协议书》、专利登记簿副本、工商查询资料等证据及双方当事人陈述在案佐证。

本院认为：故宫博物院、张某、解某与某公司、徐某于2006年5月签订的《权利转移协议书》记载了故宫博物院与某公司合作开发涉案专利，以及故宫博物院委派张某、某公司委派徐某和解某具体负责该项目的事实，可以证明故宫博物院、张某、解某有权作为涉案专利的共同权利人，张某和解某有权作为涉案专利的共同发明人。并且，该协议的内容未违反国家法律、法规的强制性规定，属于合法、有效的合同，各方当事人均应严格履行自己的合同义务。某公司虽称已经通知三原告解除该协议，但未提交证据予以证明，三原告对此事实也予以否认，故本院对某公司的该项主张不予支持。

《中华人民共和国合同法》第五十二条规定，恶意串通，损害国家、集体或者第三人利益的，合同无效。本案中，某公司在签订《权利转移协议书》后，未依约履行合同义务，反而未经合同其他当事人的许可，擅自将专利申请人变更为某公司和某复制技术公司共有。在涉案专利获得授权后，又将专利权人变更为某复制技术公司，两被告的行为造成《权利转移协议书》无法履行，损害了三原告依据该协议享有的预期利益。并且，考虑到某公司与某复制技术公司的法定代表人都是第三人徐某，因此某公司与某复制技术公司之间的行为属于恶意串通，损害三原告合法利益的行为，应属无效。

综上，原告故宫博物院、解某、张某的起诉理由具有事实和法律依据，本院予以支持。依照《中华人民共和国合同法》第五十二条第(二)项的规定，判决如下：

1.某公司将第200410009135.0号、名称为"一种中国书画仿真复制印刷方法"的发明专利的专利权变更为某公司和某复制技术公司共有的行为无效(变更登记日为2006年7月28日)；

2.某公司和某复制技术公司将第200410009135.0号、名称为"一种中国书画仿真复制印刷方法"的发明专利的专利权变更为某复制技术公司所有的行为无效(变更登记日为2007年5月18日)。

本案案件受理费750元，由被告某公司、某复制技术公司负担(于本判决生效之日起7日内交纳)。

如不服本判决，各方当事人可于本判决送达之日起15日内，向本院提交上诉状及副本并交纳上诉案件受理费，上诉于北京市高级人民法院。

审判长　仪某

代理审判员　王某

人民陪审员　牛某

二〇〇九年十一月二十三日

书记员　王某

## 故宫博物院等诉某公司、某复制技术发展有限公司专利权转让合同纠纷案评析（二审）

### 【案情介绍】

故宫博物院等诉某公司、某复制技术发展有限公司专利权转让合同纠纷一案，北京市第一中级人民法院认定某公司和某复制技术发展有限公司前后两次转让涉案发明专利的行为无效，判决被告败诉。上诉人（原审被告）某公司和上诉人（原审被告）某复制技术发展有限公司不服原审判决，向北京市高级人民法院提起上诉，其提出新的抗辩理由是：涉案专利是名为"数字分色及水色、墨色合成复制中国历代古书画技术研究"的北京市科技计划项目课题（简称"涉案课题"）的技术成果，根据涉案课题的《北京市科技计划项目课题任务书》（简称涉案任务书）约定，涉案专利的知识产权归某复制技术发展有限公司和故宫博物院共有。解某作为某复制技术发展有限公司的员工参与技术开发，是职务行为，对涉案专利不享有专利权。2006年5月签订的涉案协议未经某复制技术发展有限公司许可，损害了某复制技术发展有限公司的合法权益，应属无效。某公司将涉案专利权变更为某复制技术发展有限公司所有，有合法依据。

北京市高级人民法院对案件事实进行了重新查明，认定了北京市第一中级人民法院原审依据的事实真实准确，在此基础上，还查明了以下事实：

1996年5月27日，某公司成立，徐某为股东之一，并担任法定代表人。2004年5月26日，某公司和徐某共同出资设立某复制技术发展有限公司，徐某担任法定代表人。2004年5月26日，某公司向国家知识产权局提出涉案专利申请，发明人为徐某，申请号为200410009135.0，权利要求1为一种中国书画仿真印刷方法，权利要求2为权利要求1的从属权利要求。2004年12月27日，故宫博物院和某复制技术发展有限公司承担了涉案课题，北京市科学技术委员会在涉案任务书上盖章。涉案任务书载明的项目名称和课题名称均为"数字分色及水色、墨色合成复制中国历代古书画技术研究"，涉案任务书第8页还载明"数字分色及水色、墨色合成复制中国历代古书画技术"的知识产权归故宫博物院和某复制技术发展有限公司所有。故宫博物院、张某和解某表示，涉案课题的技术是在涉案专利技术的基础上进行开发的，涉案课题产生的技术方案与涉案发明专利并不相同。

## 【专家点评】

在该"故宫博物院等诉某公司、某复制技术发展有限公司专利权转让合同纠纷案"的二审当中，争议的焦点是：1.某复制技术发展有限公司是否是涉案发明专利权人；2.解某是否享有涉案发明专利权。现就此问题作如下分析：

1.某复制技术发展有限公司是否是涉案发明专利权人？

某公司和某复制技术发展有限公司上诉称，涉案发明专利是在涉案课题的基础上的技术成果，故按照涉案任务书的约定，其知识产权应当归属于某复制技术发展有限公司。但是，我们看到上述案情中，涉案课题是在涉案专利申请日之后启动的，某复制技术发展有限公司也是在涉案专利申请日之后营业，某复制技术发展有限公司不可能是涉案专利的开发者。而且，从涉案专利的名称与涉案课题的名称来看，二者也并不相同。因此，某复制技术发展有限公司不是涉案发明专利的权利人。

2.解某是否享有涉案发明专利权？

某公司和某复制技术发展有限公司上诉还称，解某开发涉案专利的行为是职务行为，故其不享有涉案专利权。《专利法》第六条第三款规定："利用本单位的物质技术条件所完成的发明创造，单位与发明人或者设计人订有合同，对申请专利的权利和专利权的归属作出约定的，从其约定。"可见，单位员工利用本单位物质条件完成的发明的权利归属是当事人约定优先，无约定依照法律规定。故在该案中，通过涉案协议可知，该公司委托员工徐某、解某负责该项目，并且还约定增加解某为共同申请人、发明人，并共同拥有涉案发明专利的权利。故解某应享有涉案发明专利权。

北京市高级人民法院在查明案情事实的基础上，认为北京市第一中级人民法院原审判决认定事实清楚，适用法律正确，并依照《中华人民共和国民事诉讼法》第一百五十三条第一款第(一)项之规定，作出"驳回上诉，维持原判"的判决，无不妥之处。

故宫博物院在本案诉讼中，坚持以《权利转移协议书》和相关法律的规定为依据，针对某公司和徐某的抗辩理由的不合理性，进行了有力的反驳。在举证方面，抓住了关键证据，在证明目的方面，以证据和案件事实之间的法律逻辑关系，否定了某公司和徐某的所谓理由，最终取得了很好的证明效果，诉讼请求得到法院的支持。

本案和相关联的其他案件的诉讼活动说明两个重要的问题：

1.诉讼在相当的程度上是当事人双方对诉讼请求进行证明和反证明的活动。因此，证据是极其关键的因素，"官司"的输赢，辩论技巧固然重要，但是，本质上还是证据的运用，有证据才有可能赢，没有证据肯定会输；举证有力就能够赢，举证不利就会输。

2.故宫博物院在平时同其他单位、个人的交往活动中，注重形成证据、保存证据、搜集证据；在民事诉讼中，则善于使用证据，从而奠定了胜诉的基础。

## 【附】

# 北京市高级人民法院
# 民事判决书

(2010)高民终字第791号

上诉人(原审被告)某公司，住所地北京市大兴区。

法定代表人徐某，经理。

委托代理人孟某，男，汉族，无业，住北京市朝阳区。

委托代理人邓某，女，汉族，无业，住新疆维吾尔自治区。

上诉人(原审被告)某复制技术发展有限公司，住所地北京市宣武区。

法定代表人徐某，经理。

委托代理人孟某，男，汉族，无业，住北京市朝阳区。

委托代理人邓某，女，汉族，无业，住新疆维吾尔自治区。

被上诉人(原审原告)故宫博物院，住所地北京市东城区。

法定代表人郑某，院长。

委托代理人陈某，北京市华意律师事务所律师。

委托代理人栾某，女，汉族，故宫博物院职员，住北京市东城区。

被上诉人(原审原告)解某，男，汉族，住北京市海淀区。

被上诉人(原审原告)张某，男，汉族，住北京市东城区。

原审第三人徐某，男，汉族，某公司经理，住北京市朝阳区。

委托代理人孟某，男，汉族，无业，住北京市朝阳区。

委托代理人邓某，女，汉族，无业，住新疆维吾尔自治区。

上诉人北京市某包装装潢制品有限责任公司(简称某公司)、北京某复制技术发展有限公司(简称某复制技术公司)因专利权转让合同纠纷一案，不服北京市第一中级人民法院(2009)一中民初字第7312号民事判决，向本院提出上诉。本院2010年3月16日受理本案后，依法组成合议庭，于2010年4月20日公开开庭进行了审理。上诉人某公司及某复制技术公司共同的委托代理人孟某、邓某，被上诉人故宫博物院的委托代理人陈某、栾某，被上诉人解某，被上诉人张某，原审第三人徐某的委托代理人孟某、邓某到庭参加了诉讼。本案现已审理终结。

北京市第一中级人民法院认定，2004年5月26日，某公司向国家知识产权局申请名称为"一种中国书画仿真复制印刷方法"的发明专利(简称涉案专利)，发明人为徐某。2006年5月，故宫博物院、解某、张某与某公司、徐某签订《权利转移协议书》(简称涉案协议)，约定增加故宫博物院、张某、解某为涉案专利共同申请人，增加张某、解某为发明人，并约定由某公司负责办理变更登记。2006年7月28日，涉案专利的申请人变更为某公司和某复制技术公司。2006年8月30日，涉案专利获得授权。2007年5月18日，涉案专利的专利权人变更为某复制技术公司。某公司和某复制技术公司的法定代表人均为徐某。

北京市第一中级人民法院认为，涉案协议能够证明故宫博物院、张某和解某为涉案专利的共同权利人，张某和解某为涉案专利的共同发明人。某公司拒绝履行涉案协议约定的义务，与某复制技术公司恶意串通，将涉案专利权转让给某复制技术公司，损害了故宫博物院、张某和解某的合法权益，故涉案专利在2006年7月28日和2007年5月18日的两次转让行为无效。

北京市第一中级人民法院依照《中华人民共和国合同法》第五十二条第(二)项之规定，判决：1.某公司于2006年7月28日将涉案专利权变更为某公司和某复制技术公司共有的行为无效；2.某公司和某复制技术公司于2007年5月18日将涉案专利权变更为某复制技术公司所有的行为无效。

某公司和某复制技术公司不服原审判决，向本院提起上诉，请求撤销原审判决，将本案发回重审。其上诉理由是：涉案专利是名为"数字分色及水色、墨色合成复制中国历代古书画技术研究"的北京市科技计划项目课题(简称涉案课题)的技术成果，根据涉案课题的《北京市科技计划项目课题任务书》(简称涉案任务书)约定，涉案专利的知识产权归某复制技术公司和故宫博物院共有。解某作为某复制技术公司的员工参与技术开发，是职务行为，对涉案专利不享有专利权。2006年5月签订的涉案协议未经某复制技术公司许可，损害了某复制技术公司的合法权益，应属无效。某公司将涉案专利权变更为某复制技术公司所有，有合法依据。故宫博物院、解某、张某服从原审判决。

本院经审理查明：

1996年5月27日，某公司成立，徐某为股东之一，并担任法定代表人。

2004年5月26日，某公司和徐某共同出资设立某复制技术公司，法定代表人为徐某。

2004年5月26日，某公司向国家知识产权局提出涉案专利申请，发明人为徐某，申请号为200410009135.0，权利要求1为一种中国书画仿真印刷方法，权利要求2为权利要求1的从属权利要求。

2004年12月27日，北京市科学技术委员会在涉案任务书上盖章。涉案任务书载明的项目名称和课题名称均为"数字分色及水色、墨色合成复制中国历代古书画技术研究"，涉案任务书第8页还载明数字分色及水色、墨色合成复制中国历代古书画技术的知识产权归故宫博物院和某复制技术公司所有。故宫博物院、张某和解某表示，涉案课题的技术是在涉案专利技术的基础上进行开发的，涉案课题产生的技术方案与涉案专利并不相同。

2006年5月，故宫博物院、解某、张某与某公司、徐某签订涉案协议。涉案协议的主要内容为：1.2004年起，故宫博物院与某公司合作开发涉案专利技术，故宫博物院委派员工张某，某公司委派员工徐某、解某负责该项目，涉案专利应由故宫博物院与某公司共同享有；2.2004年5月26日，某公司未经其他各方许可，单方申请了涉案专利，专利申请人为某公司，发明人为徐某；3.经过平等协商，在真实、充分地表达各自意愿的基础上，各方当事人约定增加故宫博物院、解某、张某为涉案专利共同申请人，增加解某、张某为发明人，某公司负责办理变更登记事宜并承担相关费用。涉案协议签订后，某公司未履行变更登记义务。

2006年8月30日，涉案专利获得授权。

2006年7月28日，某公司未经故宫博物院、张某、解某许可，将涉案专利的申请人变更为某公司和某复制技术公司。

2007年5月18日，某公司和某复制技术公司未经故宫博物院、张某、解某许可，将涉案专利的专利权人由某公司和某复制技术公司变更为某复制技术公司。

2008年9月19日，北京市第二中级人民法院作出(2008)二中民初字第9986号民事判决书(简称第9986号判决书)，判决某公司和徐某履行涉案协议约定的变更义务。

上述事实，有原审中故宫博物院提交的工商查询资料、专利登记簿副本、涉案协议、第9986号判决书、二审中故宫博物院补充提交的涉案专利检索资料、某公司和某复制技术公司补充提交的涉案任务书等证据及当事人陈述在案佐证。

本院认为：

2006年5月，故宫博物院、解某、张某与某公司、徐某签订的涉案转移协议明确约定故宫博物院、张某、解某应为涉案专利的共同申请人，该协议系当事人真实意思表示，且未违反法律、行政法规的强制性规定，应属有效。涉案协议约定某公司应当办理申请人和发明人变更登记事宜，某公司不履行变更登记义务，反而在未经其他合同当事人许可的情况下擅自将涉案专利的申请人变更为某公司和某复制技术公司，并在专利授权后将涉案专利的专利权人变更为某复制技术公司，导致故宫博物院、解某、张某的合法权益难以实现。某公司和某复制技术公司的法定代表人均为徐某，对涉案协议的内容应为明知，因此，某公司和某复制技术公司的两次变更行为，明显属于恶意串通损害他人合法权益的行为，依法应属无效。原审法院确认某公司和某复制技术公司于2006年7月28日和2007年5月18日对涉案专利的两次变更行为无效，并无不当。

某复制技术公司和某公司上诉称，涉案专利系涉案课题的技术成果，按照涉案任务书的约定，知识产权应当归属于某复制技术公司。但是，涉案课题是在涉案专利申请日之后启动的，某复制技术公司也是在涉案专利申请日之后营业，某复制技术公司不可能是涉案专利的开发者。而且，从涉案专利的名称与涉案课题的名称来看，二者也并不相同。因此，某复制技术公司的该项主张与事实不符，本院不予采信。某复制技术公司和某公司据此主张将涉案专利转让给某复制技术公司有合法依据，本院不予支持。

某复制技术公司和某公司还上诉称，解某开发涉案专利的行为是职务行为，故其不享有涉案专利权，但涉案协议明确约定解某应为共同申请人，在涉案协议合法有效的情况下，按照涉案协议的约定，应当认定解某享有涉案专利权。因此，该项上诉主张，本院亦不予支持。

综上，某公司、某复制技术公司的上诉理由缺乏事实和法律依据，其上诉请求本院不予支持。原审判决认定事实清楚，适用法律正确。依照《中华人民共和国民事诉讼法》第一百五十三条第一款第(一)项之规定，判决如下：

驳回上诉，维持原判。

一审案件受理费750元，由某公司、某复制技术公司负担(于本判决生效之日起7日内交纳)；二审案件受理费750元，由某公司、某复制技术公司负担(已交纳)。

本判决为终审判决。

审判长　刘某

代理审判员　岑某

代理审判员　石某

二〇一〇年四月二十九日

书记员　毕某

# 十五　故宫博物院与国外某博物馆协会损害赔偿案评析

## 【案情介绍】

原告故宫博物院与被告国外某博物馆协会及与被告同为一方的巴黎某博物馆，于1996年2月13日签订了一份展览合同，内容包括：1.原告故宫博物院应被告之邀请，同意于1996年11月14日至1997年3月2日在巴黎某博物馆举办《紫禁城——清代皇家政务和内廷生活展》。2.若被告欲延长展期，须在展览结束前一个月以书面形式通知原告故宫博物院，并征得原告故宫博物院正式同意。3.原告向被告和巴黎某博物馆提供展品120件(套)。展品目录、估价单为合同附件。4.合同双方在展览开幕前三个星期在北京故宫博物院内进行展品点交、验收手续、双方代表在展品现状记录签字等事宜。5.展品在北京与巴黎的往返运输途中以及在巴黎期间如发生丢失或损坏，被告和巴黎某博物馆须按合同附件所列展品的单项估价向原告赔偿，其具体办法如下：凡丢失的展品，按展品的全部估价赔偿；凡损坏者按损坏程度给予赔偿，但最多不超过展品估价的全额，已损坏的展品仍归原告故宫博物院所有；一旦展品丢失或损坏，原告将根据双方签字确认的损伤报告及照片向被告和巴黎某博物馆索赔，被告和巴黎某博物馆在收到索赔报告书二个月内向原告支付赔偿费。6.被告应向原告支付展览费，附件中载明了展品的名称、数量、估价。但该合同对解决合同争议所适用的法律未作约定。

合同签订后，原告如约交付了展品，被告和巴黎某博物馆也履行了付款义务。展览结束后，双方代表在原告处办理展品的点交、验收手续时，发现金天球仪、宝座、黄地珐琅彩龙纹碗三件展品有不同程度的损伤，双方代表遂对三件展品的损伤情况做了记录，拍摄了照片并签字确认。该三件展品在合同附件中估价分别为150万美元、150万美元、20万美元。损伤后经中华人民共和国国家文物局国家文物鉴定委员会鉴定按价值评估损失率分别不低于15%、5%、15%，三件文物损伤总价值远超过5万美元。原告于1997年3月12日向被告国外某博物馆协会发送索赔报告函提出索赔，索赔金额5万美元。1997年5月6日，被告委托其代表复函表示其已将所有文件交给为其承保的保险公司。但为其承保的保险公司并未代偿，嗣后，被告也未予赔偿，违反了合同中"在收到索赔报告二个月内赔偿原告故宫博物院损失"的约定。1998年5月5日，原告传真致函被告国外某博物馆协会，要求被告就展品损坏赔偿一事给其一个满意答复，未果。同年7月31日，原告委托北京市共和律师事务所向被告再次致函，要求友好协商展品索赔之事，仍未果。

因被告既未答复也未赔偿其损失，原告遂于1999年2月26日委托北京市共和律师事务所代理其将国外某博物馆协会诉至法院，请求：1.被告赔偿原告财产损失5万美元（按起诉日中国人民银行公布的美元汇率中间价1∶8.28计算，折合人民币414000元）；2.被告承担律师代理费用（15000元人民币）和全部诉讼费用。

**【专家点评】**

本案是一起损害赔偿纠纷案，因原告故宫博物院与被告国外某博物馆协会及巴黎某博物馆签订了一份展览合同，原告应邀为被告提供展品，但在最后展品点交验收时，发现了三件展品有不同程度损坏，原告多次致函被告索赔未果，遂引发纠纷。本案争议的焦点是合同的效力、合同纠纷适用的法律问题以及被告是否违约，应否赔偿的问题。现就该问题进行如下分析：

1.合同的效力。

合同是平等主体的自然人、法人、其他组织之间设立、变更、终止民事权利义务的合意。本案中原告故宫博物院与被告国外某博物馆协会及巴黎某博物馆在平等自愿的基础上签订展览合同，并明确约定了双方的权利义务内容，具体包括原告要向被告提供展品；被告向原告支付展览费并要保证展品返还时完整无损；双方还明确了合同的履行期间及地点、展品损赔的赔偿办法；合同附件中载明了展品的名称、数量、估价。该合同内容明确，是当事人真实意思的表达，无损害第三人以及公共利益之情形，亦未违反我国法律法规的规定，故为合法有效的合同。

2.合同纠纷适用的法律问题。

该案中展览合同对解决合同争议所适用的法律未作约定。根据最高人民法院《关于贯彻执行〈中华人民共和国民法通则〉若干问题的意见》（试行）第一百四十八条的规定："凡民事关系的一方或者双方当事人是外国人、无国籍人、外国法人的；民事关系的标的物在外国领域内的；产生、变更或者消灭民事权利义务关系的法律事实发生在外国的，均为涉外民事关系。人民法院在审理涉外民事关系的案件时，应当按照《民法通则》第八章的规定来确定应适用的实体法。"本案被告方系外国民事主体，故本案为涉外民事纠纷。因本案纠纷发生时，《中华人民共和国合同法》还未颁布生效，故根据原《中华人民共和国涉外经济合同法》第五条第一款规定："合同当事人可以选择处理合同争议所适用的法律。当事人没有选择的，适用与合同有最密切联系的国家的法律。"此外，我国《民法通则》第一百四十五条第二款规定："涉外合同的当事人可以选择处理合同争议所适用的法律，法律另有规定的除外。涉外合同的当事人没有选择的，适用与合同有最密切联系的国家的法律。"两者规定虽用语略有不同，但精神内核是完全一致的。本案合同的签订地、标的物在中国，合同的履行地也主要在中国，故该合同与中国联系最为密切，故北京市东城区法院认定适用中国的法律是合理的。

最密切联系原则，又称最强联系原则或最重要意义联系原则，是指在处理某一涉外民事法律关系或涉外民事案件时，全面权衡法律关系的有关连结因素，通过质和量的分析找出与该法律关系或有关当事人最直接、最本质和最真实的联系的法律加以适用。最密切联系原则是晚近国际私法中发展起来的一种新的法律适用原则，得到世界上绝大多数国家的承认。它改变了传统冲突法连结因素的单一性，使与案件有关的各种因素都得以考虑，加强了案件处理的公正性、合理性和科学性。但同时又要求赋予法官自由裁量权，这就不可避免地使案件的处理结果受法官主观意志的影响而可能导致判决结果上的不公。在涉外经济合同领域，最密切联系原则是指合同应适用与合同法律关系或者与合同案件有最密切联系的那个国家或地区的法律。它的本质在于软化传统的固定而僵化的连接点，加强法律选择方法的灵活性，从而实现法律适用的根本性目的，即公正地处理涉外争议。

3.被告是否违约，应否赔偿的问题。

本案的展览合同具有约束双方当事人的效力，合同当事人应全面适当履行合同的义务，不得擅自变更、解除合同，如果出现违约情况，违约方应依法如约承担违约责任。合同签订后，原告如约交付了展品，被告和巴黎某博物馆也履行了付款义务。展览结束后，双方代表在原告处办理展品的点交、验收手续时，发现金天球仪、宝座、黄地珐琅彩龙纹碗三件展品有不同程度的损伤，双方代表遂对三件展品的损伤情况做了记录并拍摄了照片并签字确认。被告代表签字确认，表明被告承认了其对原告展品造成了损害。并且在原告1997年3月12日向被告发送索赔报告函提出索赔时，被告于1997年5月6日委托其代表复函表示其已将所有文件交给为其承保的保险公司，这也可证明被告对损害事实的承认。但其承保的保险公司并未代偿，被告也未予赔偿。嗣后，原告又分别于1998年5月5日、1998年7月31日两次致函被告，就展品损坏赔偿一事提出索赔要求，但被告未予理会。鉴于多次交涉未果，原告于1999年2月26日委托北京市共和律师事务所代理，将国外某博物馆协会诉至法院，此时距原告第一次索赔已时近两年，被告显然严重违反了合同中"在收到索赔报告二个月内赔偿原告故宫博物院损失"的约定。

双方代表均对金天球仪、宝座、黄地珐琅彩龙纹碗三件展品不同损伤情况做了记录、拍摄了照片并签字确认，并有《展品(文物)损伤记录》佐证。该三件展品在合同附件中估价分别为150万美元、150万美元、20万美元。损伤后经中华人民共和国国家文物局国家文物鉴定委员会鉴定，按价值评估损失率分别不低于15%、5%、15%，三件文物损伤总价值大大超过5万美元，有《中华人民共和国国家文物局国家文物鉴定委员会文物鉴定书》可以佐证。但原告向被告发送索赔报告函提出索赔，索赔金额为5万美元。这是原告自行处理其权利之行为，合法合理，法院予以支持是应该肯定的。原告是因被告违反合同规定而支付费用聘请律师进行诉讼，此部分费用损失系被告国外某博物馆协会违约造成的。故原告故宫博物院要求被告国外某博物馆协会支付这笔费用的主张理由正当，也应当支持。

综上，本案的展览合同合法有效，国外某博物馆协会违约有事实上和法律上的依据，应当向原告故宫博物院承担违约赔偿责任。

本案中，故宫博物院在我国法院起诉，维护了我国的司法主权，同时也有利于保护自身的合法权益；坚持依照我国法律解决争议，维护了我国法律的尊严，同时在法律的解释、适用等方面也当然的具备妥适的法律文化条件；在形成证据、使用证据方面，表现周到、稳妥，使对方无可辩驳。总之，可谓诉讼措施得当、思虑周到。对方在赔偿责任明确的条件下，怠于履行赔偿义务，纯属狡赖行为。

## 【附】

# 北京市东城区人民法院
# 民事判决书

(1999)东经初字第291号

原告故宫博物院，住所地中华人民共和国北京市东城区。

法定代表人朱某，副院长。

委托代理人陈某，北京市共和律师事务所律师。

被告国外某博物馆协会，住所地法国。

原告故宫博物院与被告国外某博物馆协会损害赔偿纠纷一案，本院受理后，依法组成合议庭，公开开庭进行了审理。原告故宫博物院委托代理人陈某到庭参加了诉讼，被告国外某博物馆协会经本院合法传唤未能到庭参加诉讼，本案缺席审理。现已审理终结。

原告故宫博物院诉称，1996年11月至1997年3月我方依据与被告国外某博物馆协会间的展览合同，将120件（套）总估价为3037万美元的展品交被告国外某博物馆协会进行展览。展览结束后，双方于1997年3月10日点交展品时，发现部分展品有不同程度的损坏，双方代表遂在《文物损伤情况记录》上签字确认。同月12日我方向被告出具《文物损伤索赔报告》，但被告未履行合同有关赔偿的约定，故起诉要求被告赔偿损失费5万美元，并承担全部律师代理费、诉讼费。

被告国外某博物馆协会未做答辩。

经审理查明，1996年2月13日原告故宫博物院与被告国外某博物馆协会及与被告国外某博物馆协会同为一方的巴黎某博物馆签订展览合同一份，合同规定：原告故宫博物院应被告国外某博物馆协会和巴黎某博物馆的邀请，同意于1996年11月14日至1997年3月2日在巴黎某博物馆举办"紫禁城——清代皇家政务和内廷生活展"。如被告国外某博物馆协会和巴黎某博物馆欲延长展期，须在展览结束前一个月以书面形式通知原告故宫博物院，并征得原告故宫博物院正式同意。原告故宫博物院向被告国外某博物馆协会和巴黎某博物馆提供展品120件(套)。展品目录、估价单为合同附件。合同还规定，展品启运前和展览结束后，在北京的故宫博物院内办理展品点交、验收手续，届时双方派代表参加并在展品现状记录上签字。原告故宫博物院同意在展览开幕前三个星期与被告国外某博物馆协会和巴黎某博物馆办理展品的验收手续并将展品提供给被告国外某博物馆协会和巴黎某博物馆。展品从北京运往巴黎途中、在巴黎期间以及从巴黎运回北京途中如发生丢失或损坏，被告国外某博物馆协会和巴黎某博物馆须按合同附件所列展品的单项估价向原告故宫博物院赔偿，其办法如下：凡丢失的展品，按展品的全部估价赔偿。凡损坏者按损坏程度给予赔偿，但最多不超过展品估价的全额，已损坏的展品仍归原告故宫博物院所有。一旦展品丢失或损坏，原告故宫博物院将根据双方签字确认的损伤报告及照片向被告国外某博物馆协会和巴黎某博物馆提出索赔，被告国外某博物馆协会和巴黎某博物馆在收到索赔报告书二个月内向原告故宫博物院支付赔偿费。合同另规定了被告国外某博物馆协会应向原告故宫博物院支付展览费用等内容，并在附件中载明了展品的名称、数量、估价。该合同中未规定处理合同争议所适用的法律。

上述合同签订后，原告故宫博物院与被告国外某博物馆协会和巴黎某博物馆遂将合同约定的展品在巴黎某博物馆进行展览。被告国外某博物馆协会和巴黎某博物馆也履行了合同约定的付款义务。展览结束后，双方代表在原告故宫博物院处办理展品的点交、验收手续时，发现金天球仪、宝座、黄地珐琅彩龙纹碗三件展品有不同程度的损伤，双方代表遂对三件展品的损伤情况做了记录、拍摄了照片并签字确认。1997年3月12日，原告故宫博物院以发送索赔报告函件的形式向被告国外某博物馆协会提出索赔。索赔金额5万美元。被告国外某博物馆协会收到索赔报告后，由艾米丰塔尼耶代表其于同年5月6日复函。复函言明已将所有文件交给为其承保的保险公司，但其未按合同约定的在收到索赔报告二个月内赔偿原告故宫博物院损失。为其承保的保险公司亦未代偿。嗣后，被告国外某博物馆协会仍未予赔偿。1998年5月5日，原告故宫博物院以传真形式致函艾米丰塔尼耶、被告国外某博物馆协会。函件表明原告故宫博物院对有关三件展品的损坏问题一年来一直未能解决的遗憾，写明原告故宫博物院要求被告国外某博物馆协会就展品损坏赔偿一事给其一个满意答复。同年7月31日，原告故宫博物院委托北京市共和律师事务所向被告国外某博物馆协会再次致函，该函载明：原告故宫博物院授权我律师事务所与你方协商就其财产1996年11月至1997年3月在某博物馆举行的"紫禁城"展览后被损坏提出的索赔一事。本函提及的展览闭幕后，在故宫博物院双方检查文物时，发现有三件文物被损坏。你方代表在损失报告上签了名，承认这一事实。3月27日，故宫博物院按协议寄给你方一份索赔报告，但至今未得到任何赔款。鉴于双方关系，我们极不愿将此事诉诸法律。希望你们就此事与故宫博物院进行诚挚的协商。期待很快得到你方的答复。1999年2月26日，原告故宫博物院因被告国外某博物馆协会既未答复又未赔偿其损失，遂委托北京市共和律师事务所代理其将国外某博物馆协会做被告诉至本院。北京市共和律师事务所收取原告故宫博物院代理费15000元人民币。

另查，金天球仪、宝座、黄地珐琅彩龙纹碗在合同附件中估价分别为150万美元、150万美元、20万美元。损伤后经中华人民共和国国家文物局国家文物鉴定委员会鉴定，按价值评估损失率分别不低于15%、5%、15%。

上述事实，有原告故宫博物院提供的"紫禁城——清代皇家政务和内廷生活展"合同、展品(文物)损伤记录、展品(文物)损伤索赔报告、被告国外某博物馆协会收到索赔报告的回函、原告故宫博物院及北京市共和律师事务所致被告国外某博物馆协会函、中华人民共和国国家文物局国家文物鉴定委员会文物鉴定书在案为证。

本院认为，合同是双方当事人之间设立、变更、终止民事权利义务的合意。依法成立的合同，对双方当事人具有法律约束力。本案原告故宫博物院与被告国外某博物馆协会之间的展览合同形式内容与法不悖，属有效之合同，双方当事人应严格履行合同义务。而被告国外某博物馆协会在收到原告故宫博物院的索赔报告后，虽给原告故宫博物院回函，但未按合同中规定的在收到原告故宫博物院索赔报告书后二个月内向原告故宫博物院支付赔偿费，在原告故宫博物院索要下亦未支付，以至酿成纠纷。对此，被告国外某博物馆协会应负全部责任。被告国外某博物馆协会应立即向原告故宫博物院支付赔偿费。至于赔偿费的金额，因按中国国家文物鉴定委员会鉴定结果，三件文物损伤价值大大超过5万美元，现原告故宫博物院仅主张5万美元的赔偿费，是其自行处理其权利之行为，故本院予以认可。被告国外某博物馆协会应按原告故宫博物院主张的赔偿金额予以支付。另，原告故宫博物院是因被告国外某博物馆协会违反合同规定而支付费用聘请律师进行诉讼，此部分费用损失系被告国外某博物馆协会违约造成的。现原告故宫博物院要求被告国外某博物馆协会支付这笔费用的主张理由正当，本院予以支持。鉴于原被告双方合同中未约定发生纠纷时适用的法律，则应适用与合同最密切联系国家的法律，即应适用中华人民共和国法律。而根据中华人民共和国法律规定，被告有反驳原告诉讼请求的权利。本案被告国外某博物馆协会不进行答辩，则视其放弃这一权利。在本院审理中，被告国外某博物馆协会经本院合法传唤，无正当理由拒不到庭，本院依法缺席判决。综上所述，依据《中华人民共和国民事诉讼法》一百三十条，原《中华人民共和国涉外经济合同法》第五条第一款、第十七条、第十八条之规定判决如下：

被告国外某博物馆协会于本判决生效后30日内向原告故宫博物院支付损坏文物赔偿费5万美元及原告故宫博物院聘请律师诉讼的费用15000元人民币。

案件受理费8720元人民币，由被告国外某博物馆协会负担(于本判决生效后7日内交纳。我院开户银行是中国工商银行北京市支行安定门分理处，账号是144048-54)。

如不服本判决，原告故宫博物院可于判决书送达之日起15日内，被告国外某博物馆协会可于判决书送达之日30日内，向本院递交上诉状，并按对方当事人的人数提出副本，并交纳案件受理费8720元人民币，上诉于中华人民共和国北京市第二中级人民法院。在上诉期满后7日内未交纳上诉案件受理费的，按自动撤回上诉处理。

审判长　杨某

审判员　陶某

代理审判员　康某

二〇〇〇年四月十五日

# 十六　故宫博物院与某公司合同纠纷案评析

## 【案情介绍】

原告故宫博物院向社会招标，为其职工和观众提供餐饮服务。被告北京某公司中标。双方口头约定：试经营期为半年，被告向原告交管理费15万元，并为原告职工就餐提供磁卡。1999年8月2日开始营业。同年8月，被告将原告为每个职工年就餐补助费360元，以垫付的方式输入故宫职工就餐磁卡中，共计498390元，垫付款从被告向原告交付的管理费中扣除。

2000年1月10日，双方正式签订为期一年的《故宫食堂经营管理合作协议书》及补充协议，规定：双方在故宫博物院内合作经营快餐，被告负责供应原告职工及部分观众的餐饮服务，并每年向原告支付82万元管理费。并且约定交费方式为：协议书签订后五日内，被告付41万元，每三个月月底各付136600元。被告逾期十日未按规定向原告交管理费，应承担违约金额的日百分之十的违约金。营业场所的电、水费由被告承担。

2000年8月，被告再次为原告职工每张就餐磁卡垫付补助费150元，共计209220元。2000年10月10日，双方代表结算费用，结算期限为1999年8月2日至2000年7月9日。计算方法为：试营业期间(1999年8月2日至2000年1月9日)交管理费15万元加正式营业期间半年(2000年1月10日至2000年7月9日)管理费41万元，扣除被告垫付原告为职工磁卡输入补助费498390元，被告应交原告管理费61610元。双方代表分别在"结算证明"上签字，被告交原告管理费61610元。2000年12月8日，原告通知被告将对2001年食堂经营进行再次招标。2001年1月10日，合同到期，被告撤出故宫博物院，双方合作终止。

但至合同期限截止，被告尚欠原告半年(2000年7月1日-2001年1月9日)管理费41万元，扣除被告在2000年8月第二次为原告职工垫付补助费209220元以及原告与被告未结客饭款4410元，被告还需向原告支付管理费、电费共计206816.75元。原告将被告诉至法院。最后当事人双方（故宫博物院作为甲方，某公司作为乙方）达成和解协议，和解协议书的内容如下：1.关于退付甲方职工饭卡余额问题。乙方对甲方职工饭卡余额进行退付，甲方负责相关协助工作。2.关于给付甲方费用问题。乙方一次性给付甲方承包费(管理费)196370元、电费10446.75元。乙方圆满履行退付甲方职工饭卡余额和给付所欠甲方款项后，甲方放弃乙方迟延给付甲方承包费和电费违约金的要求。

3.关于给付乙方补偿金问题。甲方一次性给付乙方补偿金5万元整，与该协议第二项费用抵扣后，即乙方一次性给付甲方承包费和电费数额为156816.75元，于2002年5月30日前以支票形式给付，甲方出具正式收据。4.关于乙方留在甲方物品问题。本协议生效后，乙方放弃尚留在甲方的全部物品。5.关于诉讼问题。本协议生效后，双方同时从北京市东城区人民法院撤回对对方的起诉。

## 【专家点评】

本案中，被告是否违约以及双方当事人最后和解结案的意义，值得探讨。

1.被告是否违约。

原告故宫博物院为解决职工和观众就餐问题，向社会招标。被告某公司中标。双方于2000年1月10日，在平等自愿的基础之上达成了为期一年的《故宫食堂经营管理合作协议书》及补充协议，规定了双方的权利义务：双方在故宫博物院内合作经营快餐，被告负责供应原告职工及部分观众的餐饮服务，并每年向原告支付82万元管理费。并且约定交费方式为：协议书签订后五日内，被告付41万元，每三个月月底各付136600元。被告逾期十日未按规定向原告交管理费，被告应承担比例为违约金额的日百分之十的违约金。营业场所电、水费由被告承担。

根据《合同法》规定的合同的生效条件来考察，当事人之间的协议是双方的真实意思表示，无损害第三人和社会公共利益之情形，不违反法律法规的规定，故该协议是合法有效的合同。

合同约定的到期日（2001年1月10日）到来前一个月，原告行政服务处通知被告关于原告决定对2001年食堂经营进行再次招标事宜，已尽到诚实信用之义务。

2001年1月10日，被告搬离故宫博物院，双方合作终止。但至合同期限截止，扣除被告在2000年8月第二次为原告职工垫付补助费以及原告与被告未结客饭款，被告还需向原告支付管理费、电费共计206816.75元。被告迟迟不支付，违反了《故宫食堂经营管理合作协议书》及补充协议中的义务，构成了违约。据此，原告提起诉讼，维护自身的合法权益是有理有据的。

2.双方当事人和解结案的积极意义。

最后，双方当事人在友好协商后，达成了和解协议，对退付甲方职工饭卡余额问题、给付甲方费用问题、给付乙方补偿金问题、乙方留在甲方物品问题以及诉讼问题等都作出了较为妥善的处理。当事人双方达成如上和解协议，是双方合意的结果，亦无违法之情形，使得纠纷圆满解决。

与本案类似的合同纠纷在民商事活动交往中亦常出现。当事人在初步交涉未果之际，常诉诸法院。但诉讼费时耗力众所周知，花大气力纠缠于斯，实属迫不得已。当事人运用和解的方法解决纠纷有着显著的积极意义。

本案中，原告故宫博物院很好地运用了和解解决纠纷的方法，充分维护了自身的权益。

（1）从依法维护自身合法权益方面讲，故宫博物院以有效合同为根据，运用《合同法》的规定，追究对方的违约责任，有理、有力、有据。

故宫博物院在双方签订合同后，秉持诚实信用的法律原则，信守合同，给对方提供了应有的经营条件，完全地履行了自己的合同义务。这一点，使得故宫博物院在诉讼中处于不败地位。

（2）从依法解决合同纠纷方面看，故宫博物院在诉讼中既做到了讲求实事求是、坚持法律原则，又展示了诚实信用、在民事权益纠纷关系中宽仁待人的特有品行。

某公司的违约，是客观事实；故宫博物院因此受到损失，也是客观事实。因此，必须实事求是地认识、解决这一问题。故宫博物院在诉讼中坚持明确是非，使对方无法否认违约行为，完全做到了依法维护权益。

民事诉讼程序中的和解，是诉讼当事人在明确是非的基础上，给对方以一定的谅解、让步的一种纠纷解决方式。既然是让步，就有一定的利益损失，为妥善处理纠纷而作出适度的让步，表现的就是理性、宽仁的人格特性。故宫博物院作为传播中华文明的典型代表之一，在本案中的让步行为，应该说是展示出这一品行。

从构建和谐社会、实现公平正义的视角看，当事人和解具有重要意义。中华民族讲究"和为贵"，这就要求当事人通过互谅互让平息纠纷，意在维持和谐的局面。当事人要求依法保护和放弃自己的私权利，是当事人权利意思自治的一种表现，只要能化解矛盾，案结事了，就符合民主法治、公平正义等建设社会主义和谐社会的要求，应大力发扬光大。把当事人和解贯彻于民事诉讼的每个环节，对于实现法的价值，进而实现人们对秩序、公平、正义等法律价值的期盼有着十分重要的意义。

（3）和解结案有利于双方当事人迅速化解矛盾，解决纠纷。

和解比判决更为灵活，只要不违法，双方可以权衡利弊，各让一步，使问题简化。此外，和解是当事人自愿达成协议，本质还是意思自治，所以和解能够更多地适应当事人的实际状况和他们的具体要求，得出较为合理的解决办法，因此和解比判决结案更能使当事人双方满意，凭借其独特的功能使纠纷解决得更加圆满。这样也避免了因不满判决而不断上诉、申诉、上访等后赘而增加当事人的诉累和诉讼成本。在本案中，当事人双方最后达成和解协议，双方费用互相折抵，简便易行，既让双方早日恢复常态，亦使法院高效结案。

（4）故宫博物院以维护职工的切身利益为目的提起本诉讼。

以上是关于以和解方式结案的诸多优点。但是针对本案，故宫博物院在诉讼中最终选择与被告和解，除了基于以上优点的考虑之外，还与故宫博物院提起本诉的根本目的有关。本案单从案由和诉求方面看，是故宫博物院起诉某公司，要求其支付管理费的违约之诉，但其实还有更深层次的原因。因为被告在故宫博物院经营职工食堂，为故宫博物院上千名职工提供餐饮服务，职工就餐使用的餐卡刷卡机是由被告提供的，被告在撤出故宫博物院时将刷卡机带走，既没有为每名职工确认餐卡中的款项余额，也没有对职工餐卡剩余款项进行清退，直接导致了故宫博物院一千两百多名职工当时存缴在餐卡中的款项无法取回。故宫博物院就此问题多次与被告进行沟通无果。这就导致了如果故宫博物院职工要想取回自己餐卡中的钱款，就只能通过诉讼的方式起诉被告，这将产生一个原告方有一千两百多人的集体诉讼，不仅会给每一名职工带来实际不便，也将给法院带来巨大困扰。在这种实际情况下，经过故宫博物院领导研究，决定由故宫博物院以要求该公司承担违约责任的方式提起诉讼，在诉讼中提出返回职工餐卡剩余钱款的要求，最终实现为一千两百多名职工读卡、退钱的目的。因此，在本案起诉之初，故宫博物院就是以维护职工的切身利益为目的提起本诉。

## 【附】

# 和解协议书

甲方：故宫博物院

乙方：北京某公司

甲、乙双方经友好协商，就如下问题达成一致：

1.关于退付甲方职工饭卡余额问题。

乙方负责在2002年5月13日持读卡机到故宫博物院，对甲方职工饭卡余额进行读卡。并按读卡显示金额减去每卡5元钱卡底后的金额即予现金退付。甲方负责相关组织工作。

2.关于给付甲方费用问题。

乙方一次性给付甲方承包费(管理费)196370元、电费10446.75元。乙方圆满完成读卡退付甲方职工饭卡余额和给付所欠甲方款项后，甲方放弃乙方迟延给付甲方承包费和电费违约金的要求。

3.关于给付乙方补偿金问题。

甲方一次性给付乙方补偿金5万元整。此款项从本协议第二项中抵扣。即乙方一次性给付甲方承包费和电费数额为156816.75元，于2002年5月30日前以支票形式给付。甲方出具正式收据。

4.关于乙方留在甲方物品问题。

本协议生效后，乙方放弃尚留在甲方的全部物品。

5.关于诉讼问题。

本协议生效后，双方同时从北京市东城区人民法院撤回对对方的起诉。

本协议自双方加盖公章后生效，双方共同遵守。本协议一式四份，双方各执一份。交法院备案二份，具有同等法律效力。

甲方：故宫博物院　　　　　　　　乙方：北京某公司

2002年4月29日　　　　　　　　　2002年4月29日

## 撤诉申请书

申请人：故宫博物院

法定代表人：朱某　职务：副院长

住址：北京市东城区景山前街4号

案由：管理费纠纷

理由：申请人与北京某公司因管理费纠纷一案，于2002年3月18日向你院起诉，业经你院立案并开庭审理。现经双方协商已达成和解协议。为此，具状撤回原诉，请予核准。

　　此致
　北京市东城区人民法院

　　　　　　　　　　　　　　　　具状人：故宫博物院

　　　　　　　　　　　　　　　　2002年4月30日

第三章 博物馆常用法律法规节选

# 一　中华人民共和国宪法（2004年修正本）摘录

……

第二十二条　国家发展为人民服务、为社会主义服务的文学艺术事业、新闻广播电视事业、出版发行事业、图书馆博物馆文化馆和其他文化事业，并展群众性的文化活动。

国家保护名胜古迹、珍贵文物和其他重要历史文化遗产。

……

# 二　中华人民共和国文物保护法

## 第一章　总则

第一条　为了加强对文物的保护，继承中华民族优秀的历史文化遗产，促进科学研究工作，进行爱国主义和革命传统教育，建设社会主义精神文明和物质文明，根据宪法，制定本法。

第二条　在中华人民共和国境内，下列文物受国家保护：

（一）具有历史、艺术、科学价值的古文化遗址、古墓葬、古建筑、石窟寺和石刻、壁画；

（二）与重大历史事件、革命运动或者著名人物有关的以及具有重要纪念意义、教育意义或者史料价值的近代现代重要史迹、实物、代表性建筑；

（三）历史上各时代珍贵的艺术品、工艺美术品；

（四）历史上各时代重要的文献资料以及具有历史、艺术、科学价值的手稿和图书资料等；

（五）反映历史上各时代、各民族社会制度、社会生产、社会生活的代表性实物。

文物认定的标准和办法由国务院文物行政部门制定，并报国务院批准。

具有科学价值的古脊椎动物化石和古人类化石同文物一样受国家保护。

第三条　古文化遗址、古墓葬、古建筑、石窟寺、石刻、壁画、近代现代重要史迹和代表性建筑等不可移动文物，根据它们的历史、艺术、科学价值，可以分别确定为全国重点文物保护单位，省级文物保护单位，市、县级文物保护单位。

历史上各时代重要实物、艺术品、文献、手稿、图书资料、代表性实物等可移动文物，分为珍贵文物和一般文物；珍贵文物分为一级文物、二级文物、三级文物。

第四条　文物工作贯彻保护为主、抢救第一、合理利用、加强管理的方针。

第五条　中华人民共和国境内地下、内水和领海中遗存的一切文物，属于国家所有。

古文化遗址、古墓葬、石窟寺属于国家所有。国家指定保护的纪念建筑物、古建筑、石刻、壁画、近代现代代表性建筑等不可移动文物，除国家另有规定的以外，属于国家所有。

国有不可移动文物的所有权不因其所依附的土地所有权或者使用权的改变而改变。

下列可移动文物，属于国家所有：

（一）中国境内出土的文物，国家另有规定的除外；

（二）国有文物收藏单位以及其他国家机关、部队和国有企业、事业组织等收藏、保管的文物；

（三）国家征集、购买的文物；

（四）公民、法人和其他组织捐赠给国家的文物；

（五）法律规定属于国家所有的其他文物。

属于国家所有的可移动文物的所有权不因其保管、收藏单位的终止或者变更而改变。

国有文物所有权受法律保护，不容侵犯。

第六条　属于集体所有和私人所有的纪念建筑物、古建筑和祖传文物以及依法取得的其他文物，其所有权受法律保护。文物的所有者必须遵守国家有关文物保护的法律、法规的规定。

第七条　一切机关、组织和个人都有依法保护文物的义务。

第八条　国务院文物行政部门主管全国文物保护工作。

地方各级人民政府负责本行政区域内的文物保护工作。县级以上地方人民政府承担文物保护工作的部门对本行政区域内的文物保护实施监督管理。

县级以上人民政府有关行政部门在各自的职责范围内，负责有关的文物保护工作。

第九条　各级人民政府应当重视文物保护，正确处理经济建设、社会发展与文物保护的关系，确保文物安全。

基本建设、旅游发展必须遵守文物保护工作的方针，其活动不得对文物造成损害。

公安机关、工商行政管理部门、海关、城乡建设规划部门和其他有关国家机关，应当依法认真履行所承担的保护文物的职责，维护文物管理秩序。

第十条　国家发展文物保护事业。县级以上人民政府应当将文物保护事业纳入本级国民经济和社会发展规划，所需经费列入本级财政预算。

国家用于文物保护的财政拨款随着财政收入增长而增加。

国有博物馆、纪念馆、文物保护单位等的事业性收入，专门用于文物保护，任何单位或者个人不得侵占、挪用。

国家鼓励通过捐赠等方式设立文物保护社会基金，专门用于文物保护，任何单位或者个人不得侵占、挪用。

第十一条　文物是不可再生的文化资源。国家加强文物保护的宣传教育，增强全民文物保护的意识，鼓励文物保护的科学研究，提高文物保护的科学技术水平。

第十二条　有下列事迹的单位或者个人，由国家给予精神鼓励或者物质奖励：

（一）认真执行文物保护法律、法规，保护文物成绩显著的；

（二）为保护文物与违法犯罪行为作坚决斗争的；

（三）将个人收藏的重要文物捐献给国家或者为文物保护事业作出捐赠的；

（四）发现文物及时上报或者上交，使文物得到保护的；

（五）在考古发掘工作中作出重大贡献的；

（六）在文物保护科学技术方面有重要发明创造或者其他重要贡献的；

（七）在文物面临破坏危险时，抢救文物有功的；

（八）长期从事文物工作，作出显著成绩的。

## 第二章　不可移动文物

第十三条　国务院文物行政部门在省级、市、县级文物保护单位中，选择具有重大历史、艺术、科学价值的确定为全国重点文物保护单位，或者直接确定为全国重点文物保护单位，报国务院核定公布。

省级文物保护单位，由省、自治区、直辖市人民政府核定公布，并报国务院备案。

市级和县级文物保护单位，分别由设区的市、自治州和县级人民政府核定公布，并报省、自治区、直辖市人民政府备案。

尚未核定公布为文物保护单位的不可移动文物，由县级人民政府文物行政部门予以登记并公布。

第十四条　保存文物特别丰富并且具有重大历史价值或者革命纪念意义的城市，由国务院核定公布为历史文化名城。

保存文物特别丰富并且具有重大历史价值或者革命纪念意义的城镇、街道、村庄，由省、自治区、直辖市人民政府核定公布为历史文化街区、村镇，并报国务院备案。

历史文化名城和历史文化街区、村镇所在地的县级以上地方人民政府应当组织编制专门的历史文化名城和历史文化街区、村镇保护规划，并纳入城市总体规划。

历史文化名城和历史文化街区、村镇的保护办法，由国务院制定。

第十五条　各级文物保护单位，分别由省、自治区、直辖市人民政府和市、县级人民政府划定必要的保护范围，作出标志说明，建立记录档案，并区别情况分别设置专门机构或者专人负责管理。全国重点文物保护单位的保护范围和记录档案，由省、自治区、直辖市人民政府文物行政部门报国务院文物行政部门备案。

县级以上地方人民政府文物行政部门应当根据不同文物的保护需要，制定文物保护单位和未核定为文物保护单位的不可移动文物的具体保护措施，并公告施行。

第十六条　各级人民政府制定城乡建设规划，应当根据文物保护的需要，事先由城乡建设规划部门会同文物行政部门商定对本行政区域内各级文物保护单位的保护措施，并纳入规划。

第十七条　文物保护单位的保护范围内不得进行其他建设工程或者爆破、钻探、挖掘等作业。但是，因特殊情况需要在文物保护单位的保护范围内进行其他建设工程或者爆破、钻探、挖掘等作业的，必须保证文物保护单位的安全，并经核定公布该文物保护单位的人民政府批准，在批准前应当征得上一级人民政府文物行政部门同意；在全国重点文物保护单位的保护范围内进行其他建设工程或者爆破、钻探、挖掘等作业的，必须经省、自治区、直辖市人民政府批准，在批准前应当征得国务院文物行政部门同意。

第十八条　根据保护文物的实际需要，经省、自治区、直辖市人民政府批准，可以在文物保护单位的周围划出一定的建设控制地带，并予以公布。

在文物保护单位的建设控制地带内进行建设工程，不得破坏文物保护单位的历史风貌；工程设计方案应当根据文物保护单位的级别，经相应的文物行政部门同意后，报城乡建设规划部门批准。

第十九条　在文物保护单位的保护范围和建设控制地带内，不得建设污染文物保护单位及其环境的设施，不得进行可能影响文物保护单位安全及其环境的活动。对已有的污染文物保护单位及其环境的设施，应当限期治理。

第二十条　建设工程选址，应当尽可能避开不可移动文物；因特殊情况不能避开的，对文物保护单位应当尽可能实施原址保护。

实施原址保护的，建设单位应当事先确定保护措施，根据文物保护单位的级别报相应的文物行政部门批准，并将保护措施列入可行性研究报告或者设计任务书。

无法实施原址保护，必须迁移异地保护或者拆除的，应当报省、自治区、直辖市人民政府批准；迁移或者拆除省级文物保护单位的，批准前须征得国务院文物行政部门同意。全国重点文物保护单位不得拆除；需要迁移的，须由省、自治区、直辖市人民政府报国务院批准。

依照前款规定拆除的国有不可移动文物中具有收藏价值的壁画、雕塑、建筑构件等，由文物行政部门指定的文物收藏单位收藏。

本条规定的原址保护、迁移、拆除所需费用，由建设单位列入建设工程预算。

第二十一条　国有不可移动文物由使用人负责修缮、保养；非国有不可移动文物由所有人负责修缮、保养。非国有不可移动文物有损毁危险，所有人不具备修缮能力的，当地人民政府应当给予帮助；所有人具备修缮能力而拒不依法履行修缮义务的，县级以上人民政府可以给予抢救修缮，所需费用由所有人负担。

对文物保护单位进行修缮，应当根据文物保护单位的级别报相应的文物行政部门批准；对未核定为文物保护单位的不可移动文物进行修缮，应当报登记的县级人民政府文物行政部门批准。

文物保护单位的修缮、迁移、重建，由取得文物保护工程资质证书的单位承担。

对不可移动文物进行修缮、保养、迁移，必须遵守不改变文物原状的原则。

第二十二条　不可移动文物已经全部毁坏的，应当实施遗址保护，不得在原址重建。但是，因特殊情况需要在原址重建的，由省、自治区、直辖市人民政府文物行政部门报省、自治区、直辖市人民政府批准；全国重点文物保护单位需要在原址重建的，由省、自治区、直辖市人民政府报国务院批准。

第二十三条　核定为文物保护单位的属于国家所有的纪念建筑物或者古建筑，除可以建立博物馆、保管所或者辟为参观游览场所外，作其他用途的，市、县级文物保护单位应当经核定公布该文物保护单位的人民政府文物行政部门征得上一级文物行政部门同意后，报核定公布该文物保护单位的人民政府批准；省级文物保护单位应当经核定公布该文物保护单位的省级人民政府的文物行政部门审核同意后，报该省级人民政府批准；全国重点文物保护单位作其他用途的，应当由省、自治区、直辖市人民政府报国务院批准。国有未核定为文物保护单位的不可移动文物作其他用途的，应当报告县级人民政府文物行政部门。

第二十四条　国有不可移动文物不得转让、抵押。建立博物馆、保管所或者辟为参观游览场所的国有文物保护单位，不得作为企业资产经营。

第二十五条　非国有不可移动文物不得转让、抵押给外国人。

非国有不可移动文物转让、抵押或者改变用途的，应当根据其级别报相应的文物行政部门备案；由当地人民政府出资帮助修缮的，应当报相应的文物行政部门批准。

第二十六条　使用不可移动文物，必须遵守不改变文物原状的原则，负责保护建筑物及其附属文物的安全，不得损毁、改建、添建或者拆除不可移动文物。

对危害文物保护单位安全、破坏文物保护单位历史风貌的建筑物、构筑物，当地人民政府应当及时调查处理，必要时，对该建筑物、构筑物予以拆迁。

## 第三章　考古发掘

第二十七条　一切考古发掘工作，必须履行报批手续；从事考古发掘的单位，应当经国务院文物行政部门批准。

地下埋藏的文物，任何单位或者个人都不得私自发掘。

第二十八条　从事考古发掘的单位，为了科学研究进行考古发掘，应当提出发掘计划，报国务院文物行政部门批准；对全国重点文物保护单位的考古发掘计划，应当经国务院文物行政部门审核后报国务院批准。国务院文物行政部门在批准或者审核前，应当征求社会科学研究机构及其他科研机构和有关专家的意见。

第二十九条　进行大型基本建设工程，建设单位应当事先报请省、自治区、直辖市人民政府文物行政部门组织从事考古发掘的单位在工程范围内有可能埋藏文物的地方进行考古调查、勘探。

考古调查、勘探中发现文物的，由省、自治区、直辖市人民政府文物行政部门根据文物保护的要求会同建设单位共同商定保护措施；遇有重要发现的，由省、自治区、直辖市人民政府文物行政部门及时报国务院文物行政部门处理。

第三十条　需要配合建设工程进行的考古发掘工作，应当由省、自治区、直辖市文物行政部门在勘探工作的基础上提出发掘计划，报国务院文物行政部门批准。国务院文物行政部门在批准前，应当征求社会科学研究机构及其他科研机构和有关专家的意见。

确因建设工期紧迫或者有自然破坏危险，对古文化遗址、古墓葬急需进行抢救发掘的，由省、自治区、直辖市人民政府文物行政部门组织发掘，并同时补办审批手续。

第三十一条　凡因进行基本建设和生产建设需要的考古调查、勘探、发掘，所需费用由建设单位列入建设工程预算。

第三十二条　在进行建设工程或者在农业生产中，任何单位或者个人发现文物，应当保护现场，立即报告当地文物行政部门，文物行政部门接到报告后，如无特殊情况，应当在二十四小时内赶赴现场，并在七日内提出处理意见。文物行政部门可以报请当地人民政府通知公安机关协助保护现场；发现重要文物的，应当立即上报国务院文物行政部门，国务院文物行政部门应当在接到报告后十五日内提出处理意见。

依照前款规定发现的文物属于国家所有，任何单位或者个人不得哄抢、私分、藏匿。

第三十三条　非经国务院文物行政部门报国务院特别许可，任何外国人或者外国团体不得在中华人民共和国境内进行考古调查、勘探、发掘。

第三十四条　考古调查、勘探、发掘的结果，应当报告国务院文物行政部门和省、自治区、直辖市人民政府文物行政部门。

考古发掘的文物，应当登记造册，妥善保管，按照国家有关规定移交给由省、自治区、直辖市人民政府文物行政部门或者国务院文物行政部门指定的国有博物馆、图书馆或者其他国有收藏文物的单位收藏。经省、自治区、直辖市人民政府文物行政部门或者国务院文物行政部门批准，从事考古发掘的单位可以保留少量出土文物作为科研标本。

考古发掘的文物，任何单位或者个人不得侵占。

第三十五条　根据保证文物安全、进行科学研究和充分发挥文物作用的需要，省、自治区、直辖市人民政府文物行政部门经本级人民政府批准，可以调用本行政区域内的出土文物；国务院文物行政部门经国务院批准，可以调用全国的重要出土文物。

## 第四章　馆藏文物

第三十六条　博物馆、图书馆和其他文物收藏单位对收藏的文物，必须区分文物等级，设置藏品档案，建立严格的管理制度，并报主管的文物行政部门备案。

县级以上地方人民政府文物行政部门应当分别建立本行政区域内的馆藏文物档案；国务院文物行政部门应当建立国家一级文物藏品档案和其主管的国有文物收藏单位馆藏文物档案。

第三十七条　文物收藏单位可以通过下列方式取得文物：

（一）购买；

（二）接受捐赠；

（三）依法交换；

（四）法律、行政法规规定的其他方式。

国有文物收藏单位还可以通过文物行政部门指定保管或者调拨方式取得文物。

第三十八条 文物收藏单位应当根据馆藏文物的保护需要，按照国家有关规定建立、健全管理制度，并报主管的文物行政部门备案。未经批准，任何单位或者个人不得调取馆藏文物。

文物收藏单位的法定代表人对馆藏文物的安全负责。国有文物收藏单位的法定代表人离任时，应当按照馆藏文物档案办理馆藏文物移交手续。

第三十九条 国务院文物行政部门可以调拨全国的国有馆藏文物。省、自治区、直辖市人民政府文物行政部门可以调拨本行政区域内其主管的国有文物收藏单位馆藏文物；调拨国有馆藏一级文物，应当报国务院文物行政部门备案。

国有文物收藏单位可以申请调拨国有馆藏文物。

第四十条 文物收藏单位应当充分发挥馆藏文物的作用，通过举办展览、科学研究等活动，加强对中华民族优秀的历史文化和革命传统的宣传教育。

国有文物收藏单位之间因举办展览、科学研究等需借用馆藏文物的，应当报主管的文物行政部门备案；借用馆藏一级文物的，应当经省、自治区、直辖市人民政府文物行政部门批准，并报国务院文物行政部门备案。

非国有文物收藏单位和其他单位举办展览需借用国有馆藏文物的，应当报主管的文物行政部门批准；借用国有馆藏一级文物的，应当经省、自治区、直辖市人民政府文物行政部门批准，并报国务院文物行政部门备案。

文物收藏单位之间借用文物的最长期限不得超过三年。

第四十一条 已经建立馆藏文物档案的国有文物收藏单位，经省、自治区、直辖市人民政府文物行政部门批准，并报国务院文物行政部门备案，其馆藏文物可以在国有文物收藏单位之间交换；交换馆藏一级文物的，必须经国务院文物行政部门批准。

第四十二条 未建立馆藏文物档案的国有文物收藏单位，不得依照本法第四十条、第四十一条的规定处置其馆藏文物。

第四十三条 依法调拨、交换、借用国有馆藏文物，取得文物的文物收藏单位可以对提供文物的文物收藏单位给予合理补偿，具体管理办法由国务院文物行政部门制定。

国有文物收藏单位调拨、交换、出借文物所得的补偿费用，必须用于改善文物的收藏条件和收集新的文物，不得挪作他用；任何单位或者个人不得侵占。

调拨、交换、借用的文物必须严格保管，不得丢失、损毁。

第四十四条　禁止国有文物收藏单位将馆藏文物赠与、出租或者出售给其他单位、个人。

第四十五条　国有文物收藏单位不再收藏的文物的处置办法，由国务院另行制定。

第四十六条　修复馆藏文物，不得改变馆藏文物的原状；复制、拍摄、拓印馆藏文物，不得对馆藏文物造成损害。具体管理办法由国务院制定。

不可移动文物的单体文物的修复、复制、拍摄、拓印，适用前款规定。

第四十七条　博物馆、图书馆和其他收藏文物的单位应当按照国家有关规定配备防火、防盗、防自然损坏的设施，确保馆藏文物的安全。

第四十八条　馆藏一级文物损毁的，应当报国务院文物行政部门核查处理。其他馆藏文物损毁的，应当报省、自治区、直辖市人民政府文物行政部门核查处理；省、自治区、直辖市人民政府文物行政部门应将核查处理结果报国务院文物行政部门备案。

馆藏文物被盗、被抢或者丢失的，文物收藏单位应当立即向公安机关报案，并同时向主管的文物行政部门报告。

第四十九条　文物行政部门和国有文物收藏单位的工作人员不得借用国有文物，不得非法侵占国有文物。

## 第五章　民间收藏文物

第五十条　文物收藏单位以外的公民、法人和其他组织可以收藏通过下列方式取得的文物：

（一）依法继承或者接受赠与；

（二）从文物商店购买；

（三）从经营文物拍卖的拍卖企业购买；

（四）公民个人合法所有的文物相互交换或者依法转让；

（五）国家规定的其他合法方式。

文物收藏单位以外的公民、法人和其他组织收藏的前款文物可以依法流通。

第五十一条　公民、法人和其他组织不得买卖下列文物：

（一）国有文物，但是国家允许的除外；

（二）非国有馆藏珍贵文物；

（三）国有不可移动文物中的壁画、雕塑、建筑构件等，但是依法拆除的国有不可移动文物中的壁画、雕塑、建筑构件等不属于本法第二十条第四款规定的应由文物收藏单位收藏的除外；

（四）来源不符合本法第五十条规定的文物。

第五十二条　国家鼓励文物收藏单位以外的公民、法人和其他组织将其收藏的文物捐赠给国有文物收藏单位或者出借给文物收藏单位展览和研究。

国有文物收藏单位应当尊重并按照捐赠人的意愿，对捐赠的文物妥善收藏、保管和展示。

国家禁止出境的文物，不得转让、出租、质押给外国人。

第五十三条　文物商店应当由国务院文物行政部门或者省、自治区、直辖市人民政府文物行政部门批准设立，依法进行管理。

文物商店不得从事文物拍卖经营活动，不得设立经营文物拍卖的拍卖企业。

第五十四条　依法设立的拍卖企业经营文物拍卖的，应当取得国务院文物行政部门颁发的文物拍卖许可证。

经营文物拍卖的拍卖企业不得从事文物购销经营活动，不得设立文物商店。

第五十五条　文物行政部门的工作人员不得举办或者参与举办文物商店或者经营文物拍卖的拍卖企业。

文物收藏单位不得举办或者参与举办文物商店或者经营文物拍卖的拍卖企业。

禁止设立中外合资、中外合作和外商独资的文物商店或者经营文物拍卖的拍卖企业。

除经批准的文物商店、经营文物拍卖的拍卖企业外，其他单位或者个人不得从事文物的商业经营活动。

第五十六条　文物商店销售的文物，在销售前应当经省、自治区、直辖市人民政府文物行政部门审核；对允许销售的，省、自治区、直辖市人民政府文物行政部门应当作出标识。

拍卖企业拍卖的文物，在拍卖前应当经省、自治区、直辖市人民政府文物行政部门审核，并报国务院文物行政部门备案；省、自治区、直辖市人民政府文物行政部门不能确定是否可以拍卖的，应当报国务院文物行政部门审核。

第五十七条　文物商店购买、销售文物，拍卖企业拍卖文物，应当按照国家有关规定作出记录，并报原审核的文物行政部门备案。

拍卖文物时，委托人、买受人要求对其身份保密的，文物行政部门应当为其保密；但是，法律、行政法规另有规定的除外。

第五十八条 文物行政部门在审核拟拍卖的文物时，可以指定国有文物收藏单位优先购买其中的珍贵文物。购买价格由文物收藏单位的代表与文物的委托人协商确定。

第五十九条 银行、冶炼厂、造纸厂以及废旧物资回收单位，应当与当地文物行政部门共同负责拣选掺杂在金银器和废旧物资中的文物。拣选文物除供银行研究所必需的历史货币可以由人民银行留用外，应当移交当地文物行政部门。移交拣选文物，应当给予合理补偿。

## 第六章 文物出境进境

第六十条 国有文物、非国有文物中的珍贵文物和国家规定禁止出境的其他文物，不得出境；但是依照本法规定出境展览或者因特殊需要经国务院批准出境的除外。

第六十一条 文物出境，应当经国务院文物行政部门指定的文物进出境审核机构审核。经审核允许出境的文物，由国务院文物行政部门发给文物出境许可证，从国务院文物行政部门指定的口岸出境。

任何单位或者个人运送、邮寄、携带文物出境，应当向海关申报；海关凭文物出境许可证放行。

第六十二条 文物出境展览，应当报国务院文物行政部门批准；一级文物超过国务院规定数量的，应当报国务院批准。

一级文物中的孤品和易损品，禁止出境展览。

出境展览的文物出境，由文物进出境审核机构审核、登记。海关凭国务院文物行政部门或者国务院的批准文件放行。出境展览的文物复进境，由原文物进出境审核机构审核查验。

第六十三条 文物临时进境，应当向海关申报，并报文物进出境审核机构审核、登记。

临时进境的文物复出境，必须经原审核、登记的文物进出境审核机构审核查验；经审核查验无误的，由国务院文物行政部门发给文物出境许可证，海关凭文物出境许可证放行。

## 第七章 法律责任

第六十四条 违反本法规定，有下列行为之一，构成犯罪的，依法追究刑事责任：

（一）盗掘古文化遗址、古墓葬的；

（二）故意或者过失损毁国家保护的珍贵文物的；

（三）擅自将国有馆藏文物出售或者私自送给非国有单位或者个人的；

（四）将国家禁止出境的珍贵文物私自出售或者送给外国人的；

（五）以牟利为目的倒卖国家禁止经营的文物的；

（六）走私文物的；

（七）盗窃、哄抢、私分或者非法侵占国有文物的；

（八）应当追究刑事责任的其他妨害文物管理行为。

第六十五条 违反本法规定，造成文物灭失、损毁的，依法承担民事责任。

违反本法规定，构成违反治安管理行为的，由公安机关依法给予治安管理处罚。

违反本法规定，构成走私行为，尚不构成犯罪的，由海关依照有关法律、行政法规的规定给予处罚。

第六十六条 有下列行为之一，尚不构成犯罪的，由县级以上人民政府文物主管部门责令改正，造成严重后果的，处五万元以上五十万元以下的罚款；情节严重的，由原发证机关吊销资质证书：

（一）擅自在文物保护单位的保护范围内进行建设工程或者爆破、钻探、挖掘等作业的；

（二）在文物保护单位的建设控制地带内进行建设工程，其工程设计方案未经文物行政部门同意、报城乡建设规划部门批准，对义物保护单位的历史风貌造成破坏的；

（三）擅自迁移、拆除不可移动文物的；

（四）擅自修缮不可移动文物，明显改变文物原状的；

（五）擅自在原址重建已全部毁坏的不可移动文物，造成文物破坏的；

（六）施工单位未取得文物保护工程资质证书，擅自从事文物修缮、迁移、重建的。

刻划、涂污或者损坏文物尚不严重的，或者损毁依照本法第十五条第一款规定设立的文物保护单位标志的，由公安机关或者文物所在单位给予警告，可以并处罚款。

第六十七条　在文物保护单位的保护范围内或者建设控制地带内建设污染文物保护单位及其环境的设施的，或者对已有的污染文物保护单位及其环境的设施未在规定的期限内完成治理的，由环境保护行政部门依照有关法律、法规的规定给予处罚。

第六十八条　有下列行为之一的，由县级以上人民政府文物主管部门责令改正，没收违法所得，违法所得一万元以上的，并处违法所得二倍以上五倍以下的罚款；违法所得不足一万元的，并处五千元以上二万元以下的罚款：

（一）转让或者抵押国有不可移动文物，或者将国有不可移动文物作为企业资产经营的；

（二）将非国有不可移动文物转让或者抵押给外国人的；

（三）擅自改变国有文物保护单位的用途的。

第六十九条　历史文化名城的布局、环境、历史风貌等遭到严重破坏的，由国务院撤销其历史文化名城称号；历史文化城镇、街道、村庄的布局、环境、历史风貌等遭到严重破坏的，由省、自治区、直辖市人民政府撤销其历史文化街区、村镇称号；对负有责任的主管人员和其他直接责任人员依法给予行政处分。

第七十条　有下列行为之一，尚不构成犯罪的，由县级以上人民政府文物主管部门责令改正，可以并处二万元以下的罚款，有违法所得的，没收违法所得：

（一）文物收藏单位未按照国家有关规定配备防火、防盗、防自然损坏的设施的；

（二）国有文物收藏单位法定代表人离任时未按照馆藏文物档案移交馆藏文物，或者所移交的馆藏文物与馆藏文物档案不符的；

（三）将国有馆藏文物赠与、出租或者出售给其他单位、个人的；

（四）违反本法第四十条、第四十一条、第四十五条规定处置国有馆藏文物的；

（五）违反本法第四十三条规定挪用或者侵占依法调拨、交换、出借文物所得补偿费用的。

第七十一条　买卖国家禁止买卖的文物或者将禁止出境的文物转让、出租、质押给外国人，尚不构成犯罪的，由县级以上人民政府文物主管部门责令改正，没收违法所得，违法经营额一万元以上的，并处违法经营额二倍以上五倍以下的罚款；违法经营额不足一万元的，并处五千元以上二万元以下的罚款。

第七十二条　未经许可，擅自设立文物商店、经营文物拍卖的拍卖企业，或者擅自从事文物的商业经营活动，尚不构成犯罪的，由工商行政管理部门依法予以制止，没收违法所得、非法经营的文物，违法经营额五万元以上的，并处违法经营额二倍以上五倍以下的罚款；违法经营额不足五万元的，并处二万元以上十万元以下的罚款。

第七十三条　有下列情形之一的，由工商行政管理部门没收违法所得、非法经营的文物，违法经营额五万元以上的，并处违法经营额一倍以上三倍以下的罚款；违法经营额不足五万元的，并处五千元以上五万元以下的罚款；情节严重的，由原发证机关吊销许可证书：

（一）文物商店从事文物拍卖经营活动的；

（二）经营文物拍卖的拍卖企业从事文物购销经营活动的；

（三）文物商店销售的文物、拍卖企业拍卖的文物，未经审核的；

（四）文物收藏单位从事文物的商业经营活动的。

第七十四条　有下列行为之一，尚不构成犯罪的，由县级以上人民政府文物主管部门会同公安机关追缴文物；情节严重的，处五千元以上五万元以下的罚款：

（一）发现文物隐匿不报或者拒不上交的；

（二）未按照规定移交拣选文物的。

第七十五条　有下列行为之一的，由县级以上人民政府文物主管部门责令改正：

（一）改变国有未核定为文物保护单位的不可移动文物的用途，未依照本法规定报告的；

（二）转让、抵押非国有不可移动文物或者改变其用途，未依照本法规定备案的；

（三）国有不可移动文物的使用人拒不依法履行修缮义务的；

（四）考古发掘单位未经批准擅自进行考古发掘，或者不如实报告考古发掘结果的；

（五）文物收藏单位未按照国家有关规定建立馆藏文物档案、管理制度，或者未将馆藏文物档案、管理制度备案的；

（六）违反本法第三十八条规定，未经批准擅自调取馆藏文物的；

（七）馆藏文物损毁未报文物行政部门核查处理，或者馆藏文物被盗、被抢或者丢失，文物收藏单位未及时向公安机关或者文物行政部门报告的；

（八）文物商店销售文物或者拍卖企业拍卖文物，未按照国家有关规定作出记录或者未将所作记录报文物行政部门备案的。

第七十六条　文物行政部门、文物收藏单位、文物商店、经营文物拍卖的拍卖企业的工作人员，有下列行为之一的，依法给予行政处分，情节严重的，依法开除公职或者吊销其从业资格；构成犯罪的，依法追究刑事责任：

（一）文物行政部门的工作人员违反本法规定，滥用审批权限、不履行职责或者发现违法行为不予查处，造成严重后果的；

（二）文物行政部门和国有文物收藏单位的工作人员借用或者非法侵占国有文物的；

（三）文物行政部门的工作人员举办或者参与举办文物商店或者经营文物拍卖的拍卖企业的；

（四）因不负责任造成文物保护单位、珍贵文物损毁或者流失的；

（五）贪污、挪用文物保护经费的。

前款被开除公职或者被吊销从业资格的人员，自被开除公职或者被吊销从业资格之日起十年内不得担任文物管理人员或者从事文物经营活动。

第七十七条　有本法第六十六条、第六十八条、第七十条、第七十一条、第七十四条、第七十五条规定所列行为之一的，负有责任的主管人员和其他直接责任人员是国家工作人员的，依法给予行政处分。

第七十八条　公安机关、工商行政管理部门、海关、城乡建设规划部门和其他国家机关，违反本法规定滥用职权、玩忽职守、徇私舞弊，造成国家保护的珍贵文物损毁或者流失的，对负有责任的主管人员和其他直接责任人员依法给予行政处分；构成犯罪的，依法追究刑事责任。

第七十九条　人民法院、人民检察院、公安机关、海关和工商行政管理部门依法没收的文物应当登记造册，妥善保管，结案后无偿移交文物行政部门，由文物行政部门指定的国有文物收藏单位收藏。

## 第八章　附　则

第八十条　本法自公布之日起施行。

# 三 中华人民共和国非物质文化遗产法

## 第一章 总则

第一条 为了继承和弘扬中华民族优秀传统文化，促进社会主义精神文明建设，加强非物质文化遗产保护、保存工作，制定本法。

第二条 本法所称非物质文化遗产，是指各族人民世代相传并视为其文化遗产组成部分的各种传统文化表现形式，以及与传统文化表现形式相关的实物和场所。包括：

（一）传统口头文学以及作为其载体的语言；

（二）传统美术、书法、音乐、舞蹈、戏剧、曲艺和杂技；

（三）传统技艺、医药和历法；

（四）传统礼仪、节庆等民俗；

（五）传统体育和游艺；

（六）其他非物质文化遗产。

属于非物质文化遗产组成部分的实物和场所，凡属文物的，适用《中华人民共和国文物保护法》的有关规定。

第三条 国家对非物质文化遗产采取认定、记录、建档等措施予以保存，对体现中华民族优秀传统文化，具有历史、文学、艺术、科学价值的非物质文化遗产采取传承、传播等措施予以保护。

第四条 保护非物质文化遗产，应当注重其真实性、整体性和传承性，有利于增强中华民族的文化认同，有利于维护国家统一和民族团结，有利于促进社会和谐和可持续发展。

第五条 使用非物质文化遗产，应当尊重其形式和内涵。

禁止以歪曲、贬损等方式使用非物质文化遗产。

第六条 县级以上人民政府应当将非物质文化遗产保护、保存工作纳入本级国民经济和社会发展规划，并将保护、保存经费列入本级财政预算。

国家扶持民族地区、边远地区、贫困地区的非物质文化遗产保护、保存工作。

第七条 国务院文化主管部门负责全国非物质文化遗产的保护、保存工作；县级以上地方人民政府文化主管部门负责本行政区域内非物质文化遗产的保护、保存工作。

县级以上人民政府其他有关部门在各自职责范围内，负责有关非物质文化遗产的保护、保存工作。

第八条　县级以上人民政府应当加强对非物质文化遗产保护工作的宣传，提高全社会保护非物质文化遗产的意识。

第九条　国家鼓励和支持公民、法人和其他组织参与非物质文化遗产保护工作。

第十条　对在非物质文化遗产保护工作中做出显著贡献的组织和个人，按照国家有关规定予以表彰、奖励。

## 第二章　非物质文化遗产的调查

第十一条　县级以上人民政府根据非物质文化遗产保护、保存工作需要，组织非物质文化遗产调查。非物质文化遗产调查由文化主管部门负责进行。

县级以上人民政府其他有关部门可以对其工作领域内的非物质文化遗产进行调查。

第十二条　文化主管部门和其他有关部门进行非物质文化遗产调查，应当对非物质文化遗产予以认定、记录、建档，建立健全调查信息共享机制。

文化主管部门和其他有关部门进行非物质文化遗产调查，应当收集属于非物质文化遗产组成部分的代表性实物，整理调查工作中取得的资料，并妥善保存，防止损毁、流失。其他有关部门取得的实物图片、资料复制件，应当汇交给同级文化主管部门。

第十三条　文化主管部门应当全面了解非物质文化遗产有关情况，建立非物质文化遗产档案及相关数据库。除依法应当保密的外，非物质文化遗产档案及相关数据信息应当公开，便于公众查阅。

第十四条　公民、法人和其他组织可以依法进行非物质文化遗产调查。

第十五条　境外组织或者个人在中华人民共和国境内进行非物质文化遗产调查，应当报经省、自治区、直辖市人民政府文化主管部门批准；调查在两个以上省、自治区、直辖市行政区域进行的，应当报经国务院文化主管部门批准；调查结束后，应当向批准调查的文化主管部门提交调查报告和调查中取得的实物图片、资料复制件。

境外组织在中华人民共和国境内进行非物质文化遗产调查，应当与境内非物质文化遗产学术研究机构合作进行。

第十六条　进行非物质文化遗产调查，应当征得调查对象的同意，尊重其风俗习惯，不得损害其合法权益。

第十七条　对通过调查或者其他途径发现的濒临消失的非物质文化遗产项目，县级人民政府文化主管部门应当立即予以记录并收集有关实物，或者采取其他抢救性保存措施；对需要传承的，应当采取有效措施支持传承。

## 第三章　非物质文化遗产代表性项目名录

第十八条　国务院建立国家级非物质文化遗产代表性项目名录，将体现中华民族优秀传统文化，具有重大历史、文学、艺术、科学价值的非物质文化遗产项目列入名录予以保护。

省、自治区、直辖市人民政府建立地方非物质文化遗产代表性项目名录，将本行政区域内体现中华民族优秀传统文化，具有历史、文学、艺术、科学价值的非物质文化遗产项目列入名录予以保护。

第十九条　省、自治区、直辖市人民政府可以从本省、自治区、直辖市非物质文化遗产代表性项目名录中向国务院文化主管部门推荐列入国家级非物质文化遗产代表性项目名录的项目。推荐时应当提交下列材料：

（一）项目介绍，包括项目的名称、历史、现状和价值；

（二）传承情况介绍，包括传承范围、传承谱系、传承人的技艺水平、传承活动的社会影响；

（三）保护要求，包括保护应当达到的目标和应当采取的措施、步骤、管理制度；

（四）有助于说明项目的视听资料等材料。

第二十条　公民、法人和其他组织认为某项非物质文化遗产体现中华民族优秀传统文化，具有重大历史、文学、艺术、科学价值的，可以向省、自治区、直辖市人民政府或者国务院文化主管部门提出列入国家级非物质文化遗产代表性项目名录的建议。

第二十一条　相同的非物质文化遗产项目，其形式和内涵在两个以上地区均保持完整的，可以同时列入国家级非物质文化遗产代表性项目名录。

第二十二条　国务院文化主管部门应当组织专家评审小组和专家评审委员

会，对推荐或者建议列入国家级非物质文化遗产代表性项目名录的非物质文化遗产项目进行初评和审议。

初评意见应当经专家评审小组成员过半数通过。专家评审委员会对初评意见进行审议，提出审议意见。

评审工作应当遵循公开、公平、公正的原则。

第二十三条　国务院文化主管部门应当将拟列入国家级非物质文化遗产代表性项目名录的项目予以公示，征求公众意见。公示时间不得少于二十日。

第二十四条　国务院文化主管部门根据专家评审委员会的审议意见和公示结果，拟订国家级非物质文化遗产代表性项目名录，报国务院批准、公布。

第二十五条　国务院文化主管部门应当组织制定保护规划，对国家级非物质文化遗产代表性项目予以保护。

省、自治区、直辖市人民政府文化主管部门应当组织制定保护规划，对本级人民政府批准公布的地方非物质文化遗产代表性项目予以保护。

制定非物质文化遗产代表性项目保护规划，应当对濒临消失的非物质文化遗产代表性项目予以重点保护。

第二十六条　对非物质文化遗产代表性项目集中、特色鲜明、形式和内涵保持完整的特定区域，当地文化主管部门可以制定专项保护规划，报经本级人民政府批准后，实行区域性整体保护。确定对非物质文化遗产实行区域性整体保护，应当尊重当地居民的意愿，并保护属于非物质文化遗产组成部分的实物和场所，避免遭受破坏。

实行区域性整体保护涉及非物质文化遗产集中地村镇或者街区空间规划的，应当由当地城乡规划主管部门依据相关法规制定专项保护规划。

第二十七条　国务院文化主管部门和省、自治区、直辖市人民政府文化主管部门应当对非物质文化遗产代表性项目保护规划的实施情况进行监督检查；发现保护规划未能有效实施的，应当及时纠正、处理。

## 第四章　非物质文化遗产的传承与传播

第二十八条　国家鼓励和支持开展非物质文化遗产代表性项目的传承、传播。

第二十九条　国务院文化主管部门和省、自治区、直辖市人民政府文化主管部门对本级人民政府批准公布的非物质文化遗产代表性项目，可以认定代表性传承人。

非物质文化遗产代表性项目的代表性传承人应当符合下列条件：

（一）熟练掌握其传承的非物质文化遗产；

（二）在特定领域内具有代表性，并在一定区域内具有较大影响；

（三）积极开展传承活动。

认定非物质文化遗产代表性项目的代表性传承人，应当参照执行本法有关非物质文化遗产代表性项目评审的规定，并将所认定的代表性传承人名单予以公布。

第三十条　县级以上人民政府文化主管部门根据需要，采取下列措施，支持非物质文化遗产代表性项目的代表性传承人开展传承、传播活动：

（一）提供必要的传承场所；

（二）提供必要的经费资助其开展授徒、传艺、交流等活动；

（三）支持其参与社会公益性活动；

（四）支持其开展传承、传播活动的其他措施。

第三十一条　非物质文化遗产代表性项目的代表性传承人应当履行下列义务：

（一）开展传承活动，培养后继人才；

（二）妥善保存相关的实物、资料；

（三）配合文化主管部门和其他有关部门进行非物质文化遗产调查；

（四）参与非物质文化遗产公益性宣传。

非物质文化遗产代表性项目的代表性传承人无正当理由不履行前款规定义务的，文化主管部门可以取消其代表性传承人资格，重新认定该项目的代表性传承人；丧失传承能力的，文化主管部门可以重新认定该项目的代表性传承人。

第三十二条　县级以上人民政府应当结合实际情况，采取有效措施，组织文化主管部门和其他有关部门宣传、展示非物质文化遗产代表性项目。

第三十三条　国家鼓励开展与非物质文化遗产有关的科学技术研究和非物质文化遗产保护、保存方法研究，鼓励开展非物质文化遗产的记录和非物质文化遗产代表性项目的整理、出版等活动。

第三十四条　学校应当按照国务院教育主管部门的规定，开展相关的非物质文化遗产教育。

新闻媒体应当开展非物质文化遗产代表性项目的宣传，普及非物质文化遗产知识。

第三十五条　图书馆、文化馆、博物馆、科技馆等公共文化机构和非物质文化遗产学术研究机构、保护机构以及利用财政性资金举办的文艺表演团体、演出场所经营单位等，应当根据各自业务范围，开展非物质文化遗产的整理、研究、学术交流和非物质文化遗产代表性项目的宣传、展示。

第三十六条　国家鼓励和支持公民、法人和其他组织依法设立非物质文化遗产展示场所和传承场所，展示和传承非物质文化遗产代表性项目。

第三十七条　国家鼓励和支持发挥非物质文化遗产资源的特殊优势，在有效保护的基础上，合理利用非物质文化遗产代表性项目开发具有地方、民族特色和市场潜力的文化产品和文化服务。

开发利用非物质文化遗产代表性项目的，应当支持代表性传承人开展传承活动，保护属于该项目组成部分的实物和场所。

县级以上地方人民政府应当对合理利用非物质文化遗产代表性项目的单位予以扶持。单位合理利用非物质文化遗产代表性项目的，依法享受国家规定的税收优惠。

## 第五章　法律责任

第三十八条　文化主管部门和其他有关部门的工作人员在非物质文化遗产保护、保存工作中玩忽职守、滥用职权、徇私舞弊的，依法给予处分。

第三十九条　文化主管部门和其他有关部门的工作人员进行非物质文化遗产调查时侵犯调查对象风俗习惯，造成严重后果的，依法给予处分。

第四十条　违反本法规定，破坏属于非物质文化遗产组成部分的实物和场所的，依法承担民事责任；构成违反治安管理行为的，依法给予治安管理处罚。

第四十一条　境外组织违反本法第十五条规定的，由文化主管部门责令改正，给予警告，没收违法所得及调查中取得的实物、资料；情节严重的，并处十万元以上五十万元以下的罚款。

境外个人违反本法第十五条第一款规定的，由文化主管部门责令改正，给予警告，没收违法所得及调查中取得的实物、资料；情节严重的，并处一万元以上五万元以下的罚款。

第四十二条　违反本法规定，构成犯罪的，依法追究刑事责任。

### 第六章 附则

第四十三条 建立地方非物质文化遗产代表性项目名录的办法，由省、自治区、直辖市参照本法有关规定制定。

第四十四条 使用非物质文化遗产涉及知识产权的，适用有关法律、行政法规的规定。

对传统医药、传统工艺美术等的保护，其他法律、行政法规另有规定的，依照其规定。

第四十五条 本法自2011年6月1日起施行。

# 四 中华人民共和国著作权法（摘录）

## 第一章 总则

第一条 为保护文学、艺术和科学作品作者的著作权，以及与著作权有关的权益，鼓励有益于社会主义精神文明、物质文明建设的作品的创作和传播，促进社会主义文化和科学事业的发展与繁荣，根据宪法制定本法。

第二条 中国公民、法人或者其他组织的作品，不论是否发表，依照本法享有著作权。

外国人、无国籍人的作品根据其作者所属国或者经常居住地国同中国签订的协议或者共同参加的国际条约享有的著作权，受本法保护。

外国人、无国籍人的作品首先在中国境内出版的，依照本法享有著作权。

未与中国签订协议或者共同参加国际条约的国家的作者以及无国籍人的作品首次在中国参加的国际条约的成员国出版的，或者在成员国和非成员国同时出版的，受本法保护。

第三条 本法所称的作品，包括以下列形式创作的文学、艺术和自然科学、社会科学、工程技术等作品：

（一）文字作品；

（二）口述作品；

（三）音乐、戏剧、曲艺、舞蹈、杂技艺术作品；

（四）美术、建筑作品；

（五）摄影作品；

（六）电影作品和以类似摄制电影的方法创作的作品；

（七）工程设计图、产品设计图、地图、示意图等图形作品和模型作品；

（八）计算机软件；

（九）法律、行政法规规定的其他作品。

第四条　著作权人行使著作权，不得违反宪法和法律，不得损害公共利益。国家对作品的出版、传播依法进行监督管理。

第五条　本法不适用于：

（一）法律、法规，国家机关的决议、决定、命令和其他具有立法、行政、司法性质的文件，及其官方正式译文；

（二）时事新闻；

（三）历法、通用数表、通用表格和公式。

第六条　民间文学艺术作品的著作权保护办法由国务院另行规定。

第七条　国务院著作权行政管理部门主管全国的著作权管理工作；各省、自治区、直辖市人民政府的著作权行政管理部门主管本行政区域的著作权管理工作。

第八条　著作权人和与著作权有关的权利人可以授权著作权集体管理组织行使著作权或者与著作权有关的权利。著作权集体管理组织被授权后，可以以自己的名义为著作权人和与著作权有关的权利人主张权利，并可以作为当事人进行涉及著作权或者与著作权有关的权利的诉讼、仲裁活动。

著作权集体管理组织是非营利性组织，其设立方式、权利义务、著作权许可使用费的收取和分配，以及对其监督和管理等由国务院另行规定。

## 第二章　著作权

### 第一节　著作权人及其权利

第九条　著作权人包括：

（一）作者；

（二）其他依照本法享有著作权的公民、法人或者其他组织。

第十条　著作权包括下列人身权和财产权：

（一）发表权，即决定作品是否公之于众的权利；

（二）署名权，即表明作者身份，在作品上署名的权利；

（三）修改权，即修改或者授权他人修改作品的权利；

（四）保护作品完整权，即保护作品不受歪曲、篡改的权利；

（五）复制权，即以印刷、复印、拓印、录音、录像、翻录、翻拍等方式将作品制作一份或者多份的权利；

（六）发行权，即以出售或者赠与方式向公众提供作品的原件或者复制件的权利；

（七）出租权，即有偿许可他人临时使用电影作品和以类似摄制电影的方法创作的作品、计算机软件的权利，计算机软件不是出租的主要标的的除外；

（八）展览权，即公开陈列美术作品、摄影作品的原件或者复制件的权利；

（九）表演权，即公开表演作品，以及用各种手段公开播送作品的表演的权利；

（十）放映权，即通过放映机、幻灯机等技术设备公开再现美术、摄影、电影和以类似摄制电影的方法创作的作品等的权利；

（十一）广播权，即以无线方式公开广播或者传播作品，以有线传播或者转播的方式向公众传播广播的作品，以及通过扩音器或者其他传送符号、声音、图像的类似工具向公众传播广播的作品的权利；

（十二）信息网络传播权，即以有线或者无线方式向公众提供作品，使公众可以在其个人选定的时间和地点获得作品的权利；

（十三）摄制权，即以摄制电影或者以类似摄制电影的方法将作品固定在载体上的权利；

（十四）改编权，即改变作品，创作出具有独创性的新作品的权利；

（十五）翻译权，即将作品从一种语言文字转换成另一种语言文字的权利；

（十六）汇编权，即将作品或者作品的片段通过选择或者编排，汇集成新作品的权利；

（十七）应当由著作权人享有的其他权利。

著作权人可以许可他人行使前款第（五）项至第（十七）项规定的权利，并依照约定或者本法有关规定获得报酬。

著作权人可以全部或者部分转让本条第一款第（五）项至第（十七）项规定的权利，并依照约定或者本法有关规定获得报酬。

### 第二节　著作权归属

第十一条　著作权属于作者，本法另有规定的除外。

创作作品的公民是作者。

由法人或者其他组织主持，代表法人或者其他组织意志创作，并由法人或者其他组织承担责任的作品，法人或者其他组织视为作者。

如无相反证明，在作品上署名的公民、法人或者其他组织为作者。

第十二条　改编、翻译、注释、整理已有作品而产生的作品，其著作权由改编、翻译、注释、整理人享有，但行使著作权时不得侵犯原作品的著作权。

第十三条　两人以上合作创作的作品，著作权由合作作者共同享有。没有参加创作的人，不能成为合作作者。

合作作品可以分割使用的，作者对各自创作的部分可以单独享有著作权，但行使著作权时不得侵犯合作作品整体的著作权。

第十四条　汇编若干作品、作品的片段或者不构成作品的数据或者其他材料，对其内容的选择或者编排体现独创性的作品，为汇编作品，其著作权由汇编人享有，但行使著作权时，不得侵犯原作品的著作权。

第十五条　电影作品和以类似摄制电影的方法创作的作品的著作权由制片者享有，但编剧、导演、摄影、作词、作曲等作者享有署名权，并有权按照与制片者签订的合同获得报酬。

电影作品和以类似摄制电影的方法创作的作品中的剧本、音乐等可以单独使用的作品的作者有权单独行使其著作权。

第十六条　公民为完成法人或者其他组织工作任务所创作的作品是职务作品，除本条第二款的规定以外，著作权由作者享有，但法人或者其他组织有权在其业务范围内优先使用。作品完成两年内，未经单位同意，作者不得许可第三人以与单位使用的相同方式使用该作品。

有下列情形之一的职务作品，作者享有署名权，著作权的其他权利由法人或者其他组织享有，法人或者其他组织可以给予作者奖励：

（一）主要是利用法人或者其他组织的物质技术条件创作，并由法人或者其他组织承担责任的工程设计图、产品设计图、地图、计算机软件等职务作品；

（二）法律、行政法规规定或者合同约定著作权由法人或者其他组织享有的职务作品。

第十七条　受委托创作的作品，著作权的归属由委托人和受托人通过合同约定。合同未作明确约定或者没有订立合同的，著作权属于受托人。

第十八条　美术等作品原件所有权的转移，不视为作品著作权的转移，但美术作品原件的展览权由原件所有人享有。

第十九条　著作权属于公民的，公民死亡后，其本法第十条第一款第（五）项至第（十七）项规定的权利在本法规定的保护期内，依照继承法的规定转移。

著作权属于法人或者其他组织的，法人或者其他组织变更、终止后，其本法第十条第一款第（五）项至第（十七）项规定的权利在本法规定的保护期内，由承受其权利义务的法人或者其他组织享有；没有承受其权利义务的法人或者其他组织的，由国家享有。

### 第三节　权利的保护期

第二十条　作者的署名权、修改权、保护作品完整权的保护期不受限制。

第二十一条　公民的作品，其发表权、本法第十条第一款第（五）项至第（十七）项规定的权利的保护期为作者终生及其死亡后五十年，截止于作者死亡后第五十年的12月31日；如果是合作作品，截止于最后死亡的作者死亡后第五十年的12月31日。

法人或者其他组织的作品、著作权（署名权除外）由法人或者其他组织享有的职务作品，其发表权、本法第十条第一款第（五）项至第（十七）项规定的权利的保护期为五十年，截止于作品首次发表后第五十年的12月31日，但作品自创作完成后五十年内未发表的，本法不再保护。

电影作品和以类似摄制电影的方法创作的作品、摄影作品，其发表权、本法第十条第一款第（五）项至第（十七）项规定的权利的保护期为五十年，截止于作品首次发表后第五十年的12月31日，但作品自创作完成后五十年内未发表的，本法不再保护。

### 第四节　权利的限制

第二十二条　在下列情况下使用作品，可以不经著作权人许可，不向其支付报酬，但应当指明作者姓名、作品名称，并且不得侵犯著作权人依照本法享有的其他权利：

（一）为个人学习、研究或者欣赏，使用他人已经发表的作品；

（二）为介绍、评论某一作品或者说明某一问题，在作品中适当引用他人已经发表的作品；

（三）为报道时事新闻，在报纸、期刊、广播电台、电视台等媒体中不可避免地再现或者引用已经发表的作品；

（四）报纸、期刊、广播电台、电视台等媒体刊登或者播放其他报纸、期刊、广播电台、电视台等媒体已经发表的关于政治、经济、宗教问题的时事性文章，但作者声明不许刊登、播放的除外；

（五）报纸、期刊、广播电台、电视台等媒体刊登或者播放在公众集会上发表的讲话，但作者声明不许刊登、播放的除外；

（六）为学校课堂教学或者科学研究，翻译或者少量复制已经发表的作品，供教学或者科研人员使用，但不得出版发行；

（七）国家机关为执行公务在合理范围内使用已经发表的作品；

（八）图书馆、档案馆、纪念馆、博物馆、美术馆等为陈列或者保存版本的需要，复制本馆收藏的作品；

（九）免费表演已经发表的作品，该表演未向公众收取费用，也未向表演者支付报酬；

（十）对设置或者陈列在室外公共场所的艺术作品进行临摹、绘画、摄影、录像；

（十一）将中国公民、法人或者其他组织已经发表的以汉语言文字创作的作品翻译成少数民族语言文字作品在国内出版发行；

（十二）将已经发表的作品改成盲文出版。

前款规定适用于对出版者、表演者、录音录像制作者、广播电台、电视台的权利的限制。

第二十三条　为实施九年制义务教育和国家教育规划而编写出版教科书，除作者事先声明不许使用的外，可以不经著作权人许可，在教科书中汇编已经发表的作品片段或者短小的文字作品、音乐作品或者单幅的美术作品、摄影作品，但应当按照规定支付报酬，指明作者姓名、作品名称，并且不得侵犯著作权人依照本法享有的其他权利。

前款规定适用于对出版者、表演者、录音录像制作者、广播电台、电视台的权利的限制。

## 第三章　著作权许可使用和转让合同

第二十四条　使用他人作品应当同著作权人订立许可使用合同，本法规定可以不经许可的除外。

许可使用合同包括下列主要内容：

（一）许可使用的权利种类；

（二）许可使用的权利是专有使用权或者非专有使用权；

（三）许可使用的地域范围、期间；

（四）付酬标准和办法；

（五）违约责任；

（六）双方认为需要约定的其他内容。

第二十五条　转让本法第十条第一款第（五）项至第（十七）项规定的权利，应当订立书面合同。

权利转让合同包括下列主要内容：

（一）作品的名称；

（二）转让的权利种类、地域范围；

（三）转让价金；

（四）交付转让价金的日期和方式；

（五）违约责任；

（六）双方认为需要约定的其他内容。

第二十六条　以著作权出质的，由出质人和质权人向国务院著作权行政管理部门办理出质登记。

第二十七条　许可使用合同和转让合同中著作权人未明确许可、转让的权利，未经著作权人同意，另一方当事人不得行使。

第二十八条　使用作品的付酬标准可以由当事人约定，也可以按照国务院著作权行政管理部门会同有关部门制定的付酬标准支付报酬。当事人约定不明确的，按照国务院著作权行政管理部门会同有关部门制定的付酬标准支付报酬。

第二十九条　出版者、表演者、录音录像制作者、广播电台、电视台等依照本法有关规定使用他人作品的，不得侵犯作者的署名权、修改权、保护作品完整权和获得报酬的权利。

## 第四章 出版、表演、录音录像、播放

### 第一节 图书、报刊的出版

第三十条 图书出版者出版图书应当和著作权人订立出版合同，并支付报酬。

第三十一条 图书出版者对著作权人交付出版的作品，按照合同约定享有的专有出版权受法律保护，他人不得出版该作品。

第三十二条 著作权人应当按照合同约定期限交付作品。图书出版者应当按照合同约定的出版质量、期限出版图书。

图书出版者不按照合同约定期限出版，应当依照本法第五十四条的规定承担民事责任。

图书出版者重印、再版作品的，应当通知著作权人，并支付报酬。图书脱销后，图书出版者拒绝重印、再版的，著作权人有权终止合同。

第三十三条 著作权人向报社、期刊社投稿的，自稿件发出之日起十五日内未收到报社通知决定刊登的，或者自稿件发出之日起三十日内未收到期刊社通知决定刊登的，可以将同一作品向其他报社、期刊社投稿。双方另有约定的除外。

作品刊登后，除著作权人声明不得转载、摘编的外，其他报刊可以转载或者作为文摘、资料刊登，但应当按照规定向著作权人支付报酬。

第三十四条 图书出版者经作者许可，可以对作品修改、删节。

报社、期刊社可以对作品作文字性修改、删节。对内容的修改，应当经作者许可。

第三十五条 出版改编、翻译、注释、整理、汇编已有作品而产生的作品，应当取得改编、翻译、注释、整理、汇编作品的著作权人和原作品的著作权人许可，并支付报酬。

第三十六条 出版者有权许可或者禁止他人使用其出版的图书、期刊的版式设计。

前款规定的权利的保护期为十年，截止于使用该版式设计的图书、期刊首次出版后第十年的12月31日。

……

### 第三节　录音录像

第四十条　录音录像制作者使用他人作品制作录音录像制品，应当取得著作权人许可，并支付报酬。

录音录像制作者使用改编、翻译、注释、整理已有作品而产生的作品，应当取得改编、翻译、注释、整理作品的著作权人和原作品著作权人许可，并支付报酬。

录音制作者使用他人已经合法录制为录音制品的音乐作品制作录音制品，可以不经著作权人许可，但应当按照规定支付报酬；著作权人声明不许使用的不得使用。

第四十一条　录音录像制作者制作录音录像制品，应当同表演者订立合同，并支付报酬。

第四十二条　录音录像制作者对其制作的录音录像制品，享有许可他人复制、发行、出租、通过信息网络向公众传播并获得报酬的权利；权利的保护期为五十年，截止于该制品首次制作完成后第五十年的12月31日。

被许可人复制、发行、通过信息网络向公众传播录音录像制品，还应当取得著作权人、表演者许可，并支付报酬。

### 第四节　广播电台、电视台播放

第四十三条　广播电台、电视台播放他人未发表的作品，应当取得著作权人许可，并支付报酬。

广播电台、电视台播放他人已发表的作品，可以不经著作权人许可，但应当支付报酬。

第四十四条　广播电台、电视台播放已经出版的录音制品，可以不经著作权人许可，但应当支付报酬。当事人另有约定的除外。具体办法由国务院规定。

第四十五条　广播电台、电视台有权禁止未经其许可的下列行为：

（一）将其播放的广播、电视转播；

（二）将其播放的广播、电视录制在音像载体上以及复制音像载体。

前款规定的权利的保护期为五十年，截止于该广播、电视首次播放后第五十年的12月31日。

第四十六条　电视台播放他人的电影作品和以类似摄制电影的方法创作的作品、录像制品，应当取得制片者或者录像制作者许可，并支付报酬；播放他人的录像制品，还应当取得著作权人许可，并支付报酬。

## 第五章　法律责任和执法措施

第四十七条　有下列侵权行为的，应当根据情况，承担停止侵害、消除影响、赔礼道歉、赔偿损失等民事责任：

（一）未经著作权人许可，发表其作品的；

（二）未经合作作者许可，将与他人合作创作的作品当作自己单独创作的作品发表的；

（三）没有参加创作，为谋取个人名利，在他人作品上署名的；

（四）歪曲、篡改他人作品的；

（五）剽窃他人作品的；

（六）未经著作权人许可，以展览、摄制电影和以类似摄制电影的方法使用作品，或者以改编、翻译、注释等方式使用作品的，本法另有规定的除外；

（七）使用他人作品，应当支付报酬而未支付的；

（八）未经电影作品和以类似摄制电影的方法创作的作品、计算机软件、录音录像制品的著作权人或者与著作权有关的权利人许可，出租其作品或者录音录像制品的，本法另有规定的除外；

（九）未经出版者许可，使用其出版的图书、期刊的版式设计的；

（十）未经表演者许可，从现场直播或者公开传送其现场表演，或者录制其表演的；

（十一）其他侵犯著作权以及与著作权有关的权益的行为。

第四十八条　有下列侵权行为的，应当根据情况，承担停止侵害、消除影响、赔礼道歉、赔偿损失等民事责任；同时损害公共利益的，可以由著作权行政管理部门责令停止侵权行为，没收违法所得，没收、销毁侵权复制品，并可处以罚款；情节严重的，著作权行政管理部门还可以没收主要用于制作侵权复制品的材料、工具、设备等；构成犯罪的，依法追究刑事责任：

（一）未经著作权人许可，复制、发行、表演、放映、广播、汇编、通过信息网络向公众传播其作品的，本法另有规定的除外；

（二）出版他人享有专有出版权的图书的；

（三）未经表演者许可，复制、发行录有其表演的录音录像制品，或者通过信息网络向公众传播其表演的，本法另有规定的除外；

（四）未经录音录像制作者许可，复制、发行、通过信息网络向公众传播其制作的录音录像制品的，本法另有规定的除外；

（五）未经许可，播放或者复制广播、电视的，本法另有规定的除外；

（六）未经著作权人或者与著作权有关的权利人许可，故意避开或者破坏权利人为其作品、录音录像制品等采取的保护著作权或者与著作权有关的权利的技术措施的，法律、行政法规另有规定的除外；

（七）未经著作权人或者与著作权有关的权利人许可，故意删除或者改变作品、录音录像制品等的权利管理电子信息的，法律、行政法规另有规定的除外；

（八）制作、出售假冒他人署名的作品的。

第四十九条 侵犯著作权或者与著作权有关的权利的，侵权人应当按照权利人的实际损失给予赔偿；实际损失难以计算的，可以按照侵权人的违法所得给予赔偿。赔偿数额还应当包括权利人为制止侵权行为所支付的合理开支。

权利人的实际损失或者侵权人的违法所得不能确定的，由人民法院根据侵权行为的情节，判决给予五十万元以下的赔偿。

第五十条 著作权人或者与著作权有关的权利人有证据证明他人正在实施或者即将实施侵犯其权利的行为，如不及时制止将会使其合法权益受到难以弥补的损害的，可以在起诉前向人民法院申请采取责令停止有关行为和财产保全的措施。

人民法院处理前款申请，适用《中华人民共和国民事诉讼法》第九十三条至第九十六条和第九十九条的规定。

第五十一条 为制止侵权行为，在证据可能灭失或者以后难以取得的情况下，著作权人或者与著作权有关的权利人可以在起诉前向人民法院申请保全证据。

人民法院接受申请后，必须在四十八小时内作出裁定；裁定采取保全措施的，应当立即开始执行。

人民法院可以责令申请人提供担保，申请人不提供担保的，驳回申请。

申请人在人民法院采取保全措施后十五日内不起诉的，人民法院应当解除保全措施。

第五十二条 人民法院审理案件，对于侵犯著作权或者与著作权有关的权利的，可以没收违法所得、侵权复制品以及进行违法活动的财物。

第五十三条 复制品的出版者、制作者不能证明其出版、制作有合法授权的，复制品的发行者或者电影作品或者以类似摄制电影的方法创作的作品、计算机软件、录音录像制品的复制品的出租者不能证明其发行、出租的复制品有合法来源的，应当承担法律责任。

第五十四条　当事人不履行合同义务或者履行合同义务不符合约定条件的，应当依照《中华人民共和国民法通则》、《中华人民共和国合同法》等有关法律规定承担民事责任。

第五十五条　著作权纠纷可以调解，也可以根据当事人达成的书面仲裁协议或者著作权合同中的仲裁条款，向仲裁机构申请仲裁。

当事人没有书面仲裁协议，也没有在著作权合同中订立仲裁条款的，可以直接向人民法院起诉。

第五十六条　当事人对行政处罚不服的，可以自收到行政处罚决定书之日起三个月内向人民法院起诉，期满不起诉又不履行的，著作权行政管理部门可以申请人民法院执行。

## 第六章　附则

第五十七条　本法所称的著作权即版权。

第五十八条　本法第二条所称的出版，指作品的复制、发行。

第五十九条　计算机软件、信息网络传播权的保护办法由国务院另行规定。

第六十条　本法规定的著作权人和出版者、表演者、录音录像制作者、广播电台、电视台的权利，在本法施行之日尚未超过本法规定的保护期的，依照本法予以保护。

本法施行前发生的侵权或者违约行为，依照侵权或者违约行为发生时的有关规定和政策处理。

第六十一条　本法自1991年6月1日起施行。

# 五　中华人民共和国商标法（摘录）

## 第一章　总则

第一条　为了加强商标管理，保护商标专用权，促使生产、经营者保证商品和服务质量，维护商标信誉，以保障消费者和生产、经营者的利益，促进社会主义市场经济的发展，特制定本法。

第二条　国务院工商行政管理部门商标局主管全国商标注册和管理的工作。

国务院工商行政管理部门设立商标评审委员会，负责处理商标争议事宜。

第三条　经商标局核准注册的商标为注册商标，包括商品商标、服务商标和集体商标、证明商标；商标注册人享有商标专用权，受法律保护。

……

第四条　自然人、法人和其他组织对其生产、制造、加工、拣选或者经销的商品，需要取得商标专用权的，应当向商标局申请商品商标注册。自然人、法人和其他组织对其提供的服务项目，需要取得商标专用权的，应当向商标局申请服务商标注册。

本法有关商品商标的规定，适用于服务商标。

第五条　两个以上的自然人、法人或者其他组织可以共同向商标局申请注册同一商标，共同享有和行使该商标专用权。

第六条　国家规定必须使用注册商标的商品，必须申请商标注册，未经核准注册的，不得在市场销售。

第七条　商标使用人应当对其使用商标的商品质量负责。各级工商行政管理部门应当通过商标管理，制止欺骗消费者的行为。

……

第十条　下列标志不得作为商标使用：

（一）同中华人民共和国的国家名称、国旗、国徽、军旗、勋章相同或者近似的，以及同中央国家机关所在地特定地点的名称或者标志性建筑物的名称、图形相同的；

（二）同外国的国家名称、国旗、国徽、军旗相同或者近似的，但该国政府同意的除外；

（三）同政府间国际组织的名称、旗帜、徽记相同或者近似的，但经该组织同意或者不易误导公众的除外；

（四）与表明实施控制，予以保证的官方标志、检验印记相同或者近似的，但经授权的除外；

（五）同"红十字"、"红新月"的名称、标志相同或者近似的；

（六）带有民族歧视性的；

（七）夸大宣传并带有欺骗性的；

（八）有害于社会主义道德风尚或者有其他不良影响的。

县级以上行政区划的地名或者公众知晓的外国地名，不得作为商标。但是，地名具有其他含义或者作为集体商标、证明商标组成部分的除外；已经注册的使用地名的商标继续有效。

……

## 第二章　商标注册的申请

第十九条　申请商标注册的，应当按规定的商品分类表填报使用商标的商品类别和商品名称。

第二十条　注册商标申请人在不同类别的商品上申请注册同一商标的，应当按商品分类表提出注册申请。

第二十一条　注册商标需要在同一类的其他商品上使用的，应当另行提出注册申请。

第二十二条　注册商标需要改变其标志的，应当重新提出注册申请。

第二十三条　注册商标需要变更注册人的名义、地址或者其他注册事项的，应当提出变更申请。

……

## 第三章　商标注册的审查和核准

第二十七条　申请注册的商标，凡符合本法有关规定的，由商标局初步审定，予以公告。

第二十八条　申请注册的商标，凡不符合本法有关规定或者同他人在同一种商品或者类似商品上已经注册的或者初步审定的商标相同或者近似的，由商标局驳回申请，不予公告。

第二十九条　两个或者两个以上的商标注册申请人，在同一种商品或者类似商品上，以相同或者近似的商标申请注册的，初步审定并公告申请在先的商标；同一天申请的，初步审定并公告使用在先的商标，驳回其他人的申请，不予公告。

第三十条 对初步审定的商标，自公告之日起三个月内，任何人均可以提出异议。公告期满无异议的，予以核准注册，发给商标注册证，并予公告。

......

第三十二条 对驳回申请、不予公告的商标，商标局应当书面通知商标注册申请人。商标注册申请人不服的，可以自收到通知之日起十五日内向商标评审委员会申请复审，由商标评审委员会做出决定，并书面通知申请人。

......

## 第四章 注册商标的续展、转让和使用许可

第三十七条 注册商标的有效期为十年，自核准注册之日起计算。

第三十八条 注册商标有效期满，需要继续使用的，应当在期满前六个月内申请续展注册；在此期间未能提出申请的，可以给予六个月的宽展期。宽展期满仍未提出申请的，注销其注册商标。

每次续展注册的有效期为十年。

续展注册经核准后，予以公告。

......

第四十条 商标注册人可以通过签订商标使用许可合同，许可他人使用其注册商标。许可人应当监督被许可人使用其注册商标的商品质量，被许可人应当保证使用该注册商标的商品质量。

经许可使用他人注册商标的，必须在使用该注册商标的商品上标明被许可人的名称和商品产地。商标使用许可合同应当报商标局备案。

## 第五章 注册商标争议的裁定

第四十一条 已经注册的商标，违反本法第十条、第十一条、第十二条规定的，或者是以欺骗手段或者其他不正当手段取得注册的，由商标局撤销该注册商标；其他单位或者个人可以请求商标评审委员会裁定撤销该注册商标。

......

第四十二条　对核准注册前已经提出异议并经裁定的商标，不得再以相同的事实和理由申请裁定。

第四十三条　商标评审委员会做出维持或者撤销注册商标的终局裁定后，应当书面通知有关当事人。

……

## 第六章　商标使用的管理

第四十四条　使用注册商标，有下列行为之一的，由商标局责令限期改正或者撤销其注册商标：

（一）自行改变注册商标的；

（二）自行改变注册商标的注册人名义、地址或者其他注册事项的；

（三）自行转让注册商标的；

（四）连续三年停止使用的。

第四十五条　使用注册商标，其商品粗制滥造，以次充好，欺骗消费者的，由各级工商行政管理部门分别不同情况，责令限期改正，并可以予以通报或者处以罚款，或者由商标局撤销其注册商标。

第四十六条　注册商标被撤销的或者期满不再续展的，自撤销或者注销之日起一年内，商标局对与该商标相同或者近似的商标注册申请，不予核准。

第四十七条　违反本法第六条规定的，由地方工商行政管理部门责令限期申请注册，可以并处罚款。

第四十八条　使用未注册商标，有下列行为之一的，由地方工商行政管理部门予以制止，限期改正，并可以予以通报或者处以罚款：

（一）冒充注册商标的；

（二）违反本法第十条规定的；

（三）粗制滥造，以次充好，欺骗消费者的。

第四十九条　对商标局撤销注册商标的决定，当事人不服的，可以自收到通知之日起十五日内向商标评审委员会申请复审，由商标评审委员会做出决定，并书面通知申请人。

第五十条　对工商行政管理部门根据本法第四十五条、第四十七条、第四十八条的规定做出的罚款决定，当事人不服的，可以自收到通知之日起十五日内，向人民法院起诉；期满不起诉又不履行的，由有关工商行政管理部门申请人民法院强制执行。

## 第七章 注册商标专用权的保护

第五十一条 注册商标的专用权，以核准注册的商标和核定使用的商品为限。

第五十二条 有下列行为之一的，均属侵犯注册商标专用权：

（一）未经商标注册人的许可，在同一种商品或者类似商品上使用与其注册商标相同或者近似的商标的；

（二）销售侵犯注册商标专用权的商品的；

（三）伪造、擅自制造他人注册商标标识或者销售伪造、擅自制造的注册商标标识的；

（四）未经商标注册人同意，更换其注册商标并将更换商标的商品又投入市场的；

（五）给他人的注册商标专用权造成其他损害的。

第五十三条 有本法第五十二条所列侵犯注册商标专用权行为之一，引起纠纷的，由当事人协商解决；不愿协商或者协商不成的，商标注册人或者利害关系人可以向人民法院起诉，也可以请求工商行政管理部门处理。工商行政管理部门处理时，认定侵权行为成立的，责令立即停止侵权行为，没收、销毁侵权商品和专门用于制造侵权商品、伪造注册商标标识的工具，并可处以罚款。当事人对处理决定不服的，可以自收到处理通知之日起十五日内依照《中华人民共和国行政诉讼法》向人民法院起诉；侵权人期满不起诉又不履行的，工商行政管理部门可以申请人民法院强制执行。进行处理的工商行政管理部门根据当事人的请求，可以就侵犯商标专用权的赔偿数额进行调解；调解不成的，当事人可以依照《中华人民共和国民事诉讼法》向人民法院起诉。

……

# 六 中华人民共和国文物保护法实施条例

## 第一章 总则

第一条 根据《中华人民共和国文物保护法》（以下简称文物保护法），

制定本实施条例。

第二条　国家重点文物保护专项补助经费和地方文物保护专项经费，由县级以上人民政府文物行政主管部门、投资主管部门、财政部门按照国家有关规定共同实施管理。任何单位或者个人不得侵占、挪用。

第三条　国有的博物馆、纪念馆、文物保护单位等的事业性收入，应当用于下列用途：

（一）文物的保管、陈列、修复、征集；

（二）国有的博物馆、纪念馆、文物保护单位的修缮和建设；

（三）文物的安全防范；

（四）考古调查、勘探、发掘；

（五）文物保护的科学研究、宣传教育。

第四条　文物行政主管部门和教育、科技、新闻出版、广播电视行政主管部门，应当做好文物保护的宣传教育工作。

第五条　国务院文物行政主管部门和省、自治区、直辖市人民政府文物行政主管部门，应当制定文物保护的科学技术研究规划，采取有效措施，促进文物保护科技成果的推广和应用，提高文物保护的科学技术水平。

第六条　有文物保护法第十二条所列事迹之一的单位或者个人，由人民政府及其文物行政主管部门、有关部门给予精神鼓励或者物质奖励。

## 第二章　不可移动文物

第七条　历史文化名城，由国务院建设行政主管部门会同国务院文物行政主管部门报国务院核定公布。

历史文化街区、村镇，由省、自治区、直辖市人民政府城乡规划行政主管部门会同文物行政主管部门报本级人民政府核定公布。

县级以上地方人民政府组织编制的历史文化名城和历史文化街区、村镇的保护规划，应当符合文物保护的要求。

第八条　全国重点文物保护单位和省级文物保护单位自核定公布之日起1年内，由省、自治区、直辖市人民政府划定必要的保护范围，作出标志说明，建立记录档案，设置专门机构或者指定专人负责管理。

设区的市、自治州级和县级文物保护单位自核定公布之日起1年内，由核定公布该文物保护单位的人民政府划定保护范围，作出标志说明，建立记录档案，设置专门机构或者指定专人负责管理。

第九条　文物保护单位的保护范围，是指对文物保护单位本体及周围一定范围实施重点保护的区域。

文物保护单位的保护范围，应当根据文物保护单位的类别、规模、内容以及周围环境的历史和现实情况合理划定，并在文物保护单位本体之外保持一定的安全距离，确保文物保护单位的真实性和完整性。

第十条　文物保护单位的标志说明，应当包括文物保护单位的级别、名称、公布机关、公布日期、立标机关、立标日期等内容。民族自治地区的文物保护单位的标志说明，应当同时用规范汉字和当地通用的少数民族文字书写。

第十一条　文物保护单位的记录档案，应当包括文物保护单位本体记录等科学技术资料和有关文献记载、行政管理等内容。

文物保护单位的记录档案，应当充分利用文字、音像制品、图画、拓片、摹本、电子文本等形式，有效表现其所载内容。

第十二条　古文化遗址、古墓葬、石窟寺和属于国家所有的纪念建筑物、古建筑，被核定公布为文物保护单位的，由县级以上地方人民政府设置专门机构或者指定机构负责管理。其他文物保护单位，由县级以上地方人民政府设置专门机构或者指定机构、专人负责管理；指定专人负责管理的，可以采取聘请文物保护员的形式。

文物保护单位有使用单位的，使用单位应当设立群众性文物保护组织；没有使用单位的，文物保护单位所在地的村民委员会或者居民委员会可以设立群众性文物保护组织。文物行政主管部门应当对群众性文物保护组织的活动给予指导和支持。

负责管理文物保护单位的机构，应当建立健全规章制度，采取安全防范措施；其安全保卫人员，可以依法配备防卫器械。

第十三条　文物保护单位的建设控制地带，是指在文物保护单位的保护范围外，为保护文物保护单位的安全、环境、历史风貌对建设项目加以限制的区域。

文物保护单位的建设控制地带，应当根据文物保护单位的类别、规模、内容以及周围环境的历史和现实情况合理划定。

第十四条　全国重点文物保护单位的建设控制地带，经省、自治区、直辖市人民政府批准，由省、自治区、直辖市人民政府的文物行政主管部门会同城乡规划行政主管部门划定并公布。

省级、设区的市、自治州级和县级文物保护单位的建设控制地带，经省、自治区、直辖市人民政府批准，由核定公布该文物保护单位的人民政府的文物行政主管部门会同城乡规划行政主管部门划定并公布。

第十五条　承担文物保护单位的修缮、迁移、重建工程的单位，应当同时取得文物行政主管部门发给的相应等级的文物保护工程资质证书和建设行政主管部门发给的相应等级的资质证书。其中，不涉及建筑活动的文物保护单位的修缮、迁移、重建，应当由取得文物行政主管部门发给的相应等级的文物保护工程资质证书的单位承担。

第十六条　申领文物保护工程资质证书，应当具备下列条件：

（一）有取得文物博物专业技术职务的人员；

（二）有从事文物保护工程所需的技术设备；

（三）法律、行政法规规定的其他条件。

第十七条　申领文物保护工程资质证书，应当向省、自治区、直辖市人民政府文物行政主管部门或者国务院文物行政主管部门提出申请。省、自治区、直辖市人民政府文物行政主管部门或者国务院文物行政主管部门应当自收到申请之日起30个工作日内作出批准或者不批准的决定。决定批准的，发给相应等级的文物保护工程资质证书；决定不批准的，应当书面通知当事人并说明理由。文物保护工程资质等级的分级标准和审批办法，由国务院文物行政主管部门制定。

第十八条　文物行政主管部门在审批文物保护单位的修缮计划和工程设计方案前，应当征求上一级人民政府文物行政主管部门的意见。

第十九条　危害全国重点文物保护单位安全或者破坏其历史风貌的建筑物、构筑物，由省、自治区、直辖市人民政府负责调查处理。

危害省级、设区的市、自治州级、县级文物保护单位安全或者破坏其历史风貌的建筑物、构筑物，由核定公布该文物保护单位的人民政府负责调查处理。

危害尚未核定公布为文物保护单位的不可移动文物安全的建筑物、构筑物，由县级人民政府负责调查处理。

## 第三章　考古发掘

第二十条　申请从事考古发掘的单位，取得考古发掘资质证书，应当具备下列条件：

（一）有 4 名以上取得考古发掘领队资格的人员；

（二）有取得文物博物专业技术职务的人员；

（三）有从事文物安全保卫的专业人员；

（四）有从事考古发掘所需的技术设备；

（五）有保障文物安全的设施和场所；

（六）法律、行政法规规定的其他条件。

第二十一条　申领考古发掘资质证书，应当向国务院文物行政主管部门提出申请。国务院文物行政主管部门应当自收到申请之日起30个工作日内作出批准或者不批准的决定。决定批准的，发给考古发掘资质证书；决定不批准的，应当书面通知当事人并说明理由。

第二十二条　考古发掘项目实行领队负责制度。担任领队的人员，应当取得国务院文物行政主管部门按照国家有关规定发给的考古发掘领队资格证书。

第二十三条　配合建设工程进行的考古调查、勘探、发掘，由省、自治区、直辖市人民政府文物行政主管部门组织实施。跨省、自治区、直辖市的建设工程范围内的考古调查、勘探、发掘，由建设工程所在地的有关省、自治区、直辖市人民政府文物行政主管部门联合组织实施；其中，特别重要的建设工程范围内的考古调查、勘探、发掘，由国务院文物行政主管部门组织实施。

建设单位对配合建设工程进行的考古调查、勘探、发掘，应当予以协助，不得妨碍考古调查、勘探、发掘。

第二十四条　国务院文物行政主管部门应当自收到文物保护法第三十条第一款规定的发掘计划之日起30个工作日内作出批准或者不批准决定。决定批准的，发给批准文件；决定不批准的，应当书面通知当事人并说明理由。

文物保护法第三十条第二款规定的抢救性发掘，省、自治区、直辖市人民政府文物行政主管部门应当自开工之日起10个工作日内向国务院文物行政主管部门补办审批手续。

第二十五条　考古调查、勘探、发掘所需经费的范围和标准，按照国家有关规定执行。

第二十六条　从事考古发掘的单位应当在考古发掘完成之日起30个工作日内向省、自治区、直辖市人民政府文物行政主管部门和国务院文物行政主管部门提交结项报告，并于提交结项报告之日起 3 年内向省、自治区、直辖市人民政府文物行政主管部门和国务院文物行政主管部门提交考古发掘报告。

第二十七条 从事考古发掘的单位提交考古发掘报告后，经省、自治区、直辖市人民政府文物行政主管部门或者国务院文物行政主管部门依据各自职权批准，可以保留少量出土文物作为科研标本，并应当于提交发掘报告之日起6个月内将其他出土文物移交给由省、自治区、直辖市人民政府文物行政主管部门或者国务院文物行政主管部门指定的国有的博物馆、图书馆或者其他国有文物收藏单位收藏。

## 第四章 馆藏文物

第二十八条 文物收藏单位应当建立馆藏文物的接收、鉴定、登记、编目和档案制度，库房管理制度，出入库、注销和统计制度，保养、修复和复制制度。

第二十九条 县级人民政府文物行政主管部门应当将本行政区域内的馆藏文物档案，按照行政隶属关系报设区的市、自治州级人民政府文物行政主管部门或者省、自治区、直辖市人民政府文物行政主管部门备案；设区的市、自治州级人民政府文物行政主管部门应当将本行政区域内的馆藏文物档案，报省、自治区、直辖市人民政府文物行政主管部门备案；省、自治区、直辖市人民政府文物行政主管部门应当将本行政区域内的一级文物藏品档案，报国务院文物行政主管部门备案。

第三十条 文物收藏单位之间借用馆藏文物，借用人应当对借用的馆藏文物采取必要的保护措施，确保文物的安全。

借用的馆藏文物的灭失、损坏风险，除当事人另有约定外，由借用该馆藏文物的文物收藏单位承担。

第三十一条 国有文物收藏单位未依照文物保护法第三十六条的规定建立馆藏文物档案并将馆藏文物档案报主管的文物行政主管部门备案的，不得交换、借用馆藏文物。

第三十二条 修复、复制、拓印馆藏二级文物和馆藏三级文物的，应当报省、自治区、直辖市人民政府文物行政主管部门批准；修复、复制、拓印馆藏一级文物的，应当经省、自治区、直辖市人民政府文物行政主管部门审核后报国务院文物行政主管部门批准。

第三十三条 从事馆藏文物修复、复制、拓印的单位，应当具备下列条件：

（一）有取得中级以上文物博物专业技术职务的人员；

（二）有从事馆藏文物修复、复制、拓印所需的场所和技术设备；

（三）法律、行政法规规定的其他条件。

第三十四条 从事馆藏文物修复、复制、拓印，应当向省、自治区、直辖市人民政府文物行政主管部门提出申请。省、自治区、直辖市人民政府文物行政主管部门应当自收到申请之日起30个工作日内作出批准或者不批准的决定。决定批准的，发给相应等级的资质证书；决定不批准的，应当书面通知当事人并说明理由。

第三十五条 为制作出版物、音像制品等拍摄馆藏二级文物和馆藏三级文物的，应当报省、自治区、直辖市人民政府文物行政主管部门批准；拍摄馆藏一级文物的，应当经省、自治区、直辖市人民政府文物行政主管部门审核后报国务院文物行政主管部门批准。

第三十六条 馆藏文物被盗、被抢或者丢失的，文物收藏单位应当立即向公安机关报案，并同时向主管的文物行政主管部门报告；主管的文物行政主管部门应当在接到文物收藏单位的报告后24小时内，将有关情况报告国务院文物行政主管部门。

第三十七条 国家机关和国有的企业、事业组织等收藏、保管国有文物的，应当履行下列义务：

（一）建立文物藏品档案制度，并将文物藏品档案报所在地省、自治区、直辖市人民政府文物行政主管部门备案；

（二）建立、健全文物藏品的保养、修复等管理制度，确保文物安全；

（三）文物藏品被盗、被抢或者丢失的，应当立即向公安机关报案，并同时向所在地省、自治区、直辖市人民政府文物行政主管部门报告。

## 第五章 民间收藏文物

第三十八条 文物收藏单位以外的公民、法人和其他组织，可以依法收藏文物，其依法收藏的文物的所有权受法律保护。

公民、法人和其他组织依法收藏文物的，可以要求文物行政主管部门对其收藏的文物提供鉴定、修复、保管等方面的咨询。

第三十九条 设立文物商店，应当具备下列条件：

（一）有200万元人民币以上的注册资本；

（二）有 5 名以上取得中级以上文物博物专业技术职务的人员；

（三）有保管文物的场所、设施和技术条件；

（四）法律、行政法规规定的其他条件。

第四十条　设立文物商店，应当依照国务院文物行政主管部门的规定向省、自治区、直辖市以上人民政府文物行政主管部门提出申请。省、自治区、直辖市以上人民政府文物行政主管部门应当自收到申请之日起30个工作日内作出批准或者不批准的决定。决定批准的，发给批准文件；决定不批准的，应当书面通知当事人并说明理由。

第四十一条　依法设立的拍卖企业，从事文物拍卖经营活动的，应当有5名以上取得高级文物博物专业技术职务的文物拍卖专业人员，并取得国务院文物行政主管部门发给的文物拍卖许可证。

第四十二条　依法设立的拍卖企业申领文物拍卖许可证，应当向国务院文物行政主管部门提出申请。国务院文物行政主管部门应当自收到申请之日起30个工作日内作出批准或者不批准的决定。决定批准的，发给文物拍卖许可证；决定不批准的，应当书面通知当事人并说明理由。

第四十三条　文物商店购买、销售文物，经营文物拍卖的拍卖企业拍卖文物，应当记录文物的名称、图录、来源、文物的出卖人、委托人和买受人的姓名或者名称、住所、有效身份证件号码或者有效证照号码以及成交价格，并报核准其销售、拍卖文物的文物行政主管部门备案。接受备案的文物行政主管部门应当依法为其保密，并将该记录保存75年。

文物行政主管部门应当加强对文物商店和经营文物拍卖的拍卖企业的监督检查。

## 第六章　文物出境进境

第四十四条　国务院文物行政主管部门指定的文物进出境审核机构，应当有5名以上专职文物进出境责任鉴定员。专职文物进出境责任鉴定员应当取得中级以上文物博物专业技术职务并经国务院文物行政主管部门考核合格。

第四十五条　运送、邮寄、携带文物出境，应当在文物出境前依法报文物进出境审核机构审核。文物进出境审核机构应当自收到申请之日起15个工作日内作出是否允许出境的决定。

文物进出境审核机构审核文物，应当有3名以上文物博物专业技术人员参加；其中，应当有2名以上文物进出境责任鉴定员。

文物出境审核意见，由文物进出境责任鉴定员共同签署；对经审核，文物进出境责任鉴定员一致同意允许出境的文物，文物进出境审核机构方可作出允许出境的决定。

文物出境审核标准，由国务院文物行政主管部门制定。

第四十六条　文物进出境审核机构应当对所审核进出境文物的名称、质地、尺寸、级别，当事人的姓名或者名称、住所、有效身份证件号码或者有效证照号码，以及进出境口岸、文物去向和审核日期等内容进行登记。

第四十七条　经审核允许出境的文物，由国务院文物行政主管部门发给文物出境许可证，并由文物进出境审核机构标明文物出境标识。经审核允许出境的文物，应当从国务院文物行政主管部门指定的口岸出境。海关查验文物出境标识后，凭文物出境许可证放行。

经审核不允许出境的文物，由文物进出境审核机构发还当事人。

第四十八条　文物出境展览的承办单位，应当在举办展览前6个月向国务院文物行政主管部门提出申请。国务院文物行政主管部门应当自收到申请之日起30个工作日内作出批准或者不批准的决定。决定批准的，发给批准文件；决定不批准的，应当书面通知当事人并说明理由。

一级文物展品超过120件（套）的，或者一级文物展品超过展品总数的20%的，应当报国务院批准。

第四十九条　一级文物中的孤品和易损品，禁止出境展览。禁止出境展览文物的目录，由国务院文物行政主管部门定期公布。

未曾在国内正式展出的文物，不得出境展览。

第五十条　文物出境展览的期限不得超过1年。因特殊需要，经原审批机关批准可以延期；但是，延期最长不得超过1年。

第五十一条　文物出境展览期间，出现可能危及展览文物安全情形的，原审批机关可以决定中止或者撤销展览。

第五十二条　临时进境的文物，经海关将文物加封后，交由当事人报文物进出境审核机构审核、登记。文物进出境审核机构查验海关封志完好无损后，对每件临时进境文物标明文物临时进境标识，并登记拍照。

临时进境文物复出境时，应当由原审核、登记的文物进出境审核机构核对入境登记拍照记录，查验文物临时进境标识无误后标明文物出境标识，并由国务院文物行政主管部门发给文物出境许可证。

未履行本条第一款规定的手续临时进境的文物复出境的，依照本章关于文物出境的规定办理。

第五十三条　任何单位或者个人不得擅自剥除、更换、挪用或者损毁文物出境标识、文物临时进境标识。

## 第七章　法律责任

第五十四条　公安机关、工商行政管理、文物、海关、城乡规划、建设等有关部门及其工作人员，违反本条例规定，滥用审批权限、不履行职责或者发现违法行为不予查处的，对负有责任的主管人员和其他直接责任人员依法给予行政处分；构成犯罪的，依法追究刑事责任。

第五十五条　违反本条例规定，未取得相应等级的文物保护工程资质证书，擅自承担文物保护单位的修缮、迁移、重建工程的，由文物行政主管部门责令限期改正；逾期不改正，或者造成严重后果的，处5万元以上50万元以下的罚款；构成犯罪的，依法追究刑事责任。

违反本条例规定，未取得建设行政主管部门发给的相应等级的资质证书，擅自承担含有建筑活动的文物保护单位的修缮、迁移、重建工程的，由建设行政主管部门依照有关法律、行政法规的规定予以处罚。

第五十六条　违反本条例规定，未取得资质证书，擅自从事馆藏文物的修复、复制、拓印活动的，由文物行政主管部门责令停止违法活动；没收违法所得和从事违法活动的专用工具、设备；造成严重后果的，并处1万元以上10万元以下的罚款；构成犯罪的，依法追究刑事责任。

第五十七条　文物保护法第六十六条第二款规定的罚款，数额为200元以下。

第五十八条　违反本条例规定，未经批准擅自修复、复制、拓印、拍摄馆藏珍贵文物的，由文物行政主管部门给予警告；造成严重后果的，处2000元以上2万元以下的罚款；对负有责任的主管人员和其他直接责任人员依法给予行政处分。

第五十九条　考古发掘单位违反本条例规定，未在规定期限内提交结项报告或者考古发掘报告的，由省、自治区、直辖市人民政府文物行政主管部门或者国务院文物行政主管部门责令限期改正；逾期不改正的，对负有责任的主管人员和其他直接责任人员依法给予行政处分。

第六十条　考古发掘单位违反本条例规定，未在规定期限内移交文物的，由省、自治区、直辖市人民政府文物行政主管部门或者国务院文物行政主管部门责令限期改正；逾期不改正，或者造成严重后果的，对负有责任的主管人员和其他直接责任人员依法给予行政处分。

第六十一条　违反本条例规定，文物出境展览超过展览期限的，由国务院文物行政主管部门责令限期改正；对负有责任的主管人员和其他直接责任人员依法给予行政处分。

第六十二条　依照文物保护法第六十六条、第七十三条的规定，单位被处以吊销许可证行政处罚的，应当依法到工商行政管理部门办理变更登记或者注销登记；逾期未办理的，由工商行政管理部门吊销营业执照。

第六十三条　违反本条例规定，改变国有的博物馆、纪念馆、文物保护单位等的事业性收入的用途的，对负有责任的主管人员和其他直接责任人员依法给予行政处分；构成犯罪的，依法追究刑事责任。

## 第八章　附则

第六十四条　本条例自2003年7月1日起施行。

# 七　中华人民共和国著作权法实施条例（摘录）

……

第二条　著作权法所称作品，是指文学、艺术和科学领域内具有独创性并能以某种有形形式复制的智力成果。

第三条　著作权法所称创作，是指直接产生文学、艺术和科学作品的智力活动。

为他人创作进行组织工作，提供咨询意见、物质条件，或者进行其他辅助工作，均不视为创作。

第四条　著作权法和本条例中下列作品的含义：

（一）文字作品，是指小说、诗词、散文、论文等以文字形式表现的作品；

……

（八）美术作品，是指绘画、书法、雕塑等以线条、色彩或者其他方式构

成的有审美意义的平面或者立体的造型艺术作品;

（九）建筑作品，是指以建筑物或者构筑物形式表现的有审美意义的作品;

（十）摄影作品，是指借助器械在感光材料或者其他介质上记录客观物体形象的艺术作品;

（十一）电影作品和以类似摄制电影的方法创作的作品，是指摄制在一定介质上，由一系列有伴音或者无伴音的画面组成，并且借助适当装置放映或者以其他方式传播的作品;

（十二）图形作品，是指为施工、生产绘制的工程设计图、产品设计图，以及反映地理现象、说明事物原理或者结构的地图、示意图等作品;

……

第五条　著作权法和本条例中下列用语的含义:

……

（二）录音制品，是指任何对表演的声音和其他声音的录制品;

（三）录像制品，是指电影作品和以类似摄制电影的方法创作的作品以外的任何有伴音或者无伴音的连续相关形象、图像的录制品;

（四）录音制作者，是指录音制品的首次制作人;

（五）录像制作者，是指录像制品的首次制作人;

……

第六条　著作权自作品创作完成之日起产生。

……

第九条　合作作品不可以分割使用的，其著作权由各合作作者共同享有，通过协商一致行使;不能协商一致，又无正当理由的，任何一方不得阻止他方行使除转让以外的其他权利，但是所得收益应当合理分配给所有合作作者。

第十条　著作权人许可他人将其作品摄制成电影作品和以类似摄制电影的方法创作的作品的，视为已同意对其作品进行必要的改动，但是这种改动不得歪曲篡改原作品。

第十一条　著作权法第十六条第一款关于职务作品的规定中的"工作任务"，是指公民在该法人或者该组织中应当履行的职责。

著作权法第十六条第二款关于职务作品的规定中的"物质技术条件"，是指该法人或者该组织为公民完成创作专门提供的资金、设备或者资料。

第十二条　职务作品完成两年内，经单位同意，作者许可第三人以与单位使用的相同方式使用作品所获报酬，由作者与单位按约定的比例分配。

作品完成两年的期限，自作者向单位交付作品之日起计算。

第十三条　作者身份不明的作品，由作品原件的所有人行使除署名权以外的著作权。作者身份确定后，由作者或者其继承人行使著作权。

第十四条　合作作者之一死亡后，其对合作作品享有的著作权法第十条第一款第（五）项至第（十七）项规定的权利无人继承又无人受遗赠的，由其他合作作者享有。

第十五条　作者死亡后，其著作权中的署名权、修改权和保护作品完整权由作者的继承人或者受遗赠人保护。

著作权无人继承又无人受遗赠的，其署名权、修改权和保护作品完整权由著作权行政管理部门保护。

第十六条　国家享有著作权的作品的使用，由国务院著作权行政管理部门管理。

第十七条　作者生前未发表的作品，如果作者未明确表示不发表，作者死亡后50年内，其发表权可由继承人或者受遗赠人行使；没有继承人又无人受遗赠的，由作品原件的所有人行使。

第十八条　作者身份不明的作品，其著作权法第十条第一款第（五）项至第（十七）项规定的权利的保护期截止于作品首次发表后第50年的12月31日。作者身份确定后，适用著作权法第二十一条的规定。

第十九条　使用他人作品的，应当指明作者姓名、作品名称；但是，当事人另有约定或者由于作品使用方式的特性无法指明的除外。

第二十条　著作权法所称已经发表的作品，是指著作权人自行或者许可他人公之于众的作品。

第二十一条　依照著作权法有关规定，使用可以不经著作权人许可的已经发表的作品的，不得影响该作品的正常使用，也不得不合理地损害著作权人的合法利益。

第二十二条　依照著作权法第二十三条、第三十二条第二款、第三十九条第三款的规定使用作品的付酬标准，由国务院著作权行政管理部门会同国务院价格主管部门制定、公布。

第二十三条　使用他人作品应当同著作权人订立许可使用合同，许可使用的权利是专有使用权的，应当采取书面形式，但是报社、期刊社刊登作品除外。

第二十四条　著作权法第二十四条规定的专有使用权的内容由合同约定，合同没有约定或者约定不明的，视为被许可人有权排除包括著作权人在内的任何人以同样的方式使用作品；除合同另有约定外，被许可人许可第三人行使同一权利，必须取得著作权人的许可。

第二十五条　与著作权人订立专有许可使用合同、转让合同的，可以向著作权行政管理部门备案。

第二十六条　著作权法和本条例所称与著作权有关的权益，是指出版者对其出版的图书和期刊的版式设计享有的权利，表演者对其表演享有的权利，录音录像制作者对其制作的录音录像制品享有的权利，广播电台、电视台对其播放的广播、电视节目享有的权利。

第二十七条　出版者、表演者、录音录像制作者、广播电台、电视台行使权利，不得损害被使用作品和原作品著作权人的权利。

第二十八条　图书出版合同中约定图书出版者享有专有出版权但没有明确其具体内容的，视为图书出版者享有在合同有效期限内和在合同约定的地域范围内以同种文字的原版、修订版出版图书的专有权利。

第二十九条　著作权人寄给图书出版者的两份订单在6个月内未能得到履行，视为著作权法第三十一条所称图书脱销。

第三十条　著作权人依照著作权法第三十二条第二款声明不得转载、摘编其作品的，应当在报纸、期刊刊登该作品时附带声明。

第三十一条　著作权人依照著作权法第三十九条第三款声明不得对其作品制作录音制品的，应当在该作品合法录制为录音制品时声明。

第三十二条　依照著作权法第二十三条、第三十二条第二款、第三十九条第三款的规定，使用他人作品的，应当自使用该作品之日起2个月内向著作权人支付报酬。

……

第三十六条　有著作权法第四十七条所列侵权行为，同时损害社会公共利益的，著作权行政管理部门可以处非法经营额3倍以下的罚款；非法经营额难以计算的，可以处10万元以下的罚款。

……

# 八　中华人民共和国商标法实施条例（摘录）

......

第二条　本条例有关商品商标的规定，适用于服务商标。

第三条　商标法和本条例所称商标的使用，包括将商标用于商品、商品包装或者容器以及商品交易文书上，或者将商标用于广告宣传、展览以及其他商业活动中。

......

第五条　依照商标法和本条例的规定，在商标注册、商标评审过程中产生争议时，有关当事人认为其商标构成驰名商标的，可以相应向商标局或者商标评审委员会请求认定驰名商标，驳回违反商标法第十三条规定的商标注册申请或者撤销违反商标法第十三条规定的商标注册。有关当事人提出申请时，应当提交其商标构成驰名商标的证据材料。

商标局、商标评审委员会根据当事人的请求，在查明事实的基础上，依照商标法第十四条的规定，认定其商标是否构成驰名商标。

......

第二十二条　对商标局初步审定予以公告的商标提出异议的，异议人应当向商标局提交商标异议书一式两份。商标异议书应当写明被异议商标刊登《商标公告》的期号及初步审定号。商标异议书应当有明确的请求和事实依据，并附送有关证据材料。

商标局应当将商标异议书副本及时送交被异议人，限其自收到商标异议书副本之日起30日内答辩。被异议人不答辩的，不影响商标局的异议裁定。

当事人需要在提出异议申请或者答辩后补充有关证据材料的，应当在申请书或者答辩书中声明，并自提交申请书或者答辩书之日起3个月内提交；期满未提交的，视为当事人放弃补充有关证据材料。

第二十三条　商标法第三十四条第二款所称异议成立，包括在部分指定商品上成立。异议在部分指定商品上成立的，在该部分指定商品上的商标注册申请不予核准。

被异议商标在异议裁定生效前已经刊发注册公告的，撤销原注册公告，经异议裁定核准注册的商标重新公告。

经异议裁定核准注册的商标，自该商标异议期满之日起至异议裁定生效前，对他人在同一种或者类似商品上使用与该商标相同或者近似的标志的行为不具有追溯力；但是，因该使用人的恶意给商标注册人造成的损失，应当给予赔偿。

经异议裁定核准注册的商标，对其提出评审申请的期限自该商标异议裁定公告之日起计算。

……

第二十八条　商标评审委员会受理依据商标法第三十二条、第三十三条、第四十一条、第四十九条的规定提出的商标评审申请。商标评审委员会根据事实，依法进行评审。

第二十九条　商标法第四十一条第三款所称对已经注册的商标有争议，是指在先申请注册的商标注册人认为他人在后申请注册的商标与其在同一种或者类似商品上的注册商标相同或者近似。

第三十条　申请商标评审，应当向商标评审委员会提交申请书，并按照对方当事人的数量提交相应份数的副本；基于商标局的决定书或者裁定书申请复审的，还应当同时附送商标局的决定书或者裁定书副本。

商标评审委员会收到申请书后，经审查，符合受理条件的，予以受理；不符合受理条件的，不予受理，书面通知申请人并说明理由；需要补正的，通知申请人自收到通知之日起30日内补正。经补正仍不符合规定的，商标评审委员会不予受理，书面通知申请人并说明理由；期满未补正的，视为撤回申请，商标评审委员会应当书面通知申请人。

商标评审委员会受理商标评审申请后，发现不符合受理条件的，予以驳回，书面通知申请人并说明理由。

第三十一条　商标评审委员会受理商标评审申请后，应当及时将申请书副本送交对方当事人，限其自收到申请书副本之日起30日内答辩；期满未答辩的，不影响商标评审委员会的评审。

第三十二条　当事人需要在提出评审申请或者答辩后补充有关证据材料的，应当在申请书或者答辩书中声明，并自提交申请书或者答辩书之日起3个月内提交；期满未提交的，视为放弃补充有关证据材料。

第三十三条　商标评审委员会根据当事人的请求或者实际需要，可以决定对评审申请进行公开评审。

商标评审委员会决定对评审申请进行公开评审的，应当在公开评审前15日书面通知当事人，告知公开评审的日期、地点和评审人员。当事人应当在通知书指定的期限内作出答复。

申请人不答复也不参加公开评审的，其评审申请视为撤回，商标评审委员会应当书面通知申请人；被申请人不答复也不参加公开评审的，商标评审委员会可以缺席评审。

第三十四条　申请人在商标评审委员会作出决定、裁定前，要求撤回申请的，经书面向商标评审委员会说明理由，可以撤回；撤回申请的，评审程序终止。

第三十五条　申请人撤回商标评审申请的，不得以相同的事实和理由再次提出评审申请；商标评审委员会对商标评审申请已经作出裁定或者决定的，任何人不得以相同的事实和理由再次提出评审申请。

第三十六条　依照商标法第四十一条的规定撤销的注册商标，其商标专用权视为自始即不存在。有关撤销注册商标的决定或者裁定，对在撤销前人民法院作出并已执行的商标侵权案件的判决、裁定，工商行政管理部门作出并已执行的商标侵权案件的处理决定，以及已经履行的商标转让或者使用许可合同，不具有追溯力；但是，因商标注册人恶意给他人造成的损失，应当给予赔偿。

第三十七条　使用注册商标，可以在商品、商品包装、说明书或者其他附着物上标明"注册商标"或者注册标记。

注册标记包括（注外加○）和（R外加○）。使用注册标记，应当标注在商标的右上角或者右下角。

……

第四十九条　注册商标中含有的本商品的通用名称、图形、型号，或者直接表示商品的质量、主要原料、功能、用途、重量、数量及其他特点，或者含有地名，注册商标专用权人无权禁止他人正当使用。

第五十条　有下列行为之一的，属于商标法第五十二条第（五）项所称侵犯注册商标专用权的行为：

（一）在同一种或者类似商品上，将与他人注册商标相同或者近似的标志作为商品名称或者商品装潢使用，误导公众的；

（二）故意为侵犯他人注册商标专用权行为提供仓储、运输、邮寄、隐匿等便利条件的。

第五十一条　对侵犯注册商标专用权的行为，任何人可以向工商行政管理部门投诉或者举报。

第五十二条　对侵犯注册商标专用权的行为，罚款数额为非法经营额 3 倍以下；非法经营额无法计算的，罚款数额为10万元以下。

第五十三条　商标所有人认为他人将其驰名商标作为企业名称登记，可能欺骗公众或者对公众造成误解的，可以向企业名称登记主管机关申请撤销该企业名称登记。企业名称登记主管机关应当依照《企业名称登记管理规定》处理。

……

# 九　公共文化体育设施条例（摘录）

……

第二条　本条例所称公共文化体育设施，是指由各级人民政府举办或者社会力量举办的，向公众开放用于开展文化体育活动的公益性的图书馆、博物馆、纪念馆、美术馆、文化馆（站）、体育场（馆）、青少年宫、工人文化宫等的建筑物、场地和设备。

本条例所称公共文化体育设施管理单位，是指负责公共文化体育设施的维护，为公众开展文化体育活动提供服务的社会公共文化体育机构。

第三条　公共文化体育设施管理单位必须坚持为人民服务、为社会主义服务的方向，充分利用公共文化体育设施，传播有益于提高民族素质、有益于经济发展和社会进步的科学技术和文化知识，开展文明、健康的文化体育活动。

任何单位和个人不得利用公共文化体育设施从事危害公共利益的活动。

……

第五条　各级人民政府举办的公共文化体育设施的建设、维修、管理资金，应当列入本级人民政府基本建设投资计划和财政预算。

第六条　国家鼓励企业、事业单位、社会团体和个人等社会力量举办公共文化体育设施。

国家鼓励通过自愿捐赠等方式建立公共文化体育设施社会基金，并鼓励依法向人民政府、社会公益性机构或者公共文化体育设施管理单位捐赠财产。捐赠人可以按照税法的有关规定享受优惠。

国家鼓励机关、学校等单位内部的文化体育设施向公众开放。

……

第九条　国务院发展和改革行政主管部门应当会同国务院文化行政主管部门、体育行政主管部门，将全国公共文化体育设施的建设纳入国民经济和社会发展计划。

县级以上地方人民政府应当将本行政区域内的公共文化体育设施的建设纳入当地国民经济和社会发展计划。

第十条  公共文化体育设施的数量、种类、规模以及布局，应当根据国民经济和社会发展水平、人口结构、环境条件以及文化体育事业发展的需要，统筹兼顾，优化配置，并符合国家关于城乡公共文化体育设施用地定额指标的规定。

公共文化体育设施用地定额指标，由国务院土地行政主管部门、建设行政主管部门分别会同国务院文化行政主管部门、体育行政主管部门制定。

第十一条  公共文化体育设施的建设选址，应当符合人口集中、交通便利的原则。

第十二条  公共文化体育设施的设计，应当符合实用、安全、科学、美观等要求，并采取无障碍措施，方便残疾人使用。具体设计规范由国务院建设行政主管部门会同国务院文化行政主管部门、体育行政主管部门制定。

第十三条  建设公共文化体育设施使用国有土地的，经依法批准可以以划拨方式取得。

第十四条  公共文化体育设施的建设预留地，由县级以上地方人民政府土地行政主管部门、城乡规划行政主管部门按照国家有关用地定额指标，纳入土地利用总体规划和城乡规划，并依照法定程序审批。任何单位或者个人不得侵占公共文化体育设施建设预留地或者改变其用途。

因特殊情况需要调整公共文化体育设施建设预留地的，应当依法调整城乡规划，并依照前款规定重新确定建设预留地。重新确定的公共文化体育设施建设预留地不得少于原有面积。

……

第十六条  公共文化体育设施管理单位应当完善服务条件，建立、健全服务规范，开展与公共文化体育设施功能、特点相适应的服务，保障公共文化体育设施用于开展文明、健康的文化体育活动。

第十七条  公共文化体育设施应当根据其功能、特点向公众开放，开放时间应当与当地公众的工作时间、学习时间适当错开。

公共文化体育设施的开放时间，不得少于省、自治区、直辖市规定的最低时限。国家法定节假日和学校寒暑假期间，应当适当延长开放时间。

学校寒暑假期间，公共文化体育设施管理单位应当增设适合学生特点的文化体育活动。

第十八条　公共文化体育设施管理单位应当向公众公示其服务内容和开放时间。公共文化体育设施因维修等原因需要暂时停止开放的，应当提前7日向公众公示。

第十九条　公共文化体育设施管理单位应当在醒目位置标明设施的使用方法和注意事项。

第二十条　公共文化体育设施管理单位提供服务可以适当收取费用，收费项目和标准应当经县级以上人民政府有关部门批准。

第二十一条　需要收取费用的公共文化体育设施管理单位，应当根据设施的功能、特点对学生、老年人、残疾人等免费或者优惠开放，具体办法由省、自治区、直辖市制定。

第二十二条　公共文化设施管理单位可以将设施出租用于举办文物展览、美术展览、艺术培训等文化活动。

公共体育设施管理单位不得将设施的主体部分用于非体育活动。但是，因举办公益性活动或者大型文化活动等特殊情况临时出租的除外。临时出租时间一般不得超过10日；租用期满，租用者应当恢复原状，不得影响该设施的功能、用途。

第二十三条　公众在使用公共文化体育设施时，应当遵守公共秩序，爱护公共文化体育设施。任何单位或者个人不得损坏公共文化体育设施。

第二十四条　公共文化体育设施管理单位应当将公共文化体育设施的名称、地址、服务项目等内容报所在地县级人民政府文化行政主管部门、体育行政主管部门备案。

第二十五条　公共文化体育设施管理单位应当建立、健全安全管理制度，依法配备安全保护设施、人员，保证公共文化体育设施的完好，确保公众安全。

公共体育设施内设置的专业性强、技术要求高的体育项目，应当符合国家规定的安全服务技术要求。

第二十六条　公共文化体育设施管理单位的各项收入，应当用于公共文化体育设施的维护、管理和事业发展，不得挪作他用。

文化行政主管部门、体育行政主管部门、财政部门和其他有关部门，应当依法加强对公共文化体育设施管理单位收支的监督管理。

第二十七条　因城乡建设确需拆除公共文化体育设施或者改变其功能、用途的，有关地方人民政府在作出决定前，应当组织专家论证，并征得上一级人民政府文化行政主管部门、体育行政主管部门同意，报上一级人民政府批准。

涉及大型公共文化体育设施的，上一级人民政府在批准前，应当举行听证会，听取公众意见。

经批准拆除公共文化体育设施或者改变其功能、用途的，应当依照国家有关法律、行政法规的规定择地重建。重新建设的公共文化体育设施，应当符合规划要求，一般不得小于原有规模。迁建工作应当坚持先建设后拆除或者建设拆除同时进行的原则。迁建所需费用由造成迁建的单位承担。

第二十八条　文化、体育、城乡规划、建设、土地等有关行政主管部门及其工作人员，不依法履行职责或者发现违法行为不予依法查处的，对负有责任的主管人员和其他直接责任人员，依法给予行政处分；构成犯罪的，依法追究刑事责任。

第二十九条　侵占公共文化体育设施建设预留地或者改变其用途的，由土地行政主管部门、城乡规划行政主管部门依据各自职责责令限期改正；逾期不改正的，由作出决定的机关依法申请人民法院强制执行。

第三十条　公共文化体育设施管理单位有下列行为之一的，由文化行政主管部门、体育行政主管部门依据各自职责责令限期改正；造成严重后果的，对负有责任的主管人员和其他直接责任人员，依法给予行政处分：

（一）未按照规定的最低时限对公众开放的；

（二）未公示其服务项目、开放时间等事项的；

（三）未在醒目位置标明设施的使用方法或者注意事项的；

（四）未建立、健全公共文化体育设施的安全管理制度的；

（五）未将公共文化体育设施的名称、地址、服务项目等内容报文化行政主管部门、体育行政主管部门备案的。

第三十一条　公共文化体育设施管理单位，有下列行为之一的，由文化行政主管部门、体育行政主管部门依据各自职责责令限期改正，没收违法所得，违法所得5000元以上的，并处违法所得2倍以上5倍以下的罚款；没有违法所得或者违法所得5000元以下的，可以处1万元以下的罚款；对负有责任的主管人员和其他直接责任人员，依法给予行政处分：

（一）开展与公共文化体育设施功能、用途不相适应的服务活动的；

（二）违反本条例规定出租公共文化体育设施的。

第三十二条　公共文化体育设施管理单位及其工作人员违反本条例规定，

挪用公共文化体育设施管理单位的各项收入或者有条件维护而不履行维护义务的，由文化行政主管部门、体育行政主管部门依据各自职责责令限期改正；对负有责任的主管人员和其他直接责任人员，依法给予行政处分；构成犯罪的，依法追究刑事责任。

……

# 十　北京市博物馆条例

## 第一章　总则

第一条　为了促进博物馆事业发展，加强博物馆的管理，繁荣首都文化事业，推动社会主义精神文明建设，制定本条例。

第二条　本条例适用于本市行政区域内的各类博物馆。法律、法规另有规定的从其规定。

博物馆是指收藏、研究、展示人类活动的见证物和自然科学标本并向社会开放的公益性机构。

第三条　博物馆应当发挥社会教育功能，传播有益于社会进步的思想、道德、科学技术和文化知识，弘扬优秀文化和科学精神，丰富人民的精神文化生活，提高公众素质，促进国际文化交流。

第四条　市文物行政管理部门主管本市行政区域内博物馆工作。

区、县文物行政管理部门负责本辖区内博物馆的监督管理工作。

各有关行政管理部门在各自职责范围内依法对博物馆进行管理。

第五条　市和区、县文物行政管理部门对发展博物馆事业做出突出贡献或者成绩显著的单位和个人，给予表彰或者奖励。

## 第二章　发展与保障

第六条　市和区、县人民政府应当将博物馆事业纳入国民经济和社会发展规划，为发展博物馆事业提供必要的条件和保障。

第七条　本市鼓励公民、法人和其他组织兴办博物馆，优先发展填补博物馆门类空白和体现地区文化、行业特点的专题性博物馆。

第八条　各级人民政府应当保障本级政府兴办的博物馆的事业经费，并逐步增加投入。

其他的博物馆的主办者应当保障博物馆正常业务活动经费。

第九条　各级人民政府应当对博物馆开展面向老年人、残疾人、青少年学生的公益性活动给予必要的经费支持。

第十条　博物馆可以多渠道筹措资金发展博物馆事业。

博物馆可以依法开展符合本馆特点的经营活动，接受捐赠、资助。经营活动的收入或者接受的捐赠、资助应当全部用于发展博物馆事业。

第十一条　鼓励公民、法人和其他组织向博物馆捐赠或者以其他形式提供资助。捐赠人依法享受税收优惠。

第十二条　博物馆享有名称专有和依法征集、采集藏品的权利。

## 第二章　管理与监督

第十三条　博物馆应当具备下列条件：

（一）具有固定的馆址、展览场所和库房，展览场所的面积与展览规模相适应并适宜对外开放；

（二）具有必要的办馆资金；

（三）具有与本馆性质相符、有一定数量和代表性、成系统的藏品；

（四）馆长具有本科以上学历和两年以上博物馆管理工作经验，或者在相关领域有专长；

（五）具有与博物馆主要任务相适应的专业技术人员，专业技术人员具有大专以上学历或者对本馆藏品的研究有专长；

（六）具有符合规定的安全、消防设施和条件。

第十四条　具备本条例第十三条规定条件申请博物馆注册登记的，应当向市文物行政管理部门提交下列文件：

（一）登记申请书；

（二）博物馆章程；

（三）藏品目录；

（四）陈列大纲；

（五）馆舍场地使用权证明；

（六）经费证明；

（七）馆长和主要专业技术人员的学历证明以及从业简历。

第十五条　市文物行政管理部门应当自接到登记申请书之日起3个月内，组织有关专家进行评审，对符合条件的予以核准登记，对不符合条件的书面回复并告知理由。

博物馆经核准登记后，主办者应当依法到有关部门办理相关手续，方可向社会开放。6个月内未向社会开放的，由市文物行政管理部门注销登记。

第十六条　博物馆的馆长、馆址、基本陈列、藏品目录、展览面积等登记事项变更的，应当自变更之日起30日内到市文物行政管理部门办理变更登记。变更后不符合博物馆登记条件的，由市文物行政管理部门注销登记。

第十七条　博物馆应当为观众提供展品文字说明和讲解服务。

博物馆的展览、讲解内容应当有利于促进社会进步、传播科学文化知识；不得宣扬淫秽、迷信或者渲染暴力，不得宣扬法律、法规禁止的其他内容。

第十八条　博物馆应当运用现代科学技术，提高展览、陈列水平，增强宣传教育效果。

第十九条　博物馆应当根据办馆宗旨，结合本馆特点举办临时展览、巡回展览，开展多种形式的宣传教育活动。

第二十条　博物馆应当向老年人、残疾人优惠开放，向青少年学生免费、定期免费或者低费开放。具体办法由市人民政府制定。

第二十一条　博物馆向社会开放应当遵守下列规定：

（一）依照博物馆章程开展业务活动；

（二）陈列展览以原物、真迹为主，使用复制品、仿制品和替代品的予以注明，复原陈列保持原貌；

（三）无正当理由全年展览开放时间不得少于8个月；

（四）变更展览时间提前7日向社会公示。

第二十二条　博物馆开展经营活动不得改变博物馆功能、危及博物馆藏品的安全和影响开放环境。

第二十三条　博物馆对藏品管理应当遵守下列规定：

（一）建立藏品总账、分类账、档案；藏品总账、档案报市文物行政管理部门备案；

（二）保障藏品体系的完整；

（三）以博物馆名义征集、采集的藏品在藏品总账中登记；

（四）具有保障藏品安全的设备、保管设施、安全保卫和藏品核查制度；

（五）发现文物藏品损毁、丢失，及时报告文物行政管理部门。

第二十四条　博物馆处置文物藏品，依据有关法律、法规执行。

博物馆处置非文物藏品，应当报市文物行政管理部门备案。

藏品处置后，不符合博物馆登记条件的，由市文物行政管理部门注销登记。

第二十五条　博物馆申请注销登记的，应当向市文物行政管理部门提交下列文件：

（一）注销说明书；

（二）主办者意见；

（三）藏品处置方案。

市文物行政管理部门应自接到前款所列文件之日起10日内，办理博物馆注销登记，并向社会公示。

第二十六条　文物行政管理部门应当促进博物馆行业组织建设，指导行业组织活动，逐步对博物馆实行分级、分类管理。

## 第四章　法律责任

第二十七条　博物馆有下列行为之一的，由文物行政管理部门给予警告、责令限期改正；逾期不改正的，处以500元以上2000元以下罚款；情节严重的，注销登记：

（一）无正当理由，全年对社会开放时间不足8个月的；

（二）变更展览时间未提前7日向社会公示的；

（三）未按规定办理博物馆登记事项变更登记的；

（四）未建立藏品总账、分类账、档案的；

（五）藏品总账、档案未报市文物行政管理部门备案的；

（六）以博物馆名义征集、采集的藏品未登入藏品总账的；

（七）经营活动改变博物馆功能、危及博物馆藏品的安全和影响开放环境的。

第二十八条　未经登记擅自以博物馆名义开展活动的，由文物行政管理部门给予警告，可以并处1000元以上5000元以下罚款；有违法所得的，没收违法所得；对非法获取的文物、标本予以没收；构成犯罪的，依法追究刑事责任。

第二十九条　博物馆在展览、讲解中有宣扬淫秽、迷信或者渲染暴力以及宣扬法律、法规禁止的其他内容的，由文物行政管理部门责令改正，可以处以

5000元以上3万元以下罚款；情节严重的，注销登记；构成犯罪的，依法追究刑事责任。

## 第五章　附则

第三十条　本条例自2001年1月1日起施行。1993年12月25日北京市人民政府批准发布的《北京市博物馆登记暂行办法》同时废止。

# 十一　中国互联网络域名管理办法（摘录）

......

第三条　本办法下列用语的含义是：

（一）域名：是互联网络上识别和定位计算机的层次结构式的字符标识，与该计算机的互联网协议（IP）地址相对应。

（二）中文域名：是指含有中文文字的域名。

......

（四）域名根服务器运行机构：是指承担运行、维护和管理域名根服务器的机构。

（五）顶级域名：是指域名体系中根节点下的第一级域的名称。

......

第二十四条　域名注册服务遵循"先申请先注册"原则。

......

第二十七条　任何组织或个人注册和使用的域名，不得含有下列内容：

......

（八）侮辱或者诽谤他人，侵害他人合法权益的；

......

第二十九条　域名持有者应当遵守国家有关互联网络的法律、行政法规和规章。

因持有或使用域名而侵害他人合法权益的责任，由域名持有者承担。

......

第三十四条　已注册的域名出现下列情形之一时，原域名注册服务机构应当予以注销，并以书面形式通知域名持有者：

......

（四）依据人民法院、仲裁机构或域名争议解决机构作出的裁判，应当注销的；

......

第三十九条　域名争议在人民法院、仲裁机构或域名争议解决机构处理期间，域名持有者不得转让有争议的域名，但域名受让方以书面形式同意接受人民法院裁判、仲裁裁决或争议解决机构裁决约束的除外。

......

# 十二　基金会管理条例（摘录）

......

第三条　基金会分为面向公众募捐的基金会（以下简称公募基金会）和不得面向公众募捐的基金会（以下简称非公募基金会）。公募基金会按照募捐的地域范围，分为全国性公募基金会和地方性公募基金会。

......

第七条　国务院有关部门或者国务院授权的组织，是国务院民政部门登记的基金会、境外基金会代表机构的业务主管单位。

省、自治区、直辖市人民政府有关部门或者省、自治区、直辖市人民政府授权的组织，是省、自治区、直辖市人民政府民政部门登记的基金会的业务主管单位。

......

第十条　基金会章程必须明确基金会的公益性质，不得规定使特定自然人、法人或者其他组织受益的内容。

基金会章程应当载明下列事项：

（一）名称及住所；

（二）设立宗旨和公益活动的业务范围；

（三）原始基金数额；

（四）理事会的组成、职权和议事规则，理事的资格、产生程序和任期；

（五）法定代表人的职责；

（六）监事的职责、资格、产生程序和任期；

（七）财务会计报告的编制、审定制度；

（八）财产的管理、使用制度；

（九）基金会的终止条件、程序和终止后财产的处理。

……

基金会修改章程，应当征得其业务主管单位的同意，并报登记管理机关核准。

……

第二十条　基金会设理事会，理事为5人至25人，理事任期由章程规定，但每届任期不得超过5年。理事任期届满，连选可以连任。

用私人财产设立的非公募基金会，相互间有近亲属关系的基金会理事，总数不得超过理事总人数的1／3；其他基金会，具有近亲属关系的不得同时在理事会任职。

在基金会领取报酬的理事不得超过理事总人数的1／3。

理事会设理事长、副理事长和秘书长，从理事中选举产生，理事长是基金会的法定代表人。

第二十一条　理事会是基金会的决策机构，依法行使章程规定的职权。

理事会每年至少召开2次会议。理事会会议须有2／3以上理事出席方能召开；理事会决议须经出席理事过半数通过方为有效。

下列重要事项的决议，须经出席理事表决，2／3以上通过方为有效：

（一）章程的修改；

（二）选举或者罢免理事长、副理事长、秘书长；

（三）章程规定的重大募捐、投资活动；

（四）基金会的分立、合并。

理事会会议应当制作会议记录，并由出席理事审阅、签名。

第二十二条　基金会设监事。监事任期与理事任期相同。理事、理事的近亲属和基金会财会人员不得兼任监事。

监事依照章程规定的程序检查基金会财务和会计资料，监督理事会遵守法律和章程的情况。

监事列席理事会会议，有权向理事会提出质询和建议，并应当向登记管理机关、业务主管单位以及税务、会计主管部门反映情况。

第二十三条　基金会理事长、副理事长和秘书长不得由现职国家工作人员兼任。基金会的法定代表人,不得同时担任其他组织的法定代表人。公募基金会和原始基金来自中国内地的非公募基金会的法定代表人,应当由内地居民担任。

因犯罪被判处管制、拘役或者有期徒刑,刑期执行完毕之日起未逾5年的,因犯罪被判处剥夺政治权利正在执行期间或者曾经被判处剥夺政治权利的,以及曾在因违法被撤销登记的基金会担任理事长、副理事长或者秘书长,且对该基金会的违法行为负有个人责任,自该基金会被撤销之日起未逾5年的,不得担任基金会的理事长、副理事长或者秘书长。

基金会理事遇有个人利益与基金会利益关联时,不得参与相关事宜的决策;基金会理事、监事及其近亲属不得与其所在的基金会有任何交易行为。

监事和未在基金会担任专职工作的理事不得从基金会获取报酬。

第二十四条 担任基金会理事长、副理事长或者秘书长的香港居民、澳门居民、台湾居民、外国人以及境外基金会代表机构的负责人,每年在中国内地居留时间不得少于3个月。

第二十五条 基金会组织募捐、接受捐赠,应当符合章程规定的宗旨和公益活动的业务范围。境外基金会代表机构不得在中国境内组织募捐、接受捐赠。

公募基金会组织募捐,应当向社会公布募得资金后拟开展的公益活动和资金的详细使用计划。

第二十六条 基金会及其捐赠人、受益人依照法律、行政法规的规定享受税收优惠。

第二十七条 基金会的财产及其他收入受法律保护,任何单位和个人不得私分、侵占、挪用。

基金会应当根据章程规定的宗旨和公益活动的业务范围使用其财产;捐赠协议明确了具体使用方式的捐赠,根据捐赠协议的约定使用。

接受捐赠的物资无法用于符合其宗旨的用途时,基金会可以依法拍卖或者变卖,所得收入用于捐赠目的。

第二十八条 基金会应当按照合法、安全、有效的原则实现基金的保值、增值。

第二十九条 公募基金会每年用于从事章程规定的公益事业支出,不得低于上一年总收入的70%;非公募基金会每年用于从事章程规定的公益事业支出,不得低于上一年基金余额的8%。

基金会工作人员工资福利和行政办公支出不得超过当年总支出的10%。

第三十条　基金会开展公益资助项目，应当向社会公布所开展的公益资助项目种类以及申请、评审程序。

第三十一条　基金会可以与受助人签订协议，约定资助方式、资助数额以及资金用途和使用方式。

基金会有权对资助的使用情况进行监督。受助人未按协议约定使用资助或者有其他违反协议情形的，基金会有权解除资助协议。

第三十二条　基金会应当执行国家统一的会计制度，依法进行会计核算、建立健全内部会计监督制度。

第三十三条　基金会注销后的剩余财产应当按照章程的规定用于公益目的；无法按照章程规定处理的，由登记管理机关组织捐赠给与该基金会性质、宗旨相同的社会公益组织，并向社会公告。

……

第三十六条　基金会、境外基金会代表机构应当于每年 3 月31日前向登记管理机关报送上一年度工作报告，接受年度检查。年度工作报告在报送登记管理机关前应当经业务主管单位审查同意。

……

第三十七条　基金会应当接受税务、会计主管部门依法实施的税务监督和会计监督。

基金会在换届和更换法定代表人之前，应当进行财务审计。

……

# 十三　社会团体登记管理条例（摘录）

……

第二条　本条例所称社会团体，是指中国公民自愿组成，为实现会员共同意愿，按照其章程开展活动的非营利性社会组织。

国家机关以外的组织可以作为单位会员加入社会团体。

……

地方性的社会团体，由所在地人民政府的登记管理机关负责登记管理；跨行政区域的社会团体，由所跨行政区域的共同上一级人民政府的登记管理机关负责登记管理。

……

第九条　申请成立社会团体，应当经其业务主管单位审查同意，由发起人向登记管理机关申请筹备。

第十条　成立社会团体，应当具备下列条件：

（一）有50个以上的个人会员或者30个以上的单位会员；个人会员、单位会员混合组成的，会员总数不得少于50个；

（二）有规范的名称和相应的组织机构；

（三）有固定的住所；

（四）有与其业务活动相适应的专职工作人员；

（五）有合法的资产和经费来源，全国性的社会团体有10万元以上活动资金，地方性的社会团体和跨行政区域的社会团体有3万元以上活动资金；

（六）有独立承担民事责任的能力。

……

第十一条　申请筹备成立社会团体，发起人应当向登记管理机关提交下列文件：

（一）筹备申请书；

（二）业务主管单位的批准文件；

（三）验资报告、场所使用权证明；

（四）发起人和拟任负责人的基本情况、身份证明；

（五）章程草案。

第十二条　登记管理机关应当自收到本条例第十一条所列全部有效文件之日起60日内，作出批准或者不批准筹备的决定；不批准的，应当向发起人说明理由。

第十三条　有下列情形之一的，登记管理机关不予批准筹备：

（一）有根据证明申请筹备的社会团体的宗旨、业务范围不符合本条例第四条的规定的；

（二）在同一行政区域内已有业务范围相同或者相似的社会团体，没有必要成立的；

（三）发起人、拟任负责人正在或者曾经受到剥夺政治权利的刑事处罚，或者不具有完全民事行为能力的；

（四）在申请筹备时弄虚作假的；

（五）有法律、行政法规禁止的其他情形的。

第十四条　筹备成立的社会团体，应当自登记管理机关批准筹备之日起6个月内召开会员大会或者会员代表大会，通过章程，产生执行机构、负责人和法定代表人，并向登记管理机关申请成立登记。筹备期间不得开展筹备以外的活动。

社会团体的法定代表人，不得同时担任其他社会团体的法定代表人。

第十五条　社会团体的章程应当包括下列事项：

（一）名称、注所；

（二）宗旨、业务范围和活动地域；

（三）会员资格及其权利、义务；

（四）民主的组织管理制度，执行机构的产生程序；

（五）负责人的条件和产生、罢免的程序；

（六）资产管理和使用的原则；

（七）章程的修改程序；

（八）终止程序和终止后资产的处理；

（九）应当由章程规定的其他事项。

……

第二十八条　业务主管单位履行下列监督管理职责：

（一）负责社会团体筹备申请、成立登记、变更登记、注销登记前的审查；

……

（三）负责社会团体年度检查的初审；

业务主管单位履行前款规定的职责，不得向社会团体收取费用。

对社会团体进行年度检查不得收取费用。

……

# 后记

这是一部首次将故宫博物院所涉诉讼案件公开出版的小书。2008年11月，曾借"博物馆与法律论坛暨故宫博物院法律工作会议"的契机，故宫博物院对部分诉讼案例以"内部资料"的形式进行了汇编。此后，正式编辑、出版一本适于阅读、便于参考，理论性与实用性并举的文物保护和博物馆管理方面的法律类著作就纳入了工作日程。

近年来，我国建设社会主义法治国家的进程不断加快，故宫博物院的法律工作正是这一进程中的一个片段。而对于整个故宫博物院法律工作而言，正如书名《故宫博物院诉讼案例选编》所承载的，本书的出版也只是故宫博物院法律工作的一个缩影。故宫博物院的法律工作，路漫漫其修远兮。

本书的框架、体例，是在冯乃恩院长助理的指导下，由陈俊旗同志拟定。全书中工作回顾、案例的撰写与统稿，由董晓娟、栾文静、熊安平三位同志共同努力协作完成，由陈俊旗、黄哲京同志修改与审定。此前，原故宫博物院副院长段勇也对本书的汇编、出版给予过指导。除了法律处同志的大力支持外，还得力于院聘法律顾问陈立元、王淑焕两位律师的帮助。参加点评的刘心稳、尹志强两位老师不仅是我国相关法学领域的知名专家，也是心系故宫文物保护工作的热心学者。在此也向他们表示诚挚的谢意。

在法学研究领域，文博法律是一个相对较新的跨学科研究课题。本书只能算是故宫博物院结合日常工作所取得的阶段性研究成果。我们恳切地希望读者特别是文博系统的同仁匡谬补缺，使书中的内容得到修正和完善。

编者

2012年3月